중국이라는 불편한 진실

—신자유주의의 대안이 될 수 있는가

이종민

서울대학교 중어중문학과를 졸업하고 동 대학원에서 석사 및 박사 학위를 받았다. 베이징대 중문과에서 고급진수 과정을 수료하였고, 베이징수도사범대학 교환교수, 홍콩 링난대학 방문학자를 역임하였다. 중국전문잡지 『중국의 창』을 창간하여 편집인으로 활동했으며, 중국현대문학학회와 현대중국학회 이사를 맡았다. 한밭대, 경성대 교수를 역임하고 현재 우석대 실크로드영상연구원 상임연구원으로 활동하고 있다. 주된 연구 관심은 중국 근현대 사회사상과 문화 분야이며, 아울러 대안세계의 관점에서 21세기 동아시아 문명의 길과 유토피아에 대해 비평 작업을 진행하고 있다.

저서로 『흩어진 모래』, 『글로벌 차이나』, 『근대 중국의 문학적 사유 읽기』, 『중국사상과 대안근대성』 등이 있고, 번역서로 『진화와 윤리』, 『중국소설의 근대적 전환』, 『신중국미래기』, 『구유심영록』, 『천연론』(공역) 등이 있으며, 시집 『눈사람의 품』을 출간하였다.

서강학술총서
101

중국이라는 불편한 진실

-신자유주의의 대안이 될 수 있는가

이종민 지음

서강대학교출판부

서강학술총서 101

중국이라는 불편한 진실
– 신자유주의의 대안이 될 수 있는가

초판 1쇄 발행 | 2017년 10월 26일
2쇄 발행 | 2018년 07월 26일

지 은 이 | 이종민
발 행 인 | 박종구
편 집 인 | 전종호
발 행 처 | 서강대학교출판부
등록 번호 | 제2002-000170호

주 소 | 서울특별시 마포구 백범로 35(신수동)
전 화 | (02) 705-8212
팩 스 | (02) 705-8612

ISBN 978-89-7273-337-9 94300
ISBN 978-89-7273-139-9(세트)

값 18,000원

* '서강학술총서'는 SK SUPEX 기금의 후원으로 제작됩니다.

여는 글

한국의 '잃어버린 10년'과 중국의 도약

중국 최대 정치행사 양회가 열리는 베이징은 이제 중국의 수도를 넘어 명실상부한 세계 정치경제의 수도가 되었다. 중국인이 가장 자부하는 도시 베이징, 그곳엔 세계인들의 찬사가 끊임없이 울려 퍼지면서 아울러 검은 눈물이 한숨처럼 흐른다. 개혁개방 이후 급성장의 그림자처럼 달라붙은 독성 스모그가 베이징의 딜레마가 된 것이다.

2007년 필자는 『글로벌차이나: 글로벌차이나 시대와 한국의 길』이란 책을 출간한 적이 있다. 이 책을 쓴 이유는 당시 우리 의식을 지배하고 있던 중국 이미지인 메이드인 차이나에서 벗어나 글로벌 경제의 중심축으로 진화하고 있는 중국의 실정을 이해하고, 또 한국이 글로벌 분업시스템에서 상위단계에 위치하도록 성장전략을 수립한다면 중국을 통한 지속적 성장의 길을 찾을 수 있다는 생각을 전하고 싶어서였다. 글로벌차이나의 관점을 제기한 다음 해인 2008년에 미국발 세계 금융위기가 일어나고 중국은 이미 글로벌차이나의 수준을 넘어 G2로 부상하고 있었다. 그 후 10년이 흐른 지금, 중국은 미국 경제를 추월할 시점을 눈앞에 두고 있고, 기술력에 있어서도 4차 산업혁명 분야는 세계를 선도하고 주요 제조업기술도 선진국을 따라잡고 있는 상태다. 또 세계 최대의 내수시장이 형성되어 있고 위안화는 중국의 소망대로 기축통화가 되었으며, 전 세계를 하나로 연결하는 일대일로를 통해 중국식 평화발전의 이념을 내세우고 있다.

10년 사이에 중국이 이룩한 눈부신 성장은 한국의 침체상태와 비견한다면 충격적인 일이라 해도 과언이 아니다. 한국은 새로운 성장동력을 찾지 못하여 정체되어 있으며, 극심한 불평등으로 내수의 활력을 찾아보기 힘들고, 무능한 정치와 북핵문제까지 겹쳐 위기의 시간을 보내고 있다. 한국과 중국의 이러한 차이는 사드문제를 계기로 노골적으로 드러나기 시작했다. 안보갈등이 벌어지자 한중수교 이후 25년간 유지되어 온 화목한 관계는 순식간에 각종 경제보복으로 냉각되었는데, 그 배경에는 중국 내에서 한국의 영향력이 과거에 비해 한층 약해진 점도 작용했을 것이다. 한국이 우세를 보여 왔던 중간재 부품 소재를 중국이 상당부분 자체 생산하고 있고, 반도체·디스플레이·문화콘텐츠 등 몇 부문을 제외하고는 경쟁력을 장담할 수 없는 추세인데, 이는 글로벌 분업시스템에서 우위에 있던 한국의 지위가 하락한 결과라 할 것이다.

지역강대국에서 세계강대국으로 진화하고 있는 중국이 자신의 안보 이익을 우선하는 행태는, 마치 25년간 한국에 경제이익을 준 것이 근대 이전 조공국에게 안보 울타리 역할을 기대하며 시혜를 베풀었던 중국의 속내를 떠올리게 한다. 자존심은 상하지만 국제관계의 현실은 냉정하다. 어쩌면 한국이 우월하다고 여겼던 25년의 시간이 역사적으로 볼 때는 예외적인 시기인지 모른다. 그렇다면 한국의 침체로 인해 예외적인 시기가 빨리 지나갔을 뿐이다. 『글로벌차이나』를 쓸 당시에도 샌드위치코리아의 위기감이 흐르고 있었다. 중국을 무대로 한 글로벌 분업시대가 열린 90년대 이후, 한국은 세계경제에서 선진국과 개발도상국의 중간지대에 위치해 있어서 샌드위치 상황이 그리 새로운 것이 아니다. 한국은 그간 성장의 활력을 통해 끼인 상황을 적극적으로 대응해 나갔던 것인데, IMF 이후 저투자 저성장으로 접어들어 한국 특유의 성장 동력이 실종됨에 따라 위기가 시작된 것이다. 세계경제 속의 한국의 위치를 고려할 때 샌드위치 상황의 화살을 중국의 급성장으로 돌리는 것은 한국의 문제 해결에 별다른 도움이 되지 못하며, 오히려 책임 회피의 논리로 기능할 뿐이다. 이 문제는 한중간의 양자관계가 아니라 글로벌 분업시스템 속에서 발생한 것이기 때문에, 샌드위치 상황의 출로는 오히려 중국에 대한 견제보다는 선진국을 따라잡는 전략을 수립하는 데서 찾아야 한다.

이런 맥락에서 필자는 중국 내수시장과 연계된 테스팅 마켓의 비전이 한국이 선택할 수 있는 길이라고 생각했다. 소비시장으로 보면 한국은 중소규모에 불과하지만, 다른 나라의 추종을 불허하는 선진화된 홈쇼핑 시장, 세계 최고의 초고속 인터넷 가입률을 바탕으로 한 사이버 시장, 제품의 트렌드에 민감하고 문화적 동질성을 지닌 소비자의 존재 그리고 인접한 거리에 세계 최대의 소비시장으로 떠오르고 있는 중국이 있다는 점은, 한국 시장을 넘어 중국 시장에 진출하기 위한 테스팅 마켓으로서의 적합한 입지조건이었다. 한국적 소비환경을 거쳐 탄생한 카메라폰, 온라인게임 및 콘텐츠서비스 등이 열풍처럼 세계에 확산됨에 따라 한국에서 성공하면 세계시장에서도 성공한다는 평가를 받았는데, 이는 바로 소비가 연구 개발과 연계되어 있기 때문이다. 한국이 이러한 테스팅 마켓으로 성장하려면 무엇보다 역동적 소비가 이루어지는 내수시장과 창조적 개발을 수행할 수 있는 전문인력이 양성되어야 했다. 그러나 한국의 저투자 저성장 구조는 소득 불균형과 고용 불안정을 조성하여 내수시장을 침체하게 만들고 비정규직과 실업자를 양산하였다. 이는 테스팅 마켓으로의 성장에 역행하는 일이었다.

한국의 딜레마는 바로 여기에 있었다. 즉 샌드위치 상황을 벗어나기 위해선 글로벌 분업시스템을 적극 활용하여 산업고도화 및 테스팅 마켓의 가능성을 실현해야 하는데, 그 과정에서 소득 불균형과 고용 불안정이 발생하여 국민의 삶의 질이 하락하는 모순이 지속되었던 것이다. 『글로벌차이나』 말미에서 필자는 이러한 문제해결을 위해 다음과 같은 견해를 제기하였다.

> 샌드위치 코리아의 출로는 바로 이러한 문제를 공론화하여 사회적 합의를 도출하는 과정에서 찾을 수 있을 것이며, 아울러 한국이 중국에 대한 위협감에서 벗어나 지속적인 성장의 기회로 활용할 수 있는 힘도 이 과정에서 만들어질 수 있을 것이다. 중국 진출은 개인이나 기업의 선택을 넘어 한국이 도달한 성장수준을 국제적 차원에서 실천하는 과정으로 인식해야 한다. 글로벌 경쟁이 펼쳐지고 있는 중국에서 지속가능한 우위를 확보하는 방법은 한국이 자신의 장점을 극대화하여 '더 선진화된' 사회로 나아가는 길

> 과 직결되어 있다. 그것이 가능하기 위해선 무엇보다 저투자 저성장 구조와 양극화를 조장하는 영미식 신자유주의 체제에서 벗어나 북유럽식 '역동적 복지국가'를 창조하는 일이 우선되어야 할 것이다.[1]

『글로벌차이나』 이후 10년 사이에 한국은 침체의 늪에 빠졌고 중국은 저 멀리 도약하였다. 한국은 '잃어버린 10년'이라고 할 만큼 소득불평등, 내수침체, 청년실업 등으로 내수시장과 창조적 개발이 연계된 테스팅 마켓으로서의 비전이 사라져 갔고, 역동적 복지국가 건설은 요원한 일이 되었다. 이에 반해 중국은 G2에서 G1으로 세계강대국의 길을 걷고 있는데, 무엇보다 중국식 복지사회인 대동사회의 꿈이 이를 추동하고 있다. 이제 우리가 우월하다고 여기던 시대의 중국은 없다. 문제는 한국이다. 한국은 '잃어버린 10년'을 교훈 삼아 테스팅 마켓의 비전과 역동적 복지국가의 길을 다시 찾아야 한다. 중국과의 관계를 재정립하는 일은 바로 여기서 출발해야 한다.

이 책은 세계강대국으로 진화하고 있는 중국의 모습을 이해하고 향후 어떠한 길을 걸어갈 것인지에 대한 미래 예측을 위해 쓴 것이다. 이는 중국과의 새로운 관계를 정립하기 위해 반드시 정리되어야 할 사안이다. 이 문제에 접근하기 위해 필자가 주목한 점은 현재 중국이 직면한 딜레마와, 그 딜레마를 풀어나가기 위해 미래목표로 제시한 문명국가와 대동사회를 보편적 복지국가의 시각으로 성찰하는 것이다. '베이징의 눈물'처럼 개혁개방 이후 중국의 눈부신 성장과 어둔 그림자가

1 이종민, 『글로벌차이나: 글로벌차이나 시대와 한국의 길』, 산지니, 2007, 309쪽.

결합되어 있는 문제를 포착하여 중국의 양면적 모습을 살펴보고, 이러한 갈림길에서 중국이 보편적 복지국가로 나아가기 위해 어떠한 실천을 추구해야 하는지에 대해 논의해 보려고 한다. 필자는 이를 구체화하기 위해 중국이 성장해 온 과거와 변화해 갈 미래를 함축하고 있는 10가지 주요 문제를 중심으로, 중국이 대동사회를 실현할 것이라고 약속한 2050년까지의 시간을 사유 공간으로 삼을 것이다. 중국의 변화를 예측하기 위해선 장기적인 시간 속에서 현재의 모습을 살펴보는 것이 가장 효과적이기 때문이다. 이 책에서 논의할 내용은 문명국가와 관련된 문제로 1. 공자, 근대 문명의 대안이 될 수 있는가, 2. 중화민족, 단일민족인가 문명제국인가, 3. 일대일로, 외향형 발전인가 평화의 길인가, 4. 환경, 성장통인가 재앙인가, 5. 법치, 만인에게 공정한가, 등에 관해 논의한다. 그리고 복지사회와 관련된 문제로 6. 부자의 꿈, 행복을 가져다 주었는가, 7. 농민공, 시민이 될 수 있는가, 8. 청년, 꿈을 꿀 수 있는가, 9. 고령화, 축복이 되고 있는가, 10. 사회주의, 살고 싶은 세상이 되고 있는가, 등에 관해 논의한다. 이 문제들은 개별적으로 존재하는 것이 아니라 중국이라는 거대한 공간 속에서 내밀하게 연계되어 있는 복합체라고 할 수 있다.

이 문제들은 정치경제적 분석만으로 이해하기 힘든 중국인들의 욕망과 감정, 가치판단 등이 개입되어 있다. 이 점을 살펴보기 위해 필자는 최근 10년 동안 중국인들의 사랑과 공감을 받은 대중영화를 분석 대상에 포함시켜 중국의 변화를 다원적으로 고찰하려고 한다. 영화는 중국인들의 삶의 욕망을 표출하고 있을 뿐만 아니라 상상의 이야기 속에 중국인들이 꿈꾸고 있는 모습이 상징적으로 함축되어 있어, 중국의 미래를 예측하는 데 유용한 텍스트가 된다. 아울러 소비시장으로서 중국에 접근하기 위해선 중국인의 마음을 이해해야 하는데 중국 대중영화는 아직 우리에게 친숙한 세계가 아니다. 이 책에서 다룰 영화들이 중국을 동시대적 고민과 감성을 지닌 인간 세계로 인식할 수 있는 좋은 통로가 되어 줄 것이라고 생각한다.

이 책의 제1부는 문명국가와 중국의 미래라는 주제로 다섯 가지 문제를 논의한다.

1장 '공자, 근대 문명의 대안이 될 수 있는가'에서는 중국은 소강사회와 대동사회 건설이라는 백년의 꿈을 제시하여 물질적 풍요의 면에서는 목표에 다가가고 있지만 공자가 진정으로 꿈꾸었던 공동체사회와는 간극이 있으며, 불평등 극복과 아울러 자본주의 위기 너머의 새로운 대안세계를 찾는 일이 공자의 이상을 문명화하는 것이라는 점에 대해 논의한다. 1장의 논의를 위해 본 영화는 후메이 감독의 〈공자〉이다.

2장 '중화민족, 단일민족인가 문명제국인가'에서는 중화민족의 단일민족화는 소수민족을 중국이라는 민족국가 내부로 통합하려고 하는 것인데, 민족국가가 아닌 문명제국의 시각에서 공공의 정치적 목표를 설정하여 자유롭고 평등한 제국 건설을 추진한다면, 구성원이 제국 밖으로 분리 독립하기보다는 문명제국 안에서 상생의 길을 찾으려 할 것이라는 점에 대해 논의한다. 2장의 논의를 위해 본 영화는 장 자크 아노 감독의 〈늑대토템〉이다.

3장 '일대일로, 외향형 발전인가 평화의 길인가'에서는 일대일로가 에너지 수송로 확보와 중국 내부의 위기를 외향형 발전으로 극복하려는 성격을 지니고, 또 인프라·생산단지·도시 건설을 통해 중국의 문명표준을 세계화하려는 목표를 지니고 있는데, 그 관건은 중국 내부에서 포용적 성장패러다임을 확립하고 그에 기반한 국제협력과 평화건설을 추진할 수 있는가에 달려 있다는 점에 대해 논의한다. 3장의 논의를 위해 본 영화는 리런강 감독의 〈드래곤 블레이드〉이다.

4장 '환경, 성장통인가 재앙인가'에서는 베이징의 독성 스모그로 정치 지도자와 국민들이 환경문제의 심각성을 깨달아 친환경정책, 녹색산업, 재생에너지, 국제공조 등이 추진되고 있는데, 현재 중국의 중점사업인 환경보호와 청정에너지 개발은 생태문명 건설의 중요한 선결조건이며, 중국을 자본수익의 공간에서 전 지구적 차원의 생명과 평화의 세계로 만들어 나갈 때 비로소 생태문명의 시대로 진입할 수 있다는 점에 대해 논의한다. 4장의 논의를 위해 본 영화는 저우싱치 감독의 〈미인어〉이다.

5장 '법치, 만인에게 공정한가'에서는 중국이 의법치국을 통해 인치에서 벗어나 법에 의한 통치로 전환하고 있고 그 과정에서 법에 대한 국민의 인식이 높아지고 있으나, 권력과 자본이 법을 지배하고 있는 상황에서 법치사회는 법의 공정한 적용이 관건이며 이를 위해 전 국민이 민주적 법치의식을 지닌 감시주체가 되어야 한다는 점에 대해 논의한다. 5장의 논의를 위해 본 영화는 페이싱 감독의 〈침묵의 목격자〉이다.

제2부는 복지사회와 인민의 행복이라는 주제로 다섯 가지 문제를 논의한다.

6장 '부자의 꿈, 행복을 가져다 주었는가'에서는 개혁개방 이후 허용된 선부론이 급성장할 수 있는 동력이 되었지만 인간의 존엄을 상실하고 사회적 불평등이 극심해지는 부작용이 만연하여, 중국 백년의 꿈을 실현하기 위해선 인민의 행복의 권리를 보장하고 실현하는 복지사회를 건설해야 한다는 점에 대해 논의한다. 6장의 논의를 위해 본 영화는 천커신 감독의 〈중국동업자〉이다.

7장 '농민공, 시민이 될 수 있는가'에서는 중국 경제성장의 밑바탕이 된 농민공은 여전히 도시에서 차별과 불평등을 겪고 있는데, 농민공이 이러한 장벽을 극복하고 소생산자의 꿈을 이루기 위해선, 국가-시장 경제를 넘어 소생산자들의 신뢰와 연대에 기초한 협동경제의 영역을 육성해야 하며 이것이 중국 사회의 불평등 문제를 해결하는 대안이 될 수 있다는 점에 대해 논의한다. 7장의 논의를 위해 본 영화는 예웨이민 감독의 〈인재경도〉이다.

8장 '청년, 꿈을 꿀 수 있는가'에서는 현재 중국의 성장은 개혁개방 이후 어느 때보다 강력한 시장자유주의의 힘으로 추진되고 있어서 청년세대의 미래는 고용불안정에서 자유롭지 못한데, 기술 발전과 기본소득을 바탕으로 한 노동 없는 미래의 비전과 연계하여 청년이 행복하게 살 수 있는 세상은 무엇인지에 대해 논의한다. 8장의 논의를 위해 본 영화는 쉬징레이 감독의 〈두라라승진기〉이다.

9장 '고령화, 축복이 되고 있는가'에서는 급속한 경제성장과 더불어 급속히 고령화사회로 진입하고 있는 중국은 1가구 2자녀 정책 등의 출산장려 정책을 쓰고 있지만, 이는 현재의 인구가 누리고 있는 삶의 질과 생존조건의 불평등 문제를 고려하지 않은 것이며, 노동과잉의 시대에 저출산 고령화가 오히려 행복의 조건이 될 수 있는 사회를 만들어야 한다는 점에 대해 논의한다. 9장의 논의를 위해 본 영화는 천정다오 감독의 〈20세여 다시 한 번〉이다.

10장 '사회주의, 살고 싶은 세상이 되고 있는가'에서는 중국 정부는 사회주의라는 이름으로 공동부유사회 건설을 약속하고 있지만, 유토피아로서 사회주의는 현실 속에서 해방의 대안을 찾아낼 때 비로소 자신의 존재가치를 지닐 수 있으며, 중국이 살고 싶은 세계로 나아가고 있다고 실감할 때 사회주의라는 말이 인민의 신뢰를 받을 수 있다는 점에 대해 논의한다. 10장의 논의를 위해 본 영화는 자장커 감독의 〈천주정〉이다.

이 책에서 다루는 10가지 문제는 중국이 직면한 딜레마이면서 전 인류가 겪고 있는 난관이기도 하다. 중국은 이 딜레마를 풀기 위해 공자를 포함한 전통 지적 유산을 불러들여 중국식 문명국가를 구상하고, 전통시대 제국 경험을 총괄하여 전 지구를 이어나가는 평화발전의 이념을 구상한다. 지금의 딜레마가 서구 근대문명의 발전노선에 따른 결과이며, 이 딜레마를 넘기 위한 해법이 바로 전통 지적 유산과 역사적 경험 속에 내재되어 있다고 인식하기 때문이다. 중국이 구상하는 문명국가 속에는 천하가 상생 협력하는 문화질서, 자율생산과 공정한 분배 그리고 안정된 삶이 이뤄지는 공동체사회, 생명을 바탕으로 자연과 인간이 공존하는 생태문명 등 전통적 문명세계를 현재화 하려는 욕망이 담겨 있다. 그러나 유토피아로서 문명과 현실 제도 사이에 의식적 무의식적인 깊은 틈새가 있어서, 이 점이 중국의 문명국가 구상을 쉽게 공감할 수 없게 하는 요인으로 작용한다. 유토피아로서 문명은 중국의 딜레마를 성찰하여 지금 여기에 없는 세계를 상상하는 윤리적 기제로 작용할 수 있지만, 중화민족의 위대성 혹은 서양문명과의 경쟁 속에 갇히면 깊은 틈새에 빠져 현실을 보지 못할 수도 있다. 지금 중국의 문명국가·대동사회에는 두 가지 모습이 공존하고 있다. 이 책에서 필자는 유토피아로서 문명이 현실 속의 실천을 올바른 방향으로 안내하도록 감시하고 비판하는 역할을 수행할 것이다. 중국의 딜레마를 풀어가는 과정이 바로 지금 인류가 직면한 난관을 헤쳐 나가는 길이기 때문이다.

중국은 내부의 딜레마를 극복하는 과정에서 새로운 성장 패러다임을 구축하여 이를 인류보편적인 문명표준으로 만들려는 욕망을 지니고 있다. 중국이 앞으로 어떠한 미래를 선택하느냐는 이제 중국 내부를 넘어 전 인류의 삶에 영향을 미치는 거대한 문제가 되었다. 국제정치, 세계무역에서 생태환경에 이르기까지 중국의 선택에 따라 전 지구적 차원에서 상응하는 변화가 일어나게 된 것이다. 2030년 전후 중국이 미국 경제를 추월하면서 세계 판도의 변화가 가속화될 것으로 보이는데, 마틴 자크가 말한 '중국이 제공하는 완전히 다른 설명과 개념'의 세계에 이르지는 못하더라도, 중국식 문명표준이 세계 위에 부상할 것으로 예측된다. 중국은 위대한 중화민족의 부흥을 내세우고 있지만, 전 인류의 입장에서 보면 중국식 문명표준이 서구 근대문명보다 삶의 질을 향상시킬 것이라는 신뢰를 줄 수 있을 때 폭넓은 공감을 하게 될 것이다.

지금 인류사회가 직면한 불평등, 금융위기, 생태위기, 테러, 종족갈등, 문명충돌, 재난 등 각종 위기는 근대문명의 어둠이 배출한 독성 스모그에 해당한다. 새로운 문명표준은 이러한 스모그를 해소하고 청정한 문명생태계를 만드는 과정에서 생성되어야 하고, 인류의 불평등한 생존 조건을 바로잡아 물질적 정신적 삶의 질을 높이는 것이어야 한다. 아이러니하게도 지금 중국은 '베이징의 눈물'이 상징하듯 근대문명의 스모그가 가장 독하게 펴져 있는 곳 가운데 하나다. 이 책에서 논의한 10가지 문제는 중국의 성장과 그림자가 밀착된 딜레마에서 출발하여, 그것을 직시하고 바로잡으려는 의지와 실천, 그리고 미래 희망의 길에 관한 내용이다. 필자가 중국의 딜레마를 풀어가는 기준으로 삼은 것은 보편적 복지국가의 시각인데, 중국의 현재 모습과는 상당한 간극이 있는 게 사실이다. 그렇지만 중국 정부와 지식계가 구상하는 문명국가와 대동사회 속에는 보편적 복지국가와 상통하는 세계가 존재하고 있으며, 무엇보다 중국인의 욕망 속에 이러한 세상에서 살고 싶다는 바람이 충만하다.

중국 공산당의 개혁정책이 국민의 신뢰를 받고 있고 공산당에 대항할 만한 정치세력이 출현하지 않은 상황을 고려하면, 중국이 단기간에 보편적 복지국가로 전환할 가능성은 크지 않으며, 중국 특유의 장기적 전망과 임기응변의 전략 속에서 안정적인 변화를 추구해 나갈 것으로 보인다. 현재 중국의 최대 관심은 고속성장에서 중속성장으로의 안정적인 전환과 세계은행 〈China 2030 보고서〉에서 예측한, 2026~2030년에 5% 수준으로 성장률이 감소하는[2] 이른바 '중진국 함정'의 문제일 것이다. 중국의 사회보장 역시 성장과 일자리, 임금수준에 의지하는 1차 분배와 연계된 것이어서 성장률의 문제는 민감한 사안일 수밖에 없다. 그러나 중국 정부가 제시하는 성장정책을 보면 중진국 함정의 우려와 달리 매우 선진적이고 다원적이다. 세계 최대소비시장으로 진화한 내수시장, 세계를 선도하는 4차 산업혁명, 첨단기술을

2 환경오염으로 인한 경제적 손실을 삭감하여 GDP를 산출하는 '녹색GDP'를 적용하면 중국의 실제 성장률은 더 낮아질 수 있다.

바탕으로 제조업 강국으로 전환하려는 '중국제조 2025', '만인혁신 대중창업'을 추진하는 인터넷 플러스 혁명, 장기 성장 동력으로 기능할 수 있는 도시화 및 신농촌 건설, 전 세계를 하나로 연결하는 인프라·산업단지·도시 건설을 꿈꾸는 일대일로, 기축통화로서 위안화를 바탕으로 한 금융 정책, 녹색성장을 추구하는 친환경산업, 고령화시대를 위한 실버산업 등등.

이러한 성장 정책에서 주목할 점은 중국이 현재 직면하고 있는 딜레마를 성장 동력으로 전환하고 있다는 사실이다. 중국의 정책 속에는 중진국 함정을 벗어나기 위한 성장률 향상을 넘어 새로운 문명사회를 만들기 위한 전환과 창신을 함축하고 있다. 중국은 전체적으로 볼 때 지역별·계층별로 편차가 있을 뿐 아니라, 기술면에 있어서도 세계 최첨단 기술에서 짝퉁기술 그리고 전통농경기술에 이르기까지 비동시적인 것이 동시적으로 공존한다. 이런 맥락에서 중국은 산업고도화 정책을 추구하면서 동시에 2004년부터 지금까지 '중앙 1호 문건'[3]의 주제로 삼농(농업·농촌·농민)문제를 채택하고 있다. 이는 중국이 동시적으로 이뤄야 할 공업화, 정보화, 도시화, 농업현대화 발전에서 농업현대화가 가장 지체되고 있다는 판단이다. 농업현대화의 주요 목표인 농가소득 증대 및 도농간 소득 격차 축소, 농촌지역 빈곤 구제, 농민의 자질 향상 및 신농촌 건설 수준 제고 등은 국가 전체의 소강사회 건설과 연계된 사안이기도 하다. 즉 중국이 자신의 딜레마를 해결하는 과정이 바로 새

3 중앙 1호 문건은 공산당과 국무원이 공동으로 당해 연도에 중점적으로 추진해야 할 정책과제를 대국민 담화형식으로 발표하는 문서로 그해 중국의 국정방향을 가늠해 볼 수 있는 척도가 된다.

로운 성장 동력을 찾으면서 동시에 문명사회로 전환하는 길이라는 것이다.

이런 정책을 보면 성장 일변도의 자유화노선 헤게모니가 뚜렷이 약화된 것으로 보인다. 개혁개방 이래 양극화된 자원분배구조에 일정한 변화가 발생하고 있기 때문이다. 지역균형 발전과 민생정책을 통해 불평등한 자원분배구조를 개선하고 또 국유재산을 시장화 하는 과정에서 자본과 권력이 결탁하여 수익을 '자유롭게' 올리던 구조[4]를 개혁한다

4 개혁개방 초기의 자유화노선은 계획경제에서 시장경제로 이양하는 과정에서 시장에 공정한 규칙이 수립되지 않아 자본과 권력이 결탁한 특혜의 방식으로 작동한 것이다. 이러한 중국의 상황으로 볼 때 자유화노선은 계획이 아닌 시장에서 경제가 이루어진다는 과도기적인 의미이며, 이는 시장의 규칙 속에서 최대한의 자율적인 경제활동을 추구하는 시장자유주의라고 볼 수 없다. 시진핑 정부의 개혁대상이 바로 자유화노선으로 특혜를 얻는 세력인 만큼, 개혁개방 초기의 자유화노선과 시장자유주의는 구별해서 보아야 할 것이다. 또 데이비드 하비는 『신자유주의』에서 중국의 개혁개방을 신자유주의의 흐름에 편입되는 것으로 인식하는데, 중국이 자본주의적 성장 방식을 수용한 것은 맞지만 이를 신자유주의로 볼 수 있는지는 의문이다. 개혁개방 초기 중국 정부는 외국기업을 유치하기 위하여 각종 세제 및 금융 혜택을 제공하면서도, 중앙정부 발전개혁위원회의 엄격한 심사를 통해 외국기업의 투자규모와 기술 이전 정도에 따라 사업 활동의 범위를 규제하였다. 또 사업 영역에 따라 외국기업 단독의 사업을 제한하고 중국기업과의 합자를 통해 사업을 하도록 규정함으로써, 중국기업이 외국기업의 기술과 경영기법 등 선진적인 요인을 가까이서 배울 수 있게 만들었다. 아시아 국가들이 금융위기로 IMF 관리를 받는 동안에도 중국은 별다른 경제위기 없이 고성장을 지속하였으며 오히려 관련 국가들이 경제적 안정을 찾을 수 있도록 국제적 영향력을 행사하였다. 이것은 중국이 개방과정에서 투기자본을 철저히 차단하고 산업자본을 선별적으로 유치하여 중국의 성장 동력으로 통합할 수 있었기 때문이다. 이러한 사례들은 세계경제에 중국이 단계적으로 진입할 수 있도록 개방의 분야와 속도를 조절한 국가전략이 있었기에 가능한 일이다. 이런 맥락에서 볼 때 국가적 차원에서의 개혁개방의 서사는 중국이 생산력 발전을 위해 전 지구적 자본주의를 수용하면서 국내 경제의 보호를 위해 신자유주의적 노선에 저항하는 이중의 과정으로 이해해야 할 것이다. 중국경제구조를 전체적으로 본다면, 성장은 기본적으로 시장 참여자의 자율적 활동에 맡기면서, 경제정책이나 시장규칙의 수립, 대외경제관계 등의 거시적인 흐름은 정부가 조절하는 국가–

는 의미에서는, 자유화노선이 약화된 것이라고 할 수 있다. 그러나 경제성장을 시장경제의 원리에 더욱 충실한 방향으로 추진하여 시장경쟁력이 뛰어난 이들에게 유리한 경제구조가 형성되고 있다는 점에서는 시장자유주의가 강화된 것이라고 해야 한다. 인터넷 플러스 정책을 입안한 텐센트의 마화텅처럼 홍색자본가들이 중국 정책 결정에 깊이 관여하고 있고, 중국의 인터넷 기업들은 4차 산업 발전을 위한 규제 개혁과 아울러 기술적 실업에 따른 노동유연성을 한 목소리로 강조한다. 이러한 흐름은 대중 창업이라는 새로운 경제활동의 기회를 창출하기도 하지만, 기술적 실업으로 인한 불평등을 거대한 사회문제로 등장시킬 수 있다.

중국의 정책은 공정한 시장규칙을 수립하고 내수시장에서 자유경쟁을 통해 성장할 수 있는 환경을 만들어 글로벌 경쟁력을 갖춘 기업의 양성을 목표로 한다. 그래서 기업과 창업에 유리한 환경을 조성하고 기업에 부담을 주는 기업세나 부유세와 같은 세금제도는 뚜렷이 개혁하지 않고 있으며, 노동 보호를 위한 측면은 규정된 임금인상이나 사회보험금 납부를 강화하는 수준에 그치고 있다. 이러한 정책방향이 바로 기업 활동을 최대한 시장자율에 맡겨, 정부의 개입에 의한 자원분배보다 기업성장(자본수익)을 우선하는 시장자유주의 전략인 것이다. 국유기업도 경영혁신을 위해 일정 범위 내에서 민영화를 추진하고 있는데, 그렇게 될 경우, 중국경제는 대형 기간산업·금융 중심의 국유기업, 시장경

시장의 협력관계에 의해 작동되고 있다. 이러한 시장경제구조 위에 자본수익보다는 신뢰와 호혜관계에 기반한 소생산자 협동경제를 육성하여 중하위계층이 부유할 수 있는 공간이 국가-시장 경제와 공존할 수 있을 정도로 확장되어야, 비로소 포용적 성장을 위한 경제체제가 구축되었다고 할 것이다.

쟁력이 강하고 글로벌화 된 제조기업, 인터넷 플랫폼 기업 그리고 창업에 성공한 중소규모의 기업이 주도하는 성장환경이 조성될 것이다. 중국은 내부에서 필요한 성장률과 미국 추월을 포함한 세계경제에서의 영향력 제고를 위해, 성장과 자본 우위의 정책을 장기간 지속할 것으로 보인다.

이러한 상황에서 생산수단의 국유화와 같은 방식으로 국가-시장경제를 급진적으로 재편할 가능성은 희박하며, 오히려 중하위 계층이 공동부유사회에 합류할 수 있는 소생산자 협동경제 영역을 육성하고 확장하는 일이 불평등 해소를 위한 관건이 될 것이다. 중국의 신창타이(新常態) 혹은 안정 속의 변화에 대해, 급격한 성장률 저하에 직면할 경우 성장률 제고를 위한 경제정책이 전면에 부상할 가능성이 크다는 예측[5]이 있다. 이는 현재 중국이 성장 일변도의 정책에서 벗어나 산업구조조정과 포용적 성장을 추진하고 있다는 판단에서 비롯된 것이다. 그러나 이러한 예측은 중국이 기본적으로 시장자유주의 전략을 통해 성장을 지속하고 있고, 포용적 성장을 강조하고 있지만 실제상의 노동보호와 사회복지는 여전히 OECD 최하위 수준에 머물고 있다는 점은 간과한 것이라고 생각된다. 특히 사회복지는 대동사회를 실현하는 관건임에도 불구하고, 중국은 국가가 책임져야 할 공공서비스는 최소화한 상태에서 기업, 지역사회, 개인, 가족 등 다원적 주체에게 사회보장의 책임을 분산하는 저복지 작은 정부의 역할만을 수행하는 상태다.[6] 물론

5 이남주, 「자본주의 세계체제 속의 중국 '사회주의', 수사인가 가능성인가」, 『창작과비평』 167호, 2015, 29쪽.

6 세계은행 〈China 2030 보고서〉에서는 2030년 5%대 경제성장률로 연착륙하

대동사회 실현을 약속한 2050년에 중진국 복지사회에 도달하려고 하지만, 성장이 여전히 우위를 점하고 있고 또 사회보장이 헌법에 규정된 권리라는 전 국민적인 인식과 사회복지를 최우선적인 과제로 실천하는 정치세력이 미약한 실정에서, 경제성장의 위기가 생긴다면 복지사회의 추진이 유보될 가능성도 배제할 수 없다.[7]

그런데 중국에 경제성장의 위기가 생긴다고 가정한다면, 포용적 성장으로 인한 자본수익 하락보다는 다른 요인이 될 가능성이 더 크다고 생각한다. 가령 농촌현대화도 빈민구제와 같은 직접적인 재분배방식보다는 신농촌 건설을 위한 투자와 생산–유통의 시장원리에 기반하여 진행되고 있기 때문이다. 오히려 자본 우위가 지속되는 상황에서 노동과잉과 기술적 실업으로 인한 불평등 문제 및 에너지 고갈·환경오염

기 위한 6대 핵심전략으로, 시장경제를 위한 구조개혁(국영기업 독점구조 완화), R&D 혁신가속화(국영 R&D센터보다 민간 지원), 녹색성장, 사회보장 확대(재정 능력에 맞는 복지 지출), 재정시스템 강화(인프라보다 환경 보건에 투자), 세계와 호혜적 관계 달성(글로벌 협력 및 자유무역 확대) 등이다. 주 내용은 국영기업이 독점하는 구조에서 민간과 시장이 주도하는 구조로 전환하라는 것인데, 시진핑 정부는 급격한 개혁보다는 안정 속의 변화를 선택하고 있다. 사회보장에 있어서는 재정능력에 맞는 복지 지출을 권장하는데, 중국은 전 세계적인 탈복지의 흐름 속에서 국가가 최저한의 사회복지를 책임지는 보수적인 입장을 취하고 있다. 중국은 세금제도 개혁 등의 방법으로 재정을 확충한다면 더 적극적인 사회복지 정책을 쓸 수 있지만 작은 정부의 역할에 만족하고 있다.

7 한국에서도 복지국가 건설의 관점에서 중국을 바라보는 사람은 많지 않다. 비즈니스의 관점에서 중국을 바라보는 사람이 제일 많은데 이들은 기업성장이나 내수시장 등 수익과 관련된 문제에 관심을 가진다. 진보적 연구자들의 경우도 주로 탈자본주의·탈서구의 관점에서 중국의 성장이 세계자본주의체제와 서구 중심의 패권질서를 변화시킬 수 있는지의 문제에 관심을 가지고 있다. 그래서 복지국가 건설의 목표가 중국을 어떻게 변화시킬 수 있는지 그리고 복지국가로 진화한 중국이 세계를 어떻게 변화시킬 수 있는지 등에 대한 문제의식은 잘 보이지 않는다.

으로 인한 생태위기가 경제 위기의 요인이 될 가능성이 더 커 보인다.

중국이 저출산 고령화의 대책으로 1가구 2자녀 정책으로 전환하고 기업이 필요한 노동자를 모집하지 못하는 민공황[8] 현상이 나타나면서, 중국이 노동력 부족 국가라는 착각을 들게 한다. 민공황은 2004년에 출현한 현상인데, 그 원인은 전 인구의 연령구조상 특성, 대학진학률의 급상승, 삼농정책 시행에 따른 농가 소득의 증가로 노동 임금이 상승한 것[9] 때문에 나타난 현상이다. 즉 중국에 노동력이 부족하여 나타난 것이 아니라 적합한 임금을 보장하는 좋은 일자리가 부족하여 나타난 현상이라는 점이다. 또 저출산 고령화로 세계는 지금 인구 쇼크의 위협이 부상하고 있지만, 세계가 인구과잉 노동과잉 시대에 접어든 지는 이미 오래되었다. 그런데도 인구 쇼크의 담론이 유행하는 것은 인구증가가 경제성장을 지속시킨다는 인구경제론의 오랜 편견에서 벗어나지 못한 결과다. 중국은 일자리 부족으로 실업이 일상화되었고 또 4차 산업혁명과 로봇산업의 육성으로 기술적 실업의 위협에 직면한 상태인데, 인구증가 정책을 쓴다는 것은 국민의 삶의 질을 고려하지 않은 판단이라고 생각된다. 고령화는 인간의 기대수명이 늘어나 축복이 되어야 하는 일인데 고령인구를 위한 복지가 결핍된 상태에서 사회적 부담으로 인식되고 있다. 그리고 저출산은 젊은 세대의 결혼과 출산을 가로막는

8 2004년 봄 광둥성 주장 삼각주에서 기업이 필요로 하는 인원을 모집하지 못하는 일이 벌어지면서 민공황 현상이 부상했고, 그것을 계기로 중국에 루이스 전환점에 관한 논쟁이 벌어지기 시작했다. 루이스 전환점은 1979년 노벨 경제학상 수상자인 루이스가 제시한 것으로, 개발도상국에서 농촌의 저렴한 인력으로 급속한 산업발전을 이루지만, 농촌의 노동력이 도시로 이동하면서 노동력이 고갈되는 시점에 임금이 급등하고 성장이 둔화되는 것을 말한다.

9 얀샨핑, 백계문 옮김, 『중국의 도시화와 농민공』, 한울, 2014, 156쪽.

사회적 생존 조건을 개선해야 해결할 수 있는 문제이다. 저출산 고령화는 국민의 삶의 질과 관련된 문제로 출산장려 정책만으로 해결될 수 있는 것이 아니며, 노동력이 부족하여 일어난 현상은 더더욱 아니다. 이러한 문제는 자본/노동의 불평등한 관계와 사회복지의 결핍에 의해 발생한 것이며, 이 문제가 극심해질 경우 생산-소비 시스템의 파열이 일어나 자본 축적의 위기가 생길 수 있다. 이 문제는 중국을 넘어 세계자본주의체제에 내재한 위기이다. 중국이 선도적으로 국가-시장 경제를 넘어 공동체사회에 기반한 소생산자 협동경제 영역을 확장하고, 또 보편적 복지국가의 틀 속에서 공정한 자원분배구조를 만들 수 있을 때, 비로소 신자유주의를 대체하는 새로운 문명표준으로 신뢰받을 수 있을 것이다.

좌우파의 사상가를 막론하고 생태위기가 전 세계 자본 축적의 위기를 초래할 것이라 점은 모두의 공통된 의견이다. 환경오염과 에너지 자원 소모가 심각한 중국에서 지속 가능한 성장에 가장 위협이 되는 요인이 생태위기일 것이라는 점도 모두의 공통된 시각이다. 중국 역시 베이징의 눈물을 통해 정치 지도자와 국민이 환경오염의 심각성을 깨달아 아름다운 중국, 건강한 중국을 위한 생태문명 건설을 추진하고 있다. 그러나 장기적인 성장의 필요성과 중국인의 강한 소비욕망으로 인해 에너지 자원의 소모와 환경오염 문제는 중단기적으로 해결될 가능성이 희박해 보인다. 오히려 중국은 성장에 필요한 에너지 자원을 확보하기 위해 내부뿐만 아니라 해외의 자원을 흡수하고 있으며, 아울러 석탄액화기술을 통해 석유대체자원을 개발하고 태양광·풍력 등의 청정에너지 생산에 막대한 투자를 하고 있다. 그런데 중국이 세계 최대 에너지 자원 소비국이자 세계 최대 탄소배출국이란 사실은 잘 알고 있지만, 동시에 중국이 청정에너지 세계 최대 투자국이자 그 생산량에서 세계 최고의 위치에 있다는 점은 잘 알려져 있지 않다. 생태위기는 화석연료를 대체하지 못한 전 지구적인 문제이며, 온난화 등의 기후 변화로 인류의 삶을 위협하고 있다. 그러나 지금 세계는 경제위기로 인해 청정에너지 개발 투자가 갈수록 줄어들고 있고 청정에너지의 화석연료 대체율도 지지부진한 상태다. 청정에너지 세계 최대 투자국인 중국의 경우도 2030년이 되어야 20% 정도의 대체율에 도달할 것이라고 예측될 정도로, 환경은 파괴하기는 쉬우나 회복되려면 장기간의 시간과 막대한 투자가 필요한 영역이다. 중국은 생태문명 건설을 국정과제로 추진하고 있지만 현재는 환경오염 규제와 청정에너지 개발을 주요 목표로 삼고 있다. 생태문명은 생태위기를 극복하고 생명에 대한 사랑을 바탕으로 자연과 인간이 공존하는 세상을 만드는 일이다. 환경보호와 청정에너지 개발은 생태문명 건설의 중요한 선결조건일 뿐이며, 중국을 자본수익의 공간을 넘어 전 지구적 차원의 저탄소 대안세계[10]로 만들 수 있을 때 비로소 중국의 생태문명이 새로운 문명표준으로 신뢰받을 수 있을 것이다.

이렇듯 중국이 문명국가로 나아가는 데 있어 사회적 불평등과 생태위기를 해결하는 일이 가장 큰 난관이며, 그 해결과정에서 삶의 질을 높일 수 있는 새로운 사회체제를 구축하는 일이 관건이다. 그렇게

10 전 지구적 차원에서 실현 가능한 저탄소 대안세계에 대해서는 김해창, 『저탄소 대안경제론』, 미세움, 2013 참고.

되려면 이 책의 논의처럼, 현재의 성장주의 패러다임에서 벗어나 국가-시장 경제와 공존하는 소생산자 협력경제, 보편적이고 평등한 정치체제, 포용적 국제협력체제, 생태문명, 민주적 법치사회 등이 문명국가를 구성하는 새로운 사회체제가 되어야 한다. 그리고 문명국가는 인민의 행복의 권리, 하위계층이 시민이 될 수 있는 개방사회, 청년이 자유롭게 꿈꿀 수 있는 노동 없는 미래, 저출산 고령화가 축복이 되는 사회, 생활정치에 기반한 공동부유사회 등을 추구하는 보편적 복지사회를 지향해야 한다. 이러한 사회체제가 바로 인류가 직면한 자본주의 위기 너머의 새로운 대안적인 삶을 추구하는 문명국가라고 할 수 있을 것이다. 현재 중국의 위치는 GDP 대비 복지지출비용으로 볼 때 약 10% 정도로 OECD 최하국 수준이며, 정치체제·사회문화 및 국민의식 등의 방면에서도 상당한 진보를 이뤄 나가야 하는 '보통국가'에 가깝다. 더군다나 중국지식계의 문명국가론은 유토피아 담론의 수준에 머물고 있으며, 현재적 조건 속에서 실현가능한 방안을 고민해야 하는 출발선에 서 있다.

문명국가의 기준으로 볼 때 중국은 수많은 난제에 직면하고 있음에도 불구하고, 특유의 안정 속의 변화의 방식으로 2050년 대동사회를 향해 나아갈 것이라 생각된다. 지금 중국의 모습은 중국 자신이 내세우는 문명국가의 이상이나 필자가 제기한 보편적 복지국가의 기준으로 보면 아직 갈 길이 먼 상태다. 중국은 지금껏 겪어 보지 못한 거대한 딜레마 위에 서 있다. 중국이 문명국가에 도달하기 위해선 딜레마 위에서 흘리고 있는 베이징의 눈물을 곱씹어 보고 지난 성장의 교훈을 뼈저리게 성찰해야 한다. 그러한 성찰이 있을 때 베이징의 눈물이 성장통이 되어 문명국가로 나아가는 내성의 빛으로 작용할 수 있다. 새로운 문명은 인류가 공동으로 직면하고 있는 딜레마를 풀어나가는 과정에서 출현할 것이며, 그 작업을 선도적이고 창의적으로 수행하는 주체가 바로 새로운 문명의 리더로 인류의 신뢰를 받게 될 것이다.

사드사태 이후 중국에 대한 감정이 복잡해졌다. 중국이 북한의 비핵화보다 미국에 대한 안보 울타리로 활용하고 있다는 점이 드러나면서, 중국이라는 존재에 대한 의심이 더욱 증폭되었다. 무엇보다 근대 이전 한중관계의 역사에서, 한반도의 울타리를 통해 외부의 침입을 방어하려는 이이제이의 시선이 지속되고 있다는 사실을 반증하기 때문이다. 중국의 역할에 대한 부정적 인식이 확산되면서 한반도 비핵화의 명분이 약해지고, 전술핵 재배치를 포함한 자강론이 부각되고 있다. 게다가 중국의 경제보복으로 한국경제가 심각한 타격을 입으면서, 한중관계를 전면 재검토하자는 강경한 목소리도 부상하는 실정이다.

그러나 중국이 자국의 안보이익을 우선한다고 하여 중국의 역할을 포기할 수도 없고, 경제의 중국 의존도를 단시일 내에 바꿀 수 있는 상황도 아니다. 이럴 때일수록 냉정하게 현실을 직시해야 한다. 중국이 한국을 위해 자신의 안보이익을 양보할 가능성이 없고, 중국의 경제성장에 있어 한국의 가치가 갈수록 줄어들고 있기 때문이다. 이러한 상황에서 현명하지 못한 대응의 결과는 결국 한국의 고통으로 되돌아오게 된다. 우리는 중국의 안보이익을 한반도의 비핵화 평화구축과 연동시키고, 한중 경제관계를 이익공동체의 수준으로 재정립하는 방안을 지속적으로 고민해야 한다. 국제정세가 긴박한 국면으로 치닫고 있지만,

미래 희망의 길은 직면한 딜레마를 풀어나가는 과정에서 발견될 수 있을 것이라고 생각한다. 이 책이 중국이라는 딜레마를 풀고 나아가 한국이 새로운 단계로 도약하는 데 조금이라도 도움이 되길 바란다.

2017년 9월 장산을 바라보며

저자 이종민

목 차

2부 복지사회와 인민의 행복

1부
문명국가와 중국의 미래

1장

공자, 근대 문명의 대안이 될 수 있는가

1장
공자, 근대 문명의 대안이 될 수 있는가

1. 중국의 길

중국은 지금 동아시아 지역강대국에서 세계강대국으로 진화하고 있지만, 사실 금세기 초만 하더라도 세계는 중국의 부상에 대해 반신반의하는 분위기였다. 하지만 2008년 미국 금융위기 이후 G2의 반열에 오르면서 세계는 더 이상 중국의 부상을 의심하지 않으며, 더 나아가 중국의 사회개혁이 신자유주의의 대안세계를 창출할 것이라는 기대감을 표출하고 있다. 영국의 문화비평가 마틴 자크(Martin Jacques)는 중국의 부상 과정과 그 이후 중국 중심의 세계 변화를 예측한 저서『중국이 세계를 지배하면』에서 그 첫 번째 변화로 '중국 중심의 세계사가 등장한다'고 주장한 바 있다. "지난 2세기 동안 세계 역사가 유럽이 제공한 설명과 개념으로 서술되었다면 다음 세기는 중국이 비슷한 역할을 할 것이다. 즉 세계사는 중국이 제공하는 완전히 다른 설명과 개념에 의해 서술될 것이다. 분열이 아닌 통합, 국민국가가 아닌 문명국가, 베스트팔렌 체제가 아닌 조공 제도, 중국인들의 독특한 인종관, 진보와 보수 간이 아니라 중앙 집권과 지방 분권 간의 정치적 역학 관계 등의 개념이 담길 것이다.…… 역사적으로 가장 창의적인 문화를 형성한 이들이 유럽 사람들이라는 이 시대의 믿음을 한꺼번에 일소시킬 것이다."[1]

마틴 자크의 예측대로 현재 중국 중심의 세계사가 등장하고 있지만, 그 세계사가 '중국이 제공하는 완전히 다른 설명과 개념'에 의해 서술되고 있다고 볼 수는 없다. 가령, 세계경제사에서 유럽 중심의 역사관을 비판하며 근대 이전 중국 중심의 아시아 경제의 헤게모니를 강조하는 시각은 케네스 포메란츠(Kenneth Pomeranz), 안드레 군더 프랑크(Frank, Andre Gunder) 등 미국 캘리포니아 학파[2]의 이론에서 비롯된 것이다. 이들의 연구 덕분에 중국의 부상은 개혁개방 이후의 최근 현상 아니라 근대 이전 세계경제사의 헤게모니 회복 과정이라는 관점을 취할 수 있었다. 또 아편전쟁을 중국근대사의 기점으로 간주하는 서술을 비판하고 명말청초에서 중국의 초기 근대가 시작되었다고 인식하는 시각은 미국 신청사(新淸史)학파[3]의 연구에서 비롯된 것이다. 이들의 연구 덕분에 전통 중국은 근대국가로 발전하지 못하는 낙후하고 정체된 세계였다는 오명에서 벗어나 문명제국의 관점에서 중국 고유의 근대사를

---

1 마틴 자크, 안세민 옮김, 『중국이 세계를 지배하면』, 부키, 2010, 489쪽.

2 이에 대해서는 강진아, 「G2시대의 중국 사회주의-역사적 관점에서 본 중국의 개혁개방」, 『역사비평』 106호, 역사비평사, 2014 참고.

3 이에 대해서는 윌리엄 T. 로, 기세찬 옮김, 『하버드 중국사 청, 중국 최후의 제국』, 너머북스, 2014, 서론 참고.

서술할 수 있었다. 이러한 사실은 중국 담론이 '중국이 제공하는 완전히 다른 설명과 개념'이라기보다는, 서구 중심주의의 오류를 바로잡고 새로운 대안 가능성을 찾으려는 전 지구적 차원의 비판적 연구를 기반으로 한 것이라는 점을 보여 준다.

대안근대 담론은 세계를 바라보는 시각(세계관), 삶을 살아가는 의의(가치관), 인류가 살아온 과정(세계사), 나아가 인류가 살아가는 총체적 방식(문명)을, 위기에 처한 미국(서구)의 것이 아닌 새로운 근대성 패러다임으로 전환하려는 목표를 지닌다. 즉 세계를 더 이상 서구 보편주의가 만들어 놓은 세상으로 바라보지 않겠다는 뜻이다. 서구근대성론에서는 비서구 세계의 근대가 독자적으로 형성될 수 없고 서구 근대와 접촉하고 대응하는 과정에서 발단된 것이라고 규정한다. 그러나 비서구 세계의 근대가 서구 근대와의 충돌이 아니라 내재적인 성장과정에서 발단된 것이라고 이해하는 관점에서는 근대 형성 경로가 더욱 복잡하고 다양해진다. 서구중심주의에서 벗어나 서구 및 비서구 세계의 다양한 근대 형성 경로를 논의하기 위해선, '역사적 근대'의 개념으로 세계사의 시기를 세분화할 필요가 있다. 역사적 근대는 세계 여러 지역에서 복잡한 내외적 요인으로 근대가 형성되어 변화 발전하는 장기적인 역사과정을 지칭한다. 역사적 근대는 각 지역의 상황에 따라 다원적인 근대 형성시기를 거친다. 대체로 각 지역의 내재적 발전과정을 통해 형성된 초기 근대, 서구 근대와의 조우 이후에 형성된 식민/피식민 근대, 식민시대를 벗어나기 위해 전 지구적 차원에서 모색하고 있는 탈서구 근대 등의 시기를 경유한다. 유럽사의 1450~1640년이나 미국의 신청사학파가 제기한 명말청초 등은 초기 근대에 해당하고, 우리가 상식적으로 알고 있는 서구 중심적 근대는 식민/피식민 근대에 해당한다. 중국의 대안근대 담론을 비롯해 현재 세계 여러 지역에서 추구하고 있는 서구중심주의 비판은 탈서구 근대를 모색하기 위한 사회실험에 해당한다.[4]

역사적 근대는 위기에 빠진 서구 중심적 근대성론을 비판적으로 성찰하며, 그것이 부정했던 비서구의 내재적 역사를 복권하여 전 지구적 차원에서 보편적 근대성을 재정립하기 위한 시각이라고 할 수 있다.[5] 중국의 대안근대 담론은 미국의 금융위기와 중국의 부상이 교차하면서 중국의 길, 중국 모델, 중국경험, 베이징 컨센서스 등의 담론을 통해 현실적인 힘을 얻는 과정에 있다. 경제적 측면에서 보자면 중국 이전에 일본이 세계경제 2위의 대국으로 부상하여 미국의 패권적 질서에 도전한 역사가 있었다. 그러나 일본의 도전은 미국이 파놓은 투키디데스의 함정인 플라자 합의에 걸려 곧바로 장기침체에 빠져 버렸다. 현

---

4 이종민, 『중국사상과 대안근대성』, 현암사, 2017, 13~14쪽.

5 다중근대성(multiple modernities) 또는 대안근대성(alternative modernity)은 바로 이러한 흐름을 대표하는 입장인데, 중국의 재발견과 마찬가지로 중국 밖에서 제기되어 중국을 포함한 비서구 세계로 확장된 담론이다. 다중근대성론은 1998년 『다이달로스(Daedalus)』 "초기 근대성(early modernities)" 특집호에 처음 그 진용을 드러냈는데, 아이젠슈타트, 비트록, 아나슨 등 비교역사사회학자들이 이 입장을 대표한다. 이들은 비서구근대성의 전개양상에 주목하며 근대성의 문명적 다중성을 강조한다. 대안근대성론은 문화이론, 문예-정치 비평, 인류학 등 다양한 영역에서 제기되고 있는데, 주로 서구 내의 소수 인종사회 또는 이민자사회에서의 다채로운 근대성의 표출 양상에 관심을 가진다. 두 시각은 근대성을 단수가 아닌 복수로 이해하면서 대안적 근대성 패러다임을 모색한다는 점에서 동일하다. 그러나 새롭게 정립하고자 하는 근대성이 무엇인지 불분명하여 복수 지역의 문화 차이만을 강조하는 근대 다원주의에 빠지거나, 혹은 서구 근대성을 기준으로 비서구 근대성의 경로를 탐구하여 서구 근대성의 테두리를 벗어나지 못하는 한계를 내재하고 있다. 김상준, 『맹자의 땀 성왕의 피: 중층근대와 동아시아 유교문명』, 아카넷, 2013, 35~36쪽.

재 중국은 일본과 달리 미국의 투키디데스의 함정에서 벗어났을 뿐 아니라 세계강대국이 되기 위한 궤도를 찾아가고 있다. 문명사적 차원에서 볼 때 중국의 부상이 일본과 다른 점을 꼽으라면 무엇보다 서구중심적인 패권질서를 넘는 대안세계를 모색하고 있다는 사실일 것이다. 일본은 낙후한 아시아를 벗어나 서구 유럽 문명의 일원이 되는 '탈아입구(脫亞入歐)'를 목표로 하여 독자적인 세계질서나 대안담론을 추구하지는 않았다. 그래서 일본의 부상은 이른바 일본위협론을 동반하지 않았을 뿐 아니라 미일동맹의 우산 속에서 진행되어 자본주의 진영의 수호자로 간주되었던 것이다.

이러한 흐름 속에서 최근 중국 지식계의 뜨거운 쟁점이 되고 있는 사안이 바로 중국의 재발견에 관한 문제이다. 만청 이래 동서문화 논쟁에서 80년대 문화열에 이르기까지 중국은 줄곧 세계 속에서 중국의 위치를 재인식하고 그 출로를 모색하였다. 그러나 최근의 논쟁은 과거와 사뭇 다른 목표를 향해가고 있다. 과거의 논쟁이 전반적 서구화의 흐름 속에서 중국의 낙후성을 극복하기 위한 방안을 추구한 것이었다면, 지금은 전통자원을 기반으로 탈서구화의 가능성을 탐색하고 있기 때문이다. 이러한 흐름에 대해 중국의 연구자 우신보(武心波)는 다음과 같이 주장한다. 중국의 경험을 기초로 한 중국방법은 서구 문제에 대해 포용력과 해석력을 갖추지 못할지라도 서구방법과 상호 작용하는 능력은 갖추고 있다. 동서양의 공동 성장은 세계를 완전하고 아름답게 만들기 위해 궁극적으로 추구해야 하는 것이며, 일방이 홀로 강한 국면은 반드시 공존과 공영의 국면으로 대체되어야 한다. 중국은 '세계(서구)를 방법으로, 중국을 목적으로 하는 길'을 160년간 걸어왔다. 중국이 진정으

로 부상하려면 반드시 '중국의 방법으로, 세계를 목적으로 하는 중국의 길'을 가야 한다.[6]

중국의 길은 서구의 방법이 아니라 중국 내재적인 역사와 경험에 기반하여 인류사회가 공감할 수 있는 보편문명 건설을 목표로 하고 있다. 최근 중국지식계에서 논의하고 있는 문명국가론은 바로 중국의 길을 국가체제의 차원에서 실현하기 위한 이론적 모색이라고 할 수 있다. 중국이라는 국가의 성격이 무엇이고 어떠한 국가를 건설해야 하는가를 둘러싸고 활발한 논쟁이 전개되고 있는데 모두가 문명국가론을 주장하는 공통점을 지닌다. 사상적 입장에 따라 문명에 대한 정의와 문명국가의 구상이 상이하기는 하지만, 중국이라는 국가의 문명적 기초가 무엇인가라는 문제가 사유의 핵심이 되고 있다. 아울러 문명국가는 중국만의 문제 해결을 위한 특수한 정치 체제가 아니라, 중국문제를 통해 인류 보편의 문제를 해결하려는 세계질서의 구상을 포함하고 있다.[7] 이런 맥락에서 중국이라는 국가는 국가이면서 동시에 문명 그 자체가 되며, 중화민족은 문명국가 중국의 정치주체로서 단일한 정체성 속으로 통합되고 있는 것이다.

그런데 중국의 문명국가론을 들여다보면 그 관건이 되는 문명의 기초를 공자(孔子)와 유교에서 본원을 찾는 공통점을 지닌다. 물론 공자

---

6 우신보, 「'중국을 방법으로, 세계를 목적으로' 하는 중국의 길」, 면홍화 외 주편, 성균관연구소 옮김, 『다시, 중국의 길을 묻다: 시진핑 시대의 국가전략』, 성균관대학교출판부, 2017, 351쪽.

7 중국지식계의 문명국가론에 대해서는 전인갑, 『현대중국의 제국몽: 중화재보편화 100년의 실험』, 학고방, 2016. 제8장 지식 패러다임의 반전과 '제국몽': 중화의 재보편화 참고.

가 재부상한 것은 개혁개방 이래 민족주의 열풍과 전통문화 부흥, 소프트파워 강화 등 일련의 흐름 속에서 지속되고 있는 현상이다.[8] 하지만 선전 홍보의 차원을 넘어 공자가 중국지식계를 석권하고 문명의 중심적 지위를 차지한 것은 21세기 이후의 일이라고 해야 할 것이다. 본래 공자를 추숭한 문화보수주의자[9]들은 논외로 하더라도, 공자와 유교 비판이 자신의 사상적 근거였던 좌파의 변신과 그 문명담론에 대해서

---

8 이 점에 대해서는 권기영, 『마르크스와 공자의 화해』, 푸른숲, 2016. 1장 중국은 왜 공자를 소환했는가 참고.

9 문화보수주의자들의 입론은 대체로 모든 사람이 군자가 될 수 있다는 도덕론과 그러한 군자들이 모여 조화로운 사회를 이룬다는 정치론, 그러한 사회(국가)들이 모여 차별과 대립이 없는 평화로운 세계를 이룬다는 천하론으로 구성된다. 가령, 천라이(陳來)는 유가의 인학본체론을 재건하여 왕천하의 인정과 대동사회의 현대적 의미를 사유하고, 츄펑(秋風)은 군자를 주체로 유가식 입헌정치를 어떻게 건설할 것인가에 대해 사유한다. 또 장샹룽(張祥龍)은 부모 자식 간의 친애(親愛)로 현대사회의 윤리관계를 재구성하여 유가식 인정(仁政)을 회복하자고 주장하고, 간춘숭(干春松)은 유가 왕도로 돌아가 민족국가를 초월한 보편적 세계주의 관념을 확립하자고 주장한다. 장칭(蔣慶), 천밍(陳明), 캉샤오광(康曉光), 셩훙(盛洪) 등으로 대표되는 대륙신유가는 해외 신유가의 심성유학에 비해 제도 건설의 측면에서 유가사상의 의의를 주장하고 있지만, 문화보수주의 전체로 볼 때는 내부적으로 해결해야 할 다음의 문제점을 공통적으로 지니고 있다. 모든 사람이 군자가 될 수 있는 도덕적 자질을 갖추고 있다 하더라도, 모든 사람에게 공평한 교육의 기회가 주어질 때 가능한 일인데 그러한 사회조건을 어떻게 만들 것인가? 군자들이 모여 이룬 사회 혹은 최고의 군자가 통치하는 사회라 하더라도 오류가 발생할 수밖에 없다면, 그러한 잘못을 비판하고 개혁할 수 있는 정치적 공간을 어떻게 만들 것인가? 보편적 세계이념은 선험적으로 존재하는 것이 아니라 민족국가들 사이의 이해관계를 조정하고 연대협력의 경험을 통해 형성되는 것이라면, 유가식 왕도나 천하 상상은 어떠한 과정을 통해 보편적 세계이념으로 신뢰될 수 있는 것인가? 이러한 문제에 대한 해결방안이 마련되지 않은 상태에서 문화보수주의는 유가식 유토피아 담론에 머물 수밖에 없다. 실제로 중국 역사에서 이 문제를 해결한 나라는 없으며, 요순시대 대동사회라는 상상세계로 존재했을 뿐이다. 그러나 유토피아 없이 사회 변화를 추동하기는 힘들며, 관건은 지금 여기의 조건 속에서 유토피아에 가까이 갈 수 있는 실천방안을 찾아나가는 일이 될 것이다. 상상세계에만 머무는 유토피아 담론은 현실질서를 정당화하는 이론으로 작용할 수 있다.

는 각별히 주목해 볼 필요가 있다. 좌파이론가 가운데 공자를 문명국가 건설의 주요 자원으로 끌어들인 사람은 간양이다. 중국 문명국가의 미래가 유가사회주의공화국이라고 주장한 간양은 그러한 세계를 구현하기 위해 공자 전통, 마오쩌둥 전통, 덩샤오핑 전통의 세 가지 전통이 융합(通三統)되어야 한다고 강조한다.[10] 덩샤오핑 전통은 시장을 핵심으로 자유와 권리를 강조하는 전통이고, 마오쩌둥 전통은 평등을 강조하고 정의를 추구하던 전통이며, 공자 전통은 중국이 수천 년에 걸쳐 형성한 인정과 향정(鄕情)의 문명전통 혹은 유가전통이다. 그런데 공자 전통에 관한 설명을 보면, 현재의 문제와 관계하는 공자전통의 사례를 해외 화교들의 중국 투자로 들고 있다. 이는 인정과 향정을 중시하는 중국 전통문명이 개혁개방을 성공하게 만든 하나의 요소였다는 설명은 되지만, 현재의 문제와 연계되어 실천의 거울로 작용하는 전통 혹은 문명이 될 수 있는지에 대한 해석으로 한참 미흡하다. 그리고 더 중요한 결점은 공자 전통이 덩샤오핑 전통, 마오쩌둥 전통과 어떻게 융합하여 새로운 문명국가를 만들 수 있는가에 대한 해석이 없다는 것이다.

이러한 문제점은 중국 대안근대성 담론의 대표저작이라고 평가되는 왕후이 『근대 중국사상의 흥기』[11](이상 『흥기』로 약칭)의 공자(유학) 해석에서도 드러나고 있다. 왕후이의 『흥기』는 민족국가 비판과 유교보편주의를 통해 중국 다민족 왕조의 정체성을 제국 개념으로 이해하기 위한 학술적 기초를 정립하려 했고, 이러한 의도는 그 목적을 달성한 것으로 보인다. 그러나 왕조(제국) 합법성 이론으로서 유교보편주의를 넘

10 甘陽, 『通三統』, 北京: 三聯書店, 2014.

11 汪暉, 『現代中國思想的興起』 北京: 三聯書店, 2004.

어서기 위해선, 인민주권과 관련된 경세민생 사상과 그 정책 및 민간의 자선조직 등에 관한 서술이 병행되어야 했다. 『홍기』는 이러한 부분에 대한 서술이 생략됨으로써 도덕정치학적 측면에서 유학의 자기 전환을 설명하고, 대일통이나 예의중국과 같은 전통 이론으로 제국통치를 합법화하는 저작이라고 비판받을 여지가 크다. 아울러 『홍기』의 공자 해석은 예약제도와 도덕의 합일을 추구하는 예의 실천론의 관점에서 접근하여 공자사상과 중국 개혁의 연관성이 어디에 있는지를 잘 드러내지 못하고 있다.[12]

2. 공자와 마르크스의 대화

이러한 점은 무엇을 의미하는가? 공자는 문명국가론의 문명 기초로 소환되고 있지만 각 이론가의 입장을 정당화하는 문화상징에 불과

12 왕후이의 시각에 대한 비평은 이종민, 『중국사상과 대안근대성』, 현암사, 2017 참고. 『홍기』의 유학보편주의 및 제국론에서 얻을 수 있는 교훈은 다음과 같은 것이라 생각한다. 유학은 베버식의 수동적인 현세 긍정철학이 아니라, 오히려 왕조 교체와 체제의 합법성을 정당화할 수 있는 풍부한 이론과 역사를 지닌 정치사상이다. 유학은 현세비판성과 합법화의 양면성을 지닌 사상으로서 항상 삼대를 기준으로 삼지만, 삼대는 현실 문제를 판단하는 거울로 작용할 뿐 구체적인 개혁방안을 제시해 주지 않는다. 그 방안은 삼대의 이념이 아니라 자신의 현실 속에서 현세비판성 혹은 내재신성성의 윤리를 통해 실사구시적으로 찾아야 한다. 삼대의 이념과 자신의 현실문제 사이에 숙명적으로 가로놓인 거대한 간격을 인지하고 적실한 실천방안을 모색하는 것이 유학자의 실천적 사명이다. 현세비판성이 약화된 채 합법화의 세계로 빠져드는 것은 유학에 내재한 유혹이며, 이는 유학 본연의 길에서 멀어지는 일이다. 현재 중국 지식계에서 좌우파를 막론하고 유학의 현대성 문제를 거론하고 있지만, 그것이 어떠한 이론으로 작동하고 있는지 성찰하기 위해선 반드시 『홍기』의 교훈을 되새겨 보아야 할 것이다.

한 것인가? 그렇지 않다면 공자가 꿈꾼 문명사회는 현재 중국 사회에 무슨 의미를 지니는가? 이러한 문제를 풀어나가기 위해 우리가 보아야할 영화가 후메이[13] 감독의 〈공자(孔子)〉(2009)이다. 이 영화는 21세기 들어 시행하기 시작한 소프트파워 강화 정책 및 상연 시점이 중국이 G2로 부상하는 시기라는 등의 요인으로 인해 제작 의도가 논란이 되었던 작품이다. 영화의 제작사는 중국 최대 국영영화사인 중국영화그룹이고, 감독인 후메이는 국가일급 감독으로 전국인민대표, 베이징 정협위원 등을 겸하고 있었다. 또 후진타오 주석이 이례적으로 영화촬영장을 방문하기도 했고, 정부는 최고 흥행중인 〈아바타〉의 상영을 3D로 제한하는 등의 지원조치를 해주었다.[14] 그러나 이러한 국가급 지원에도 불구하고 〈공자〉는 중화민족의 위대성을 선양하거나 민족주의에 호소하는 선전물로 보이지 않을 만큼의 거리를 두고 있다. 오히려 춘추전국시대를 현재 중국이 직면하고 있는 정치문제와 사회적 불평등이 배태된 근원적 시공간으로 암시하고, 공자를 현실체제 개혁을 위해 분투하다 좌절하는 인물로 그리고 있다.

사실 영화의 제작 의도가 논란이 되기는 했지만 그것은 정부 정책과 공자가 연결되어 있기 때문이며, 공자의 사상이나 전기적 사실을 심각하게 왜곡해서 그런 것은 아니다. 중국인들 가운데 공자의 전기적 사

13 胡玫는 1958년 생으로 중국 제5세대에 속하는 대표적 여성 감독이다. 초기작인 〈여간호병〉(1984), 〈전쟁과 멀어진 시대〉(1985)는 여성 특유의 감수성과 통찰력으로 국내외 영화계의 주목을 받았다. 1990년대 이후 상업영화로 선회하였으며, 현재는 TV 시리즈물, CF 제작에 치중하고 있다.

14 국가가 지원한 주선율 상업영화로서 〈공자〉에 대한 비평은 강내영, 『중국영화의 오늘』, 산지니, 2015, 202~207쪽 참고.

실에 대해 자세하게 알고 있는 사람은 드물다고 해도 무방하며, 특히 젊은 세대에게 공자 사상이 매력적인 대상이라고 보기도 어렵다.[15] 전 세계에 공자학원이 설립되고, 『논어심득(論語心得)』과 같은 교양서가 베스트셀러가 되고, 학교에 유교 경전 강독이 시행되는 등 공자가 21세기 중국의 문화적 아이콘이 되고 있지만, 공자가 중국의 사회문제를 해결해 줄 것이라고 기대하는 사람은 과연 얼마나 될까? 불평등과 빈부 격차가 극심해지는 상황에서 마르크스가 아니라 공자를 부각시키는 것이 중국의 사회문제를 은폐하기 위한 것은 아닐까? 표면적으로 볼 때 영화에 대한 논란은 바로 이러한 의심에서 비롯된 것이다.

공자에 대한 의심이 풀어지지 않은 상태에서 영화 자체를 즐기기는 어려운 일이며, 이런 의심 속에서 공자의 문명사적 의미를 논의하기는 더더욱 어려운 일이다. 이 점에 대한 실마리를 풀기 위해 중국 현대작가이자 사회주의사상가인 궈모뤄가 1925년에 쓴 소설 「마르크스의 공자 방문기」[16]를 읽어 보자. 소설이 발표된 1925년은 공자와 예교가 중국을 낙후하게 만든 봉건문화라고 극렬하게 비판했던 5.4운동이 일어나고, 직후 중국공산당이 창당되면서 사회주의 운동이 흥기했던 시기이다. 이 점과 아울러 작가 궈모뤄가 프롤레타리아 문학을 급진적으로 주창한 인물이라는 점을 생각하면, 소설의 내용이 마르크스의 사상을 통해 공자를 비판하고 마르크스 사상의 진보성을 역설하는 이야

15 흥행 면에서 볼 때 〈공자〉는 박스오피스 1억 위안에 그치고 말았는데, 1억 위안의 제작비에 국가급 지원을 받았다는 점을 감안하면 저조한 실적이며, 이는 주 관객층인 젊은 세대의 호감을 받지 못한 점과 관련이 있을 것이다.

16 郭沫若, 「馬克思進文廟」, 『郭沫若全集』文學編 10, 人民文學出版社, 1985.

기일 것이라고 추측하게 한다. 그러나 예상과 달리 소설은 공자에 대한 비판이 아니라, 공자와 마르크스는 현실문제, 이상사회, 실천방법 등에서 공통점을 지니고 있고, 오히려 후세들이 두 사상의 근본을 잘 이해하지 못한 채 자신들의 필요에 의해 끌어들이는 게 아니냐는 질문을 던지고 있다.[17]

소설은 상하이의 공자사당에 마르크스가 방문하여 공자와 대화를 나누는 허구적 방식을 취한다. 공자는 당시 중국에서 인기가 높았던 마르크스가 자신을 방문한 것에 기뻐하고, 이에 마르크스가 공자를 찾아온 연유에 대해 밝힌다. "몇몇 사람들은 저의 이데올로기가 선생님의 사상과 같지 않으며, 선생님의 사상이 보편화되어 있는 중국에서 저의 이데올로기가 실현될 가능성이 없다고 말하고 있습니다. 그래서 제가 이렇게 와서 선생님께 가르침을 받고자 하는 것입니다."[18] 공자는 마르크스 저작이 번역되지 않은 상황에서 소문만 들은 것이기 때문에 그의 사상에 대해 먼저 듣기를 청한다. 마르크스는 자신의 사상은 현실세계와 인생에 대한 철저한 긍정에서 출발하여, 어떻게 해야 우리들의 생존이 최고의 행복을 얻을 수 있는지, 어떻게 해야 우리들의 세계를 생존에 적합하게 만들 수 있는지의 문제를 탐구하는 것이라고 말한다. 공자는 자신과 마르크스의 사상의 출발점이 완전히 같다고 동의하며 그가 추구하는 이상세계에 대해 묻자, 마르크스는 자신의 공산사회에 대한 이상을 설파한다. "저의 이상세계에서는 우리들이 이 현실에 생존하

17 궈모뤄는 중국 고대 역사문화 연구에 정통한 학자이기도 한데 『십비판서(十批判書)』에서 공자를 노예해방가로 묘사한다.

18 郭沫若, 앞의 책, 162쪽.

면서 모든 사람이 각자 자기의 재능을 평등하게 발전시킬 수 있고, 모두가 힘을 합해 일해도 보수를 바라지 않으며, 또한 모두가 생활보장을 받음으로써 굶거나 추위에 떨 근심이 없습니다. 이것이 이른바 '각자 능력껏 일하고 필요한 만큼 취하는' 공산사회입니다."[19] 공자는 절로 손뼉을 치며 마르크스의 공산사회와 자신의 대동(大同)사회가 일치하는 것이라고 하며, 『예기(禮記)』「예운(禮運)」 편에 나오는 대동사회에 관한 저명한 구절을 들려 준다.

> 큰 도가 행해지면 천하는 개인의 것이 아니라 공공의 것이 된다. 어질고 능력 있는 자를 뽑아 썼으며 믿음을 중시하고 화목을 실천했다. 그리하여 사람들은 자기 부모만을 부모로 여기지 않았고 자기 자식만을 자식으로 여기지 않았다. 노인들은 편안히 생을 마칠 수 있었고 젊은이들은 일할 곳이 있었고 아이들은 안전하게 길러졌다. 홀아비나 과부, 고아, 자식 없는 사람, 장애인이 모두 부양을 받았다. 남자에게는 직업이 있었고 여자에게는 결혼할 사람이 있었다. 재물을 땅에 버리는 낭비는 싫어했지만 그렇다고 재물을 자기만의 것으로 소유하지는 않았다, 노동하지 않는 것을 싫어했지만 그렇다고 자기만을 위해 노동하지는 않았다. 그리하여 간특한 모의가 통하지 않았고, 남의 물건을 빼앗고 훔치는 등 사회를 어지럽히는 무리는 생겨나지 않았다. 그래서 대문이 있어도 잠그지 않고 살았다.[20]

대동사회의 모습 속에는 공자가 생각한 이상적 공동체사회의 면모

19 郭沫若, 앞의 책, 164~165쪽.

20 郭沫若, 앞의 책, 165쪽.

가 잘 그려져 있는데 우리 시대로 말하자면 보편적 복지사회에 가깝다고 할 수 있다. 이상사회가 존재하는 시간을 기준으로 볼 때, 마르크스가 공산사회를 도달한 적이 없는 미래에 두고 현실세계를 변혁하려고 한 것이라면, 공자는 대동사회가 고대 요순(堯舜)시대에 구현되었다고 믿으며 이를 거울로 삼아 다시 현세에 실현하려고 한 것이다. 공자는 고대사회를 대동사회와 소강(小康)사회로 구분하는데, 대동사회는 대도가 행해지고 천하가 공공의 것이었던 요순시대를 지칭하고, 소강사회는 대도가 사라지고 천하가 한 가문의 소유가 되었으나 예의를 중시한 하은주(夏殷周)시대[21]를 뜻한다. 공자가 살았던 춘추전국시대는 예의가 무너져 한 가문끼리 골육상잔의 전쟁을 벌이던 폭력의 시대였다. 공자의 시대에서 볼 때 예의와 신뢰를 바탕으로 상생의 공동체를 이루어 자율노동과 공동체사회를 실현한 대동사회는 그야말로 유토피아와 같은 평화의 세상이었다. 공자 역시 대동사회를 꿈꾸기는 했지만 실현하기 어렵다는 사실을 알고 있었으며, 예의와 신뢰를 회복하여 전쟁과 폭력을 억제하는 윤리사회 실현을 위해 분투하였다. 이 점이 바로 공자가

21 『예기』「예운」 편에서 공자는 소강사회를 다음과 같이 묘사한다. "대도가 숨어 버렸고 천하는 한 가문의 자산이 되었다. 각기 제 어버이를 친애하고 제 자식을 사랑하고 재화와 힘은 자기를 위해 썼다. 나아가 대인은 세습을 예로 삼고 성곽과 해자를 방위시설로 삼았다. 예와 의를 기강으로 삼아 군신을 바르게 하고, 부자를 독실하게 하고, 형제를 화목하게 하고, 부부를 화합하게 하고, 제도를 설치하고, 동네를 만들고, 용감하고 지식을 갖춘 자를 중히 여기고, 자기를 위해 공을 세운다. 그래서 모략이 이를 틈타 생겨나고 전쟁도 이로 말미암아 일어났다. 이 때문에 군자는 예에 시중하지 않은 적이 없었다. 예로써 의리를 드러내고 믿음으로써 약속을 이루었다. 과오를 드러내고 인을 법제화하고 겸양을 익히고 백성에게 공시하는 것이 상례다. 이 상례에 따르지 않는 자가 있다면, 권세가 있는 자가 무리를 버리게 되어 재앙이 된다."

서주(西周)를 실천모델로 삼은 이유였다. 하지만 공자의 예악공동체의 이상은 패권경쟁과 부국강병의 현실론이 대세를 이룬 시대에서 수용되기 힘든 것이었다. 김상준의 시각에 근거하자면, 공자와 유학자들은 이러한 시대적 흐름을 바로잡기 위해 고대의 문화적 공동 재산을 체계적으로 편집하여 유학 텍스트로 만드는데, 요순의 대동사회와 하은주의 소강사회는 이러한 과정에서 재구성된 평화의 세계라고 할 수 있다. 이른바 '술이부작(述而不作)' 한 유학 텍스트 속의 성스러운 임금은 고대 자료들 안에 포함된 전쟁 영웅으로서의 폭력을 일관되고 체계적으로 걸러내는 작업으로 만들어진 것이다. 공자는 평화로운 고대사회의 이념을 통해 폭력에 대한 윤리적 혐오감이라는 새로운 감성을 형성하고 교육을 통해 이를 실천할 수 있는 인재를 양성하려고 하였다. 공자의 유학은 고대를 엄격히 따르는 것이 아니라, 고대의 자료 가운데 평화적이거나 평화를 합법화할 수 있는 기록을 성왕의 역사로 일관되게 편집하여 전쟁과 폭력이 난무하는 현실세계에 윤리적 각성을 일으키는 학술작업이었다.[22] 공자의 이러한 윤리적 실천을 통해 우리는 공자가 만들고자 한 중국문명의 시원과 평화의 이념 그리고 그 실천윤리로서 유학의 의미를 한층 의지적으로 이해할 수 있을 것이다.

그러나 소설에서 마르크스는 공자의 이상을 공상적 사회주의[23]일

22 김상준, 『맹자의 땀 성왕의 피: 중층근대와 동아시아 유교문명』, 아카넷, 2011, 139-145쪽.

23 와다 하루키는 『역사로서의 사회주의』(고세현 옮김, 창작과비평사, 1992)에서 공상적 사회주의가 유토피아 사회주의에 대한 잘못된 번역이라고 지적한다. 엥겔스는 초기 사회주의를 '유토피아 사회주의'라고 명명했는데, 이것이 일본에서 '공상적 사회주의'로 번역되어 부당한 과소평가를 초래했다. 사회주의는 근대 서구의 유토피아 사상이며 초기사회주의나 나중의 맑스주의도 똑같이 그 속에 포함된다고 생각해야 할 것이다.

뿐이라고 간주하며, 경제적 차원에서 생산성 향상의 중요성 및 생산물이 소수에 독점되어 사회적 불평등이 극심해지는 문제를 제기한다. 마르크스는 '적은 것을 걱정하지 말고 분배가 고르지 못함을 걱정하고, 가난함을 걱정하지 말고 안정되지 못함을 걱정하라'는 공자의 말에 대해, 물질이 적으면 고르게 분배될 수가 없고 가난하면 그것이 바로 불안의 근원이 된다고 반박하며, 도덕적 절제에 앞서 생산력 향상이 우선되어야 한다고 강조한다. 산업이 발전되어야만 모두가 다 잘살 수 있기 때문이며, 그런 뒤에야 비로소 모두가 자기의 재능과 개성을 편안한 마음으로 발휘하여 평등하고 공평하게 발전시킬 수가 있다는 것이다. 마르크스는 공자가 백성의 물적 욕망을 경시하고 도덕적 균등만을 강요하는 게 아니냐고 반박하는데, 공자는 자기 역시 마르크스와 마찬가지로 백성의 부유한 생활을 중시한다고 해명한다.

> 저도 또한 '인구가 늘었으면 그들을 부유하게 하고, 부유해지면 교육하라!'는 말을 한 적이 있고 그리고 풍족한 식량, 충분한 군비와 백성의 믿음이라는 정책 방침을 말한 적이 있습니다. (……) 그밖에도 저는 '세상에 덕 있는 정치가가 나타나면 한 세대(30년) 뒤에는 반드시 인정(仁政) 즉 민생이 안정될 것이다'라는 이야기와 패도를 걷는 '제나라의 정치와 교육을 개혁하면 노나라의 수준은 될 것이고 노나라의 정치와 교육을 개혁하면 대도에 이를 것이다'라는 이야기를 한 바 있지요. 저는 또한 '천하에 이상 정치를 밝히려는 자는 먼저 자기 나라에 태평을 보장해야 한다'고 말했습니다. 물질을 존중하는 것은 우리 중국의 전통사상입니다. 『상서(尙書)』 「홍범(洪範)」 편에 열거된 팔정(八政) 중에서 식화(食貨)의 확보가 으뜸이요, 『관자(管子)』에서도 '창고에 물건이 풍부해야 예절을 문

제삼고, 의식이 충족해야 명예와 치욕을 가릴 줄 안다'고 했으니 저의 사상이나 우리나라의 전통사상은 근본적으로 선생과 똑같습니다! 요컨대 우선 산업을 발전시켜야만 비로소 (재산의) 균분을 할 수 있기 때문에 그래서 저도 재물이 땅에 떨어지는 것은 싫어하지만 반드시 자기 것으로 하지는 않는다고 말한 것이지요.[24]

사실 마르크스의 공자 비판은 공자와 유학을 순진한 도덕철학이라고 규정하는 입장에서 흔히 할 수 있는 일반적인 비판이다. 이에 대해 공자는 백성을 부유하게 하는 민생정책을 국가 존립의 3대 요소(백성의 믿음, 풍족한 식량, 충분한 군비)[25] 가운데 두 번째 요소로 두었고, 국가의 두 가지 책무(백성을 부유하게 하고 교육시키는 일)[26] 가운데 첫 번째로 둘 만큼 매우 중시했다고 말한다. 아울러 중국 전통사상이 백성의 삶과 동떨어진 얘기를 한 것이 아니라 마르크스와 마찬가지로 백성을 부유하게 하는 일을 우선했다고 설명한다. 이는 공자가 '가까이 있는 사람은 즐거워하고, 멀리 있는 사람은 오게 하는(近者悅, 遠者來)' 그런 살고 싶

24 郭沫若, 앞의 책, 166~167쪽.

25 이 점은『논어(論語)』「안연(顔淵)」편 다음의 구절에 근거한다. 공자의 제자 자공이 정치에 대해 묻자 공자가 대답했다. "풍족한 식량과 충분한 병력 그리고 정사에 대한 백성의 믿음이다." 이에 자공이 다시 물었다. "부득이 버려야 한다면 이 셋 중 무엇을 먼저 버려야 합니까?" 공자가 답했다. "병력이다." 다시 자공이 물었다. "하나를 더 버린다면, 나머지 둘 중 무엇을 먼저 버려야 합니까?" 공자가 말했다. "식량을 버린다. 옛날부터 죽음이란 모든 사람이 다 지니고 있는 것이다. 그러나 백성이 믿음을 갖지 않으면 정치가 존립할 수 없다."

26 이 점은『논어』「자로(子路)」편 다음의 구절에 근거한다. 공자가 위나라에 갔을 때, 제자 염유가 말을 몰았다. 공자가, "사람이 많구나!"라고 감탄하자, 염유가 물었다. "나라에 백성이 많으면 여기에 무엇을 더해야 합니까?" 공자가 답했다. "그들을 부유하게 만들어야지." 염유가 다시 물었다. "이미 부유하다면 여기에 또 무엇을 더해야 합니가?" 공자가 말했다. "그럼 교육을 해야지."

은 나라를 만드는 일이 정치이며, 그 주요 방법이 바로 백성을 부유하게 하는 일이라고 생각했기 때문이다. 문제는 어떠한 방법으로 백성을 부유하게 만드는가에 있다.

황태연의 관점[27]에 따르면, 공자는 민생을 위해 무위지치의 자율생산 활동과 유위지치의 균형분배 정책을 겸용했다고 한다. 공자가 말하는 무위, 유위의 위는 흔히 오해하듯이 '할 위'가 아니라 '하게 할 위'로, 하게 하거나 하지 못하게 하는 일이 없이 백성들을 자유롭게 놓아 두는 사회를 뜻한다. 즉 무책임한 방치의 정치가 아니라 백성들에게 자율활동 공간을 마련하고 보장하는 해방의 정치라고 할 것이다. 이러한 원리가 경제에 적용된 것이 자유시장의 상태이며, 『서경(書經)』「주서(周書)」에서는 "농부가 내지 않으면 먹을 것이 모자라게 되고, 공인이 내지 않으면 공업이 빈약해지고, 상인이 내지 않으면 삼보(三寶. 농산물·공산물·임수산물)가 다 끊어지고, 산지기와 어부가 내지 않으면 임수산물이 적어진다."[28]고 말한다. 이것이 농본주의와 상공업이 결합된 무위지치의 경제이며, 이러한 자율활동을 통해 생산력 향상과 원활한 유통이 이루어져 백성을 부유하게 할 수 있다는 것이다.

공자는 정치경제의 전 과정을 자연의 물성과 인성을 따르는 일로 보았으며, 그 과정이 원활하게 운행되는 데 필요한 물적·사회적·도덕적 조건을 마련하고 유지하는 일을 유위지치의 정책이라고 생각했다. 공자는 정확한 도량형과 신의성실의 교역원칙을 중시했는데, 공자가

---

27 공자사상에 대한 황태연의 관점에 대해서는 『공자와 세계』 1, 청계, 2011 참고.

28 이 구절은 『서경』「주서」에서 유실된 부분이며, 사마천(司馬遷)의 『사기(史記)』「화식열전(貨殖列傳)」 속에서 전해진다.

노 나라에서 국사를 맡자, 석 달 만에 상인들이 저울눈과 물건 값을 속이는 일이 없어졌다고 한다. 또 가벼운 세금 원칙을 견지하여 백성들의 민생 안정화를 추구했는데, 제자 염구가 계손씨의 재무담당이 되어 과중한 세법을 시행하자 자신의 뜻을 저버린 일이라 하여 제자라고 인정하지 않았다. 공자는 무엇보다 빈부격차와 불평등이 민생을 해치는 일이라고 인식하여 균형분배의 원칙을 중시하였다. 이 원칙은 앞에서 인용한 "적은 것을 걱정하지 말고 분배가 고르지 못함을 걱정하고, 가난함을 걱정하지 말고 안정되지 못함을 걱정하라"는 말 속에 그 뜻이 담겨 있다. 마르크스는 공자가 생산과 분배를 대립적인 선택의 관계로 이해하여 백성의 물적 욕망을 경시한 것이라고 비판하지만 이는 공자의 민생관을 이해하지 못한 편견이다. 마르크스는 "적은 것을 걱정하지 말고 분배가 고르지 못함을 걱정"하라는 구절에서 '적은 것'의 의미를 물질이 적은 것으로 생각하여, "저는 적은 것도 염려합니다. 가난한 것도 걱정하고 사회적 불안을 또한 염려합니다. 선생님께서 알아두어야 하실 것은 (물질이) 적으면 고르게 분배될 수 없고 가난하면 그것이 바로 불안의 근원이 된다는 사실입니다."[29]라고 말한다. 그런데 원문에서 '적은 것'의 의미는 물질이라기보다는, 백성이 적은 것을 걱정하지 말라는 뜻에 가깝다. 마르크스는 '적은 것'을 물질이 적은 것으로 이해[30]하여 공

29 郭沫若, 앞의 책, 166쪽.

30 '적은 것'은 물질이 부족하다는 것과 백성이 적다는 두 가지 뜻으로 해석 가능하지만, 뒤 구절에 연이어 나오는 '적은 것'의 내용을 고려할 때 백성이 적은 것으로 보아야 한다. 고대 문헌에 정통한 작가 궈모러가 『논어』의 이 구절을 오역할 가능성은 적으며, 오히려 마르크스의 공자 비판을 한층 부각시키기 위해 의도적으로 해석한 부분이라고 생각된다.

자가 물질의 중요성을 경시한 것이라고 비판한 셈이다. 이 구절의 의미는 공자가 추구한 자율생산 활동과 균형분배의 관계 속에서 이해해야 원 의미를 파악할 수 있다. 이 구절 뒤에 "대개 나라가 균형이 있으면 가난할 리가 없고, 조화로우면 백성이 적을 리가 없고, 안정되면 나라가 기우는 일이 없다"는 말이 이어지는데, 적다의 의미뿐만 아니라 공자 민생관의 함의가 잘 드러나 있다.

공자의 깊은 뜻을 알고 감탄한 마르크스는 다음과 같은 질문을 던진다. "2천여 년 전 멀고 먼 동방에 선생님과 같은 동지가 있을 줄은 정말 몰랐습니다! 저와 선생님의 견해는 완전히 일치합니다. 그런데 어째서 저의 사상이 선생님의 것과 합치하지 않는다거나, 중국의 실정에 맞지 않아 실행될 수 없다고 말하는 사람이 있는가요?" 이에 공자는 긴 한숨을 내쉬면서 다음과 같이 말한다. "그네들이 어떻게 당신의 사상을 실현할 수 있겠소? 저 자신조차도 이곳에서 이미 2천 년 간이나 식은 돼지머리만 씹고 있을 뿐인데!"[31]

3. 〈공자〉와 대동사회의 꿈

다음으로 「마르크스의 공자 방문기」 속의 공자사상을 바탕으로 영화 〈공자〉의 이야기를 살펴보자. 영화는 소설과 달리 공자의 인생역정에 초점이 맞춰져 있다. 영화의 첫 장면은 공자가 생을 마감하기 직전

31 郭沫若, 앞의 책, 167~168쪽.

에 자신의 평생 꿈인 예악공동체 건설을 후세에게 넘겨야 한다고 독백하는 장면에서 시작한다. 여기서부터 영화의 이야기는 크게 두 가지로 전개된다. 전반부는 공자가 노나라 관리가 되어 개혁정치를 펼치다가 현실의 벽에 막혀 좌절하는 이야기이고, 후반부는 좌절 이후 주유천하하며 온갖 고난을 겪다가 다시 노나라로 돌아와 학문과 교육에 전념하는 이야기이다. 공자는 51세에 중도의 관리로 부임하여 1년 만에 살기 좋은 마을로 만들자, 노나라 정공이 공자의 정치를 전국적 차원에서 실시하도록 대사구에 임명된다. 당시 노나라는 세 가문의 귀족 연합체인 삼환씨가 실권을 가지고 있어서, 공자가 맡은 책무는 이들이 소유한 권력과 그 세습 문화를 개혁하는 일이었다. 공자는 늘 제자들과 함께 활동하는데, 공자가 주공의 뜻을 계승한 것처럼 제자들은 공자의 정치 이상을 실천하는 공동체를 이루어, 무도한 귀족세력에 맞선다.

전반부는 순장에 희생된 아이 구하기, 제나라와의 협곡 회맹, 성곽 허물기와 반란 진압, 귀족들의 반격으로 인해 공자가 좌절하는 사건이 인과적으로 연결되어 있다. 노나라 실권자 계손씨의 순장 풍습에 희생된 아이를 공자와 그 제자들이 구해낸 일은 귀족의 무도한 권력을 제한하는 윤리적 실천이라고 할 수 있다. 제나라와의 협곡 회맹은 귀족들이 군사력을 사적으로 소유하며 노나라를 위해 사용하기 거부한 상황에서 공자가 기지를 발휘하여 제나라에게 빼앗긴 땅을 회복하는 성과를 거둔 사건이다. 이 사건으로 인해 공자는 노나라 정공의 신임을 더욱 얻어 국상 자리에 오르고 귀족들의 성곽을 허물어 세력을 약화시키려 하는데, 공산뉴가 반란을 일으켜 도성을 공격하지만 공자가 이를 진압한다. 그러나 공자의 개혁에 반발한 귀족들이 제나라와 연합하여 계략을 세우고 노나라 정공을 압박하자 정공은 왕위를 잃을까 염려하여 개혁을 포기한다. 공자는 계환자가 정공과 공자 사이를 갈라놓기 위해 만든 옥결(이별을 뜻함)을 보고, 현실 정치의 실패를 인정하며 노나라를 떠나 국제적 망명의 길인 주유천하를 결행한다.

후반부는 공자가 주유천하를 떠나기 전에 제자 안회에게 자신이 실패한 이유를 묻자, 이에 안회가 노나라 정공에게 공자의 이상을 맡겼기 때문이며 또 자신의 생각이 세상에 받아들여지지 않으면 스스로를 바꿔야 한다고 답하는 장면에서 시작한다. 이는 공자가 주유천하를 하는 이유와 이를 통해 깨달으려 하는 것이 무엇인지 안회의 말로 드러낸 것이라 할 수 있다. 이로부터 공자는 56세에서 69세까지 14년 동안 제자들과 함께 위, 진, 조, 송, 채, 초 등 주변국을 떠도는 망명생활을 한다. 주유천하를 하는 동안 공자는 여러 제후들과 세력가들로부터 대접을 받기도 하고 냉대를 받기도 하며, 죽을 고비를 맞기도 하고 굶주림에 시달리는 등 험난한 여정을 보낸다.

처음 위나라 영공에게 갔을 때 후한 대접을 받았으나 예만 알고 군사전쟁을 모르는 쓸모없는 사람 취급을 받았고, 송나라에서는 공자가 나무 아래서 예를 강의하는데 사마환퇴가 나무를 뽑아 공자를 죽이려 했다. 정나라에서는 사람들로부터 공자의 모습이 주인을 잃고 천대받는 상갓집 개와 같다는 조롱을 당하고, 진나라와 채나라의 중간 지역에서는 공자가 초나라로 가는 길을 막으려는 세력들에 포위되어 식량이 떨어지고 굶주림에 시달린다. 게다가 공자를 모시던 제자들이 관리가 되어 헤어지게 되는데, 염구는 제나라의 침입을 받고 공자를 몰아낸 것을 후회한 계환자가 청하여 떠나게 되고, 자로는 위나라 제후가 청하여 떠나게 된다. 그리고 영화 속의 허구[32]이기는 하지만, 자로가 전장에서 죽고 또 공자가 가장 아낀 제자 안회가 언 강을 건너다 물에 빠져 죽으면서, 공자의 고난과 슬픔이 극에 달한다. 이때 계환자가 공자의 귀국을 진심으로 청한다는 뜻의 옥환을 보내자 공자는 드디어 주유천하를 끝내고 노나라로 돌아갈 것을 결정한다.

노나라로 돌아온 공자는 정치 불참을 선언하고 남은 생을 학문과 교육 활동에 전념한다.[33] 주유천하를 통해 공자가 얻은 깨달음이 무엇인지는 그가 정리한 책 속에 들어 있을 터인데, 마지막 장면에서 공자는 후세가 자신을 이해하는 것도 이 책을 통해서이고 자신을 오해하는

32 자로와 안회가 죽는 것은 주유천하를 마친 이후의 일인데, 영화의 장면은 국제적 망명자인 공자의 절망적 심정을 극대화하기 위한 설정이라고 해야 할 것이다. 또 논란이 될 만한 것이 영화 속의 공자가 부인에게 자상한 남편으로 그려지고 있다는 점이다. "여자와 종을 길들이는 것이 가장 힘들다. 너무 가까이하면 신중함을 잃고, 너무 거리를 두면 화를 낸다"는 공자의 여성 폄하와는 다른 모습을 보여 주고 있기 때문이다. 이 장면은 공자를 미화한 것이라고 비판할 수 있지만, 『논어』「자한(子罕)」 편에서 공자는 "배꽃이 나부껴 펄럭이네. 어찌 그대를 생각하지 않으랴만 집이 너무 멀구려"라는 시를 읊은 다음, "이는 그리워하지 않은 것이다. 참으로 그리워했다면 어찌 먼 것이 문제겠는가?"라고 평한다. 이 구절은 사랑에 대한 공자의 감정을 잘 보여 주는데, 영화 속 공자의 모습은 여성을 폄하하던 봉건시대의 한계를 벗어나 인류보편적인 사상으로 현재화될 수 있는 가능성으로 논의하는 것이 더 건설적이라고 생각한다.

33 영화 〈공자〉의 이야기는 대체로 사마천의 「공자세가(孔子世家)」를 바탕으로 구성된 것이다. 시라카와 스지카는 「공자세가」가 『사기』 안에서도 가장 부정확하고 틀린 데가 많은 편으로 다른 세가나 열전 연표 등과 비교해 보면 연대기적인 일이나 사실 관계가 일치하지 않는 곳이 매우 많다고 지적하며, 공자의 일생을 실증적으로 고찰하여 『공자전』(장원철 · 정영실 옮김, 『공자전』, 펄북스, 2016)을 서술한다. 시라카와 스지카의 『공자전』에 근거하면 영화 〈공자〉 속의 이야기는 대부분 공자와 관련된 일화를 허구적으로 재구성한 것이라고 볼 수 있다. 시라카와의 공자상에서 주목할 점은, 주유천하 과정에서 인생의 깨달음을 얻은 공자의 만년 사상을 높이 평가하고, 정치개혁가로서 공자의 실천방안에 대해서는 상대적으로 소략하게 다루며 만년의 성숙을 향해 나가는 좌절의 과정으로 인식한다는 것이다.

것도 이 책을 통해서일 것이라는 긴 여운의 말을 남긴다. 현실정치의 개혁자로서 공자, 개혁에 실패한 후 국제적 망명자 신세가 된 공자, 그리고 정치와 단절하고 학문과 교육에 전념한 만년의 공자. 영화는 익히 알려진 공자상에서 벗어나 공자 인생역정의 세 가지 모습을 혼합하여 재연하고 있다. 중국의 소프트파워 강화를 목표했다면 위대한 성인의 모습이 부각되어야하나, 그렇게 보기엔 현실정치의 패배자로서 공자의 모습이 더 선명하다. 위대한 교육자의 모습을 부각시키려면 주유천하 이후 공자의 인생철학에 대해 묘사해야 하나 영화 앞 뒤의 짧은 영상만으로 처리할 뿐이다. 더 아쉬운 점은 스펙터클한 영상에 밀려, 공자가 꿈꾼 문명사회가 무엇인지, 나아가 오늘날 중국의 문명국가 건설에 공자가 어떠한 의미를 지니는지의 문제가 모호하게 처리되어 있다는 점이다. 공자가 남긴 책을 통해 생각해 보라는 암시를 할 뿐.

4. 문명국가의 거울

공자는 살아서도 현실정치에 수용되지 못했지만 죽어서도 3백 년이 훨씬 지난 한 무제 때에 이르러서야 비로소 정치의 전당에 오를 수 있었다. 전당에 오른 후에도, 인간의 도리를 아는 부유사회를 만들고자 한 공자 본연의 사상은 희미해지고, 왕권통치를 정당화하는 관방 유학의 모습으로 변질되곤 하였다. 심지어 한족을 지배한 이민족 통치자에게도 왕조의 정통성을 합법화하는 문화이데올로기로 활용되었다. 인간과 인간 사이의 도리를 표현하고 상대를 배려하는 마음을 드러내는 예는 인간의 영혼을 구속하는 감옥으로 인식되어, 20세기 중국에서 공자는 식인예교의 주범으로 공격당하는 신세가 되었다. 물론 2천 년 간 공자는 사당의 맨 윗자리에서 최고 성인으로 추앙되었지만, 마르크스 앞에서 내쉰 긴 한숨처럼 자신의 사상이 제대로 실현된 적이 드물었다.

수난의 시대였던 20세기가 지나고 21세기 중국에서 공자는 다시 새로운 문명사회로 안내해 줄 성인으로 추앙되고 있다. 공자를 통해 후진타오 정부는 포용적 성장과 조화사회의 이념을 정당화했고, 시진핑 정부는 소강사회와 대동사회로 가는 중국의 꿈을 선사해 주었다. 지식인 사회에서도 보수 진보의 입장 차이를 막론하고 모두 공자(유학)를 통해 중국 사회 개혁의 비전 즉 문명국가론을 제시하고 있다. 이러한 현상이 중국 정부의 소프트파워 정책이나 민족주의적 경향성을 넘어서기 위해선, 무엇보다 공자를 통해 새로운 문명을 만들 수 있는지의 문제를 살펴보아야 한다. 다시 말하면 공자가 꿈꾼 세계와 그 실천방법이 현재 중국이 직면한 문제를 해결하는 거울이 될 수 있는지 물어보아야 한다는 것이다.

「마르크스의 공자 방문기」에서 공자와 마르크스는 사상의 출발점, 이상세계, 그리고 부유사회 추구 등의 원론적 측면에서는 공통점을 확인했지만, 그 실천방법에서는 확연한 차이를 드러낸다. 마르크스는 공산사회의 실천방법으로 사유재산의 폐지를 요구하며, "이러한 힘의 원동력이 바로 프롤레타리아이고, 사유재산을 폐지하는 데 찬성하는 사람이면 모두가 해당한다. 혁명이 처음에는 국가를 단위로 하지만 그 다음으로 국제적으로 전개되면, 물질적·정신적으로 모두 각자의 욕구를 충분히 만족시킬 수 있고, 인류의 생존은 그런 뒤에야 비로소 최고의 행복에 도달할 수 있다."[34]고 주장한다. 20세기 중국 사회주의는 이러한 마르크스의 실천방법을 기반으로, 사유재산의 폐지와 생산수단의 국유화, 실천주체로서 노동자를 중심으로 한 인민대중, 인민대중을 지도하는 전위 당, 그리고 정치체제로서 당-국가가 중심이 되어 만든 사회체제다. 그러나 개혁개방 이후 폐지된 사유재산권이 다시 인정되고, 국유제 일변도의 소유제가 개인소유, 법인소유 등을 인정하는 혼합소유제로 다변화하고, 자본가를 인민의 범주에 포함시켜 당원의 자격을 얻게 하는 등 고전적인 사회주의의 모습을 탈피하고 있다. 이러한 흐름은 덩샤오핑이 "생산력을 해방하고 발전시키며, 착취를 소멸시키고 부의 양극화를 해소하며, 최종적으로 공동 부유에 도달하는 것"[35]을 사회주의의 본질이라고 정의한 데에 기반하고 있다.

현재 중국의 모습은 마르크스의 실천방법과 상이한 길을 걸어 가고 있지만, 사유재산 폐지의 궁극적 목적이 공산사회의 전제가 되는 공동 부유사회 건설에 있었다는 점을 감안한다면, 중국이 탈사회주의의 길로 간다고 단정하기는 어렵다. 실제로 1920년대 중국 사회주의 논쟁에서 생산수단의 사회화는 빈부격차 해소와 아울러 자본주의사회의 생산력을 앞서는 효율적인 생산방법이라고 인식되었다.[36] 그리고 1930~1940년대는 자본주의사회가 세계 대공황의 위기에 빠져 있는 동안 소련이 계획경제를 통해 고도성장을 이룩함에 따라 마르크스 실

34 郭沫若, 앞의 책, 166쪽.

35 鄧小平, 「在武昌, 深圳, 珠海, 上海等地的談話要點」, 『鄧小平文選』3卷, 人民出版社, 1993, 373쪽.

36 1920년대 중국 사회주의논전에 대해서는 蔡國裕, 『一九二0年代初期中國社會主義論戰』, 臺灣商務印書館, 1989 참고.

천방법의 유효성을 입증하였다.[37] 신중국 건립 이후 중국이 국공내전과 한국전쟁 참전으로 인한 경제위기를 극복하기도 전에 생산수단의 사회화를 급진적으로 완결한 것도, 이데올로기적 요인을 넘어 이것이 생산성 향상의 길이라고 믿었기 때문이다. 당시 중국에는 15년 내에 영국을 따라잡고 30년 내에 미국을 따라잡는다는 부강의 꿈이 만연하였다. 이러한 점은 생산수단의 사회화가 이데올로기적인 테제 이전에 자본주의 생산방법보다 더 풍요로운 물질 생산이 가능하다는 믿음에서 비롯된 것임을 의미한다. 그러나 생산수단의 사회화가 기대했던 생산성 향상을 이루지 못했을 뿐 아니라, 자본주의사회의 3대 격차(노동자와 농민, 도시와 농촌, 정신노동과 육체노동의 격차)가 사회주의 중국에서도 여전히 존속됨에 따라 내부의 위기가 가중되었다.[38]

개혁개방은 이러한 위기를 극복하기 위해 시장경제를 수용함으로써 고전적인 사회주의 실천방법을 전환시킨 대사건이라고 할 수 있다. 그러나 전환의 방향은 사회주의도 자본주의도 아닌 역사적 경험들이

---

37 20세기 중국의 자유주의자와 사회민주주의자들은 1930~1940년대 전 세계적인 자본주의 폐해 속에서 소련식 '계획경제'를 공정사회를 실현하는 방안으로 수용하였다. 이 점에 대해서는 쉬지린,『왜 다시 계몽이 필요한가』(송인재 옮김, 글항아리, 2013), 제7장 자유와 공정 사이에서: 중국의 사회민주주의 참고. 그러나 쉬지린은 계획경제의 수용을 세계자본주의의 불황으로 인한 일시적인 환상이라고 평가하며, 이를 중국 자유주의자와 사회민주주의자의 한계라고 비판한다. 홉스봄은『극단의 시대: 20세기 역사』(이용우 옮김, 까치, 1997)에서 1930년대부터 신자유주의로 전환하는 1980년대 이전의 인류 역사를, 인류 공공의 적인 파시즘에 맞서 자본주의와 사회주의가 일시적인 연대를 하여 경제 황금시대를 이룩하고, 인류사회가 직면한 위기를 두 체제의 경쟁과 협력으로 해결해나간 과정이라는 관점을 제기한 바 있다. 홉스봄의 이러한 시각을 참고할 때 쉬지린의 관점은 사회주의 및 계획경제의 시대적 의미를 과소평가한 것이라고 볼 수 있다.

38 이 점에 대해서는 모리스 마이스너, 김수영 옮김,『마오의 중국과 그 이후』1, 이산, 2004, 2부 새로운 질서, 1949-1955년 참고.

혼합된 미지의 길이다. 사유재산과 소생산자의 존중은 시장경제를 수용한 것이기도 하지만 사회주의 이전의 중국 사회와 이어진 것이기도 하다. 17~18세기 중국경제는 세계경제의 정점에 서 있었는데, 그 기반은 노동집약적 소농과 수공업이 고도로 분업화·상업화된 시스템에 있었다. 이러한 시스템의 초기적 형태는 선진시기부터 형성되었으며, 공자가 추구한 농본주의와 상공업이 결합된 자율생산의 경제가 바로 그것이다. 물론 당송교체기 이전에는 세습 귀족들의 대농장 경작이 중심이었지만 선진 이래 소농경작이 나라의 근간으로 인식되었으며, 송 이후에는 가족경영 중심의 소농체제가 일반화되었다. 또 남송 강남의 농민들은 벼농사 소농경작을 하면서 동시에 베짜기, 양잠, 유채사탕수수 재배 등의 다양한 부업을 통해 상업적 수공업망에 연계되어 있었고, 도시에는 상당히 큰 규모의 도자기, 비단, 면직, 차 생산 단위가 형성되어 있었다. 이러한 소농과 수공업 결합시스템은 국내외의 광범한 교역망과 연결되어, 명청시대에 이르면 세계경제를 주도하는 중국 특유의 경제성장 방식으로 활성화되었다.[39]

39 근대 이전 중국 중심의 아시아 경제 헤게모니를 강조하는 미국 캘리포니아 학파의 이론 역시 이러한 중국 특유의 경제성장 방식을 승인하고 있다. 『국부론』에서 아담 스미스는 농업의 확대가 공업과 무역의 발전으로 이어지는 비자본주의적 발전노선의 대표적 사례로 중국을 들고 있으며, 스미스의 이러한 논리를 현대 중국경제에까지 적용하여 연구한 책이 조반니 아리기의 『베이징의 애덤 스미스』(강진아 옮김, 길, 2009)이다. 그러나 근대 이전 중국경제의 성장이 비자본주의적 발전노선으로 발전했다고 하여 그 사회가 경제적 불평등과 고용불안이 없는 안전사회였다고 확신할 수 없다. 마크 엘빈은 『코끼리의 후퇴』(정철웅 옮김, 사계절, 2011) 7장 '자연의 풍요로움에서 경제적 풍요로: 가흥현 이야기'에서 소농과 수공업을 결합하여 부유하게 된 가흥현의 사례를 통해 가흥현 하위계층 농민들의 노동압박과 불안정한 삶에 대해 서술하고 있다. 이 점은 비자본주의 발전노선이 곧바로 불평등 해소와 공정분배를 보장하지 않으며, 지금과 같은 경제민주화를 위해선 별도의 제도적 장치가 구축되어야 한다는 점을 시사한다.

개혁개방 이후 중국의 농촌경제는 집단농장 중심의 인민공사에서 소농경작과 향진기업으로 개편되는데 이는 사회주의 이전의 전통적인 성장방식과 연계된 것이다. 최근 지역균형발전의 차원에서 진행되고 있는 신농촌 건설 사업과 중소도시 건설 사업으로 자립적이고 현대화된 소농·소생산·유통서비스가 새로운 경제영역으로 등장하고 있다. 또 도시 중산층 양성 정책까지 감안한다면 이른바 소자산계급의 경제활동이 중국 사회의 성장과 변화에 상당한 역할을 할 것으로 보인다. 중국의 진보적 지식인 추이즈위안(崔之元)은 이러한 변화가 소자산계급 사회주의로 전환하는 과정이라고 인식한다. 그 핵심은 고전적 사회주의가 노동자 계급을 영원히 프롤레타리아 계급으로 머물게 하는 것에 반대하고, 소자산 계급의 보편화가 미래의 희망이 되어야 한다는 주장이다.[40]

사회주의를 생산수단의 사회화 테제와 연계지어 생각하던 사람들에게는 소자산계급 사회주의라는 말 자체가 모순처럼 느껴지며, 맑스적 의미의 사회주의가 아니라 수정자본주의에 가까운 것으로 이해된다. 자본주의가 필연적으로 소수에게 부가 독점되어 불평등이 심화되는 체제라면, 자본주의 내에서 공동부유 사회를 만든다는 것 자체가 역설일 수 있기 때문이다. 그러나 소생산자를 중시하는 이론가들은 소생산자경제가 자본수익만을 추구하는 자본주의 발전노선이 아니라, 자본수익 너머의 자유로운 인간의 연대와 협력을 중시하는 비자본주의적 발전 경로라고 주장한다. 가령, 권력과 자본이 결탁하여 수익을 독

40 추이즈위안의 시각에 대해서는 추이즈위안, 김진공 옮김, 『프티부르조아 사회주의 선언』, 돌베개, 2014 참고.

점하는 불평등한 자본주의와 자율적인 생산·교역이 이뤄지는 투명한 시장경제를 구분했던 페르낭 브로델(Fernand Braudel)이나, 재분배 호혜경제를 강조한 칼 폴라니(Karl Polanyi)의 시각은 경제시스템의 차원에서 비자본주의의 길을 열어가려는 이론적 실천[41]이었다. 또 사회주의는 실천목표가 아니라 자본주의사회의 反문화로서 미지의 세계를 탐험하는 초월적 정신이자 생동하는 유토피아라고 주장한 지그문트 바우만(Zigmunt Bauman)은 정신적 차원에서 비자본주의의 길을 열어 가려는 시도였다.[42]

소생산자경제라는 측면에서 볼 때 공자는 귀족들의 불공정한 경제독점을 반대하는 비자본주의적인 길을 고독하게 밀고 나간 개혁자라고 할 수 있다.[43] 공자가 추구한 자율생산은 브로델적 의미의 투명한 시장경제에 가까우며, 균등분배는 폴라니적 의미의 재분배 호혜경제에 해당한다고 볼 수 있다. 공자시대에도 정확한 도량형과 신의 성실의 교역원칙이 지켜지지 않아 투명한 시장경제가 형성되지 않았으며, 과도

41 브로델과 폴라니의 시각에 대해서는 백승욱, 『자본주의역사강의』, 그린비, 2006, 1강 페르낭 브로델의 세계체계분석의 전사와 2강 칼 폴라니와 세계체계 분석의 전사 참고.

42 지그문트 바우만, 윤태준 옮김, 『사회주의, 생동하는 유토피아』, 오월의봄, 2016.

43 시라카와는 공자를 노예해방가로 묘사하는 궈모뤄의 시각에는 동의하지 않지만 귀족들의 권력독점체제에 저항하는 반체제인사라는 점은 승인한다. 지금까지 군자/소인의 관계를 위계화하고 군자불기(君子不器)를 얘기한 점 등을 근거로 공자를 보수적 도덕정치가로 평가하는 경향이 있었다. 『논어』를 통해 볼 때 공자가 제자들에게 농업, 상업 등의 생산 활동보다는 백성을 평안하게 하는 정치 활동을 권장한 것은 사실이다. 하지만 배움에 신분의 차별을 두지 않고 백성을 부유하게 하는 일을 나라의 첫 번째 책무로 생각하는 점 등을 종합하여 본다면, 공자를 보수적 도덕정치가로 규정하는 것은 일면적인 평가라고 생각된다. 우리가 알고 있는 공자상은 공자 사후 수천 년 동안 만들어진 이미지들이다. 우리 시대의 공자상은 공자가 우리 시대에 어떠한 의미를 지니는지에 대한 재발견을 통해 새롭게 사유될 수 있다.

한 세금과 빈부격차로 인해 재분배 호혜경제가 이뤄지지 않았다. 공자가 노나라 및 주유천하 하며 여러 제후국에서 설파한 개혁론이 받아들여지지 않은 이유가 흔히 공자의 도덕론이 현실과 맞지 않아 그런 것이라 생각한다. 하지만, 공자의 부유사회 방안이 각국 세력가들의 권력과 이익을 제한하는 것이어서 거부된 것이라고 볼 수 있다. 공자의 예절에 관한 학식에 대해서는 인정하고 문의하려 했지만, 공자의 소생산자 중심의 부유사회 방안을 따르려는 세력가들은 드물었기 때문이다. 공자도 이러한 현실을 직시하며, 요순시대의 대동사회를 이상세계로 꿈꾸었지만 실제에서는 주공을 모델로 하는 소강사회를 실천목표로 삼았다. 공자에게 대동사회는 지그문트 바우만적 의미의 유토피아로서 사회주의이며, 소강사회는 공동부유사회에 해당한다. 공동부유사회는 천하가 공공의 것인 공산사회가 아니라 소생산자들(소자산계급)이 법과 예를 지키며 함께 부유하게 사는 사회라고 할 수 있다.

공자는 소강사회를 이루는 우선적인 문제로 백성을 부유하게 하는 것이라고 했고 그 다음의 문제가 백성을 교육하는 것이라고 했다. 부유는 생계에 대한 근심 걱정이 없는 풍족한 상태를 의미하며, 교육은 인간의 도리를 알고 법과 예를 지키는 사회를 만들기 위한 것이다. 교육에 있어 공자는 사람과 사람 사이, 사람과 자연 사이의 감정이 통하여 서로 아끼는 공감윤리(仁)를 근본으로 생각했다. 이러한 공감윤리를 진실하게 표출하는 예를 인간관계의 중요한 요체라고 여겼고, 법은 이러한 인과 예의 바탕 위에서 만들어진 사회규범이라고 인식하였다. 이러한 교육 없이 부유하게 되면 이기적인 개인이 되거나 이해관계에 따라 결집한 배타적인 이익공동체가 될 따름이다. 개혁개방 이후 선부론을 따라 상당수의 중국인들이 부자의 꿈을 이루었으나, 참된 삶의 가치를 잃어버린 사람이 많고 또 갈수록 사회적 불평등이 극심해진 것은, 함께 부유한 사회를 만들어 가려는 교육의 문제가 뒤따르지 않았기 때문이다. 물질적 차원에서 보면 중국은 2020년에 전면적 소강사회에 도달하겠지만, 균등분배와 복지가 구현된 공자적 의미의 소강사회라고 보기는 어려울 것이다. 이를 위해선 무엇보다 자본주의적 시장경제가 파괴한 공동체적 신뢰관계를 재형성하고 공정분배 제도를 확립하여 공동으로 부유할 수 있는 사회적 여건을 마련해야 한다. 공자가 새로운 문명을 만들 수 있는지 여부는 중국이 공자의 소강사회에 대한 이상을 거울로 삼아, 사회주의 시장경제가 직면한 불평등과 빈부격차 문제를 해결하고, 나아가 인류가 직면한 자본주의 위기 너머의 새로운 삶을 찾아갈 수 있는지에 달려 있다. 이것이 바로 공자의 꿈을 문명국가의 길로 승화시키는 실천방안이라고 생각된다.

2장

중화민족,
단일민족인가 문명제국인가

2장
중화민족, 단일민족인가 문명제국인가

1. 단일민족화

중국은 공동부유사회 건설을 문명국가의 경제적 목표로 제기하고 있지만, 다민족으로 구성된 정치체제는 이러한 목표와 일치되지 않는 많은 문제점을 내재하고 있다. 최근 세계는 영국의 EU 탈퇴, 미국 트럼프 정부의 보호무역주의, 서구사회의 우경화 등이 이어지면서, 지역공동체 건설에서 자국 보호주의로 선회하는 경향들이 나타나고 있다. 대외적으로 볼 때 중국은 일대일로 사업을 통해 국제협력을 추구하고 있고 또 트럼프 정부의 보호무역을 비판하고 자유무역을 역설하고 있어서, 자국 보호주의와 상이한 길을 걸어가는 것으로 보인다. 하지만 중국 내부로 눈을 돌려보면 '하나의 중국'을 만들려는 의지가 어느 때보다 두드러지는데, 중화민족을 단일민족화 하여 중국 전체를 대가족으

로 통합하려는 흐름이 바로 그러하다.[1]

주지하듯이 중국은 공식적으로 56개 민족으로 구성된 다민족국가이다. 인구의 90% 이상이 한족이며 55개 소수민족을 합하면 약 1억 명 가량이 된다. 현재 중국의 영토와 다민족은 18세기 청 제국의 정복사업을 통해 형성된 것이다. 그런데 중국은 서구의 중세 제국이 근대 이후 다수의 민족국가로 분화된 것과 달리, 세계에서 유일하게 제국의 판도를 그대로 유지하며 근대 주권국가로 전환하였다. 청 제국의 이러한 전환은 현재의 중국문제를 배태하게 된 역사적 근원지로, 이는 19세기 서구 제국주의와 식민주의의 위협에 대응하여 중화제국의 영토를 보존하기 위한 생존전략이었다. 청 제국은 행성제도를 통해 직접적인 행정지배를 하던 내지뿐만 아니라 이번원(理藩院)을 통해 느슨한 통치를 하던 변경지역까지도 직접지배의 방식으로 전환하여 이민족의 분리 독립을 차단하였다. 몽골, 위구르, 티베트 등의 변경지역 및 동남 해안은 청 제국을 옥죄어오는 서구 세력의 포위선이었으며, 세계사적으로 볼 때 이는 청 제국이 동아시아 제국에서 벗어나 서구 중심의 패권질서에 편입되는 과정이라고 할 수 있다. 즉 중국이 제국이 아니라 열국 가운데 하나의 국가임을 자각하며, 다민족 제국에서 민족국가화 된 주권국가로 전환하는 과정이었다. 서구의 근대화처럼 중국의 역사도 제국이 민족국가로 분화하는 과정이었다면 현재 동아시아는 완전히 다른 세계로 변화되었을 수 있겠지만, 중국은 신해혁명을 통해 청 제국의 판도를 유

---

1 중국은 정책적 차원뿐만 아니라 학술문화적 차원에서도 신화 및 역사공정을 통해 중화민족의 단일민족화 및 대가족화를 추구해 왔다. 이 점에 대해서는 김선자, 『황제신화: 만들어진 민족주의』, 책세상, 2007 참고.

지한 오족공화의 중화민국을 건립하였다. 물론 순원과 같은 혁명파들은 일민족 일국가의 민족주의 원칙에 따라 이민족은 이민족대로 국가를 건설하고 한족은 한족만의 국가를 건설해야 한다고 주장했지만, 신해혁명 당시 국제정세는 제국의 분리 혹은 민족국가로의 분화보다는 다민족국가로의 전환을 선택하게 했다. 이민족사회 내부에서도 분리 독립의 움직임이 있었지만 외몽골만이 러시아의 도움으로 민족국가를 건설할 수 있었다. 중화민국 건립 이후 장제스의 국민당 정부는 이민족의 독립을 허용하지 않는 한족 중심의 다민족국가를 추진하였다. 이에 반해 공산당은 이민족이 독립국가의 형태로 중국에 참여하는 자유연방제를 주장하기도 했지만, 사회주의 신중국 건설과정에서 이민족의 독립을 허용하지 않는 통일적 다민족국가로 전환하였다. 이후 이민족은 중화민족 내부의 소수민족으로 규정되어 분리 독립을 위한 제반 활동이 금지되었다.[2]

최근 '하나의 중국'을 위해 중화민족을 단일민족화 하려는 경향성은 56개 민족을 민족(nation)의 범주가 아니라 민족의 하위범주인 종족 집단 즉 '族群(ethnic group)'으로 규정하려는 의지가 내재되어 있다.[3] 중국 역사 연구자 유영태는 이러한 경향성에 대해, 중국 안에서 유일한 민족은 중화민족 하나뿐이라는 논리로 귀결되고 종래 당연시해 오던 '통일적 다민족'국가론도 '일민족'국가론으로 바뀌지 않을 수 없는데, 이는

2 20세기 중국에서 소수민족을 제국적으로 통합하여 중화민족을 만드는 역사적 과정에서 대해서는 요코하마 히로아키, 이용빈 옮김, 『중화민족의 탄생』, 한울, 2012 참고.

3 국가민족사무위원회가 민족사무의 영문 표기를 Nationalities Affairs에서 Ethnic Affairs로 바꾼 것 등이 그런 예이다.

중화민족 혹은 통일적 다민족은 56개 족군으로 구성된 다원적 단일민족이라는 뜻이고 이때의 다원성은 종족성일 뿐이라고 주장한다.[4] 일민족 일국가 민족주의 원칙에 따르면 민족은 독립된 국가를 건설할 수 있는 정치단위가 되지만, 종족은 생물학적인 특징을 지니는 인간 집단에 해당한다. 56개 민족을 정치단위인 민족이 아니라 그 하위범주인 족군으로 규정하려는 것은, 정치적으로 볼 때 중국의 민족문제가 중화민족 내부의 종족 차원의 일이며 그 갈등이 분리 독립으로 확대될 수 없다는 의지의 표출이다. 이러한 경향성은 2008년 3월 티베트 사태 이후 끊임없이 이어지고 있는 변강지역의 분리 독립 운동을 차단하고, 해안지역인 남사군도와 댜오위다오의 분쟁에서 중국의 핵심이익을 강력하게 지키려는 정부의 방침과 긴밀히 연계된 것이기도 하다.

중화민족의 단일민족화가 소수민족에 대한 제국적 지배라고 의심하는 시각에 대해, 중국의 진보적 지식인 왕후이는 "단일국가 체제는 조공 조건 아래의 '제국성'과 완전히 다르다. 그 이론적 기초는 중화민족의 일률적인 평등과 종족계급종교적인 차별을 없애는 것이다", "중화민족 개념은 인민주권이라는 개념과 함께 탄생한 것"[5]이라고 반박한다. 제국의 민족국가화는 조공시대의 제국지배가 아닌 인민주권을 기반으로 하여 중국 내부 구성원의 평등한 관계를 추구한다는 주장이다. 비판자들은 중국의 다민족 통일국가와 다원일체론이 소수민족에 대한 제국적 지배라고 보는 반면, 왕후이는 중화민족을 단위로 하는 평등한

4 유영태, 「근대 중국의 민족제국주의와 단일민족론」, 『동북아역사논총』 23호, 37~38쪽.

5 왕후이, 송인재 옮김, 『아시아는 세계다』, 글항아리, 2011, 210~211쪽.

정치공동체 건설로 이해하는 것이다. 문제는 중화민족의 통합성과 인민주권의 관계를 어떻게 정립하느냐에 있다. 중국이 소수민족의 문화적·경제적 자유를 보장하고 있는 것을 고려하면, 민족 통합성의 의도는 영토의 독립과 정치적 자유를 제한하는 것이라고 할 수 있다. 그러나 다민족으로 구성된 제국이라고 한다면 그 정치 목표는 민족공동체의 단일화보다는 정치공동체로서의 공공적 이념이 되어야 합당하다. 이질적인 민족을 중화민족으로 단일화 하는 것이 아니라, 민족을 비롯한 각종 등급관계의 차별을 넘어 자유롭고 평등한 사회건설이 '제국이라는 정치공동체'의 목표가 되어야 한다는 것이다. 제국의 현재가 이러한 공동의 목표를 실현하는 과정이라고 실감하게 된다면, 내부 구성원들이 민족국가로 분리 독립하려는 의지는 자연스레 줄어들 것이기 때문이다.

2. 〈티베트에서의 7년〉과 평화적 해방

신중국 성립 이후 소수민족에 대한 중국 공산당의 공식 입장은 소수민족을 위한 평화적 해방 및 민족자치구역을 통한 소수민족 우대사회 건설이다. 단일국가 체제가 중화민족의 평등과 인민주권을 실현하는 것이라는 왕후이의 시각은 공산당의 공식 입장을 반영하는 것이다. 그러나 소수민족의 분리 독립 운동이 지속되고 있다는 것은 소수민족의 상황이 중국의 공식 입장과 간극이 있다는 점을 반증한다. 중화민족 내부의 이러한 실정을 이해하기 위해 우리가 보아야 할 영화가 장 자크 아노[6] 감독의 〈늑대토템〉(2015)이다. 이 영화의 원작은 2004년 베스트셀러가 된 장룽의 동명 소설[7]이며, 문혁 당시 내몽고 올란 초원으로 하향한 지식청년이 유목민족과 늑대토템의 시각에서 농경민족의 나약한 민족성 및 한족을 중심으로 서술된 중국사의 허위성을 비판하여 화제가 되었던 작품이다. 이 영화의 감독인 장 자크 아노는 반중국적 티베트 독립 영화로 알려진 〈티베트에서의 7년(Seven Years in Tibet)〉(1997)을 연출하여 중국에서 상연은 물론이고 입국도 금지된 인물이다. 〈늑대토템〉의 영화 제작이 결정되었을 당시, 반중국적 성향의 감독이 반한족적 이야기를 내포한 소설을 연출하여 중국 정부의 검열 및 상연 금지 가능성에 대한 우려가 흘러 나왔다. 그러나 우려와 달리 영화는 별다른 간섭 없이 제작되어 상연은 물론이고 흥행도 성공을 거두었다.

〈티베트에서의 7년〉이 중국에서 상연되지 못한 것은 티베트의 평화적 해방을 주장하는 중국의 공식입장에 대해 전면 부정하는 시각이 표출되어 있기 때문이다. 이 영화는 오스트리아 산악인 하인리히 하러(Heinrich Harrer)가 자신의 티베트 경험을 기록한 동명의 작품을 각색한 것이다. 하러는 1939년 히말라야 낭가파르바트봉 등정을 위해 인도에 도착하는데, 마침 2차 세계대전이 발발하여 영국군에 체포된 후 포로수용소에 수감된다. 몇 차례 시도 끝에 수용소를 탈출하고 인도 국경을 넘어 1944년 티베트에 도착한다. 외국인 출입이 금지된 티베트에서 우여곡절을 겪다가 1946년 5월 순례자들을 따라 라싸에 들어온 하러는

---

6 Jean-Jacques Annaud는 1943년 생으로 프랑스 영화감독이다. 대표작으로 〈장미의 이름〉, 〈베어〉, 〈연인〉 등이 있다.

7 姜戎,『狼圖騰』, 長江文藝出版社, 2004.

티베트 사람과 종교 문화에 대해 직접 체험하고 14대 달라이 라마 텐진 갸초를 만나 서양에 관한 지식을 전하는 등의 다양한 활동을 한다. 그리고 중국 공산당이 티베트를 침공한 직후인 1950년 11월 라싸를 떠나 다시 오스트리아로 돌아온다. 하러가 1953년에 출간한 『티베트에서의 7년』은 그가 티베트에 체류한 기간인 1944년에서 1950년 사이의 체험을 담은 자전적 기록문학이다.[8]

그런데 영화 〈티베트에서의 7년〉은 하러의 체험을 토대로 하면서도 티베트와 중국 관계에 관련된 부분은 대체로 원작에 없는 내용을 감독이 새롭게 각색한 것이다. 국공내전에서 공산당이 승리한 후 비행기를 타고 라싸에 나타난 중화인민공화국 대표단은 포탈라궁의 달라이 라마를 접견하는 자리에서 승려들이 환영의 뜻을 표하기 위해 며칠 동안 수놓은 만다라를 군화로 짓밟으며 지나간다. 또 대표단은 고압적이고 무례한 태도로 달라이 라마를 옥좌에서 내려오게 하고, 티베트의 입장에 대한 달라이 라마의 설법을 무시하고 궁을 나서며 '종교는 독약이야'라는 말을 내뱉는다. 이러한 장면은 하러의 작품에 보이지 않는 내용이며, 실제 역사에서도 영화가 설정한 시기에 중국대표단이 라싸를 방문한 사실은 없다. 1950년 10월 중국 인민해방군이 티베트 동부의 관문인 참도를 침공하지만 라싸로 곧바로 진군하지 않았다. 당시 중국의 정책은 티베트의 평화적 해방이어서, 중국에의 귀속을 대가로 티베트의 현상 유지와 자치 보장을 협상하기 위해 군사 공격을 멈춘 것이다. 이에 티베트는 유엔 등 국제사회의 개입을 요청했으나 한국전쟁

8 하인리히 하러, 박계수 옮김, 『티베트에서의 7년』 1, 2, 황금가지, 1997.

으로 인해 도움을 받지 못한 채 중국과의 협상에 응할 것을 결정하고, 1951년 5월 양측 대표는 베이징에서 중국의 제안을 골간으로 작성된 '17개조 협의'에 서명하였다. 하러가 1950년 11월 티베트를 떠나기 전까지 중국대표단이나 인민해방군이 달라이 라마가 거주하는 라싸에 입성하지 않았기 때문에, 중국의 라싸 점령 장면은 역사적 사실과 다른 감독의 각색이라고 해야 한다.[9]

이 점에 대해 문화평론가 유재현은 "왜곡이거나 날조이거나 장 자크 아노가 원작을 무시하면서까지 반중티베트독립 선전영화의 수준으로 만든 것에 대해서는 의심할 나위가 없다"[10]고 비판한다. 아울러 이는 장 자크 아노만의 문제가 아니라 서구사회에 뿌리박고 있는 샹그리라(Shangri-La) 신화 속의 티베트에 대한 오리엔탈리즘적 시선 그리고 중국이 평화와 지혜의 낙원인 티베트를 무력 침공하여 점령하고 있다는 부정적 인식이 작용한 결과라고 주장한다. 원작에 없고 또 실제 사실에 부합하지 않는 내용이라는 점에서 왜곡이거나 날조라고 비판할 여지는 있다. 하지만 이 영화가 실제 사실의 충실한 재현을 추구하는 다큐가 아니라 원작에 기반하여 티베트에 대한 자신의 시각을 연출한 것이라는 점에서는 반드시 왜곡이거나 날조라고 볼 수는 없다. 티베트와 중국의 관계가 평화적 해방이 아니라, 중국이 티베트의 자치 보장에 관한 '17개조 협의'를 어기고 무력 점령한 후 민족자치구역 제도에 편입하여 티베트를 통치하는 과정이라고 본다면, 각색된 1950년의 장면은 티베

9 14세 달라이 라마 시기의 티베트와 중화인민공화국의 관계와 그 역사에 대해서는 김한규, 『티베트와 중국의 역사적 관계』, 혜안, 2003, 제1장 참고.

10 유재현, 『시네마 온더로드』, 그린비, 2011, 335쪽.

트에 대한 중국의 의도를 일관되게 보여 주기 위해 허구화한 것이라고 해석할 수도 있다. 이 장면이 감독의 티베트 서사 속에서 배치된 사건이라고 이해한다면 왜곡이거나 날조라기보다는, 이후 티베트에서 벌어질 중국의 '평화적 해방'에 대한 작가의 비판적 입장이 표출된 것이라고 해야 한다.

3. 〈늑대토템〉과 사회주의 근대화

〈티베트에서의 7년〉과 연계하여 본다면 〈늑대토템〉은 내몽고 올란초원에서 벌어지는 '평화적 해방'을 연출한 영화라고 할 수 있다. 이 영화는 〈티베트에서의 7년〉과 같은 무력 침공이 아니라 사회주의 근대화가 전통 유목사회를 어떻게 변화시켰는가에 초점이 맞춰져 있기 때문에, 중국의 '평화적 해방'의 과정을 외부가 아닌 내부의 시선을 통해 한층 이해할 수 있는 작품이다. 원작 소설은 작가 장룽이 문혁시기 11년간 올란초원에서의 하방경험을 바탕으로 쓴 것인데, 소설은 크게 베이징의 지식청년 천전이 유목민의 생활과 늑대에 대한 관찰을 통해 초원의 생태에 관해 깨닫는 이야기와, 그러한 깨달음에 기반하여 중국문명의 역사와 국민성 문제에 대해 반성하는 이야기로 구성되어 있다. 천전은 유목민 빌게를 따라 늑대들이 가젤 몰이를 하는 광경을 보고 늑대의 치밀한 조직력과 기동력에 감탄한 후, 늑대들의 군마 습격, 새끼늑대 양육을 통해 늑대의 본성과 특징을 이해하고 그것이 유목민족의 사회, 신앙, 습속, 세계관 등에 막대한 영향을 끼쳤다는 점을 깨닫는다. 그러나 초원의 생태계는 사회주의 근대화 정책과 생산(실리)을 우선하는 간부, 이주민들에 의한 농경지 개척 등으로 파괴되기 시작한다. 갈대숲은 초원의 금기를 어기고 방화로 불태워지고 야생동물들은 남획되며 초원 늑대에 대한 대대적인 소탕작전이 벌어진다. 그 결과 늑대는 올란초원에서 사라지고 천전은 하방을 마치고 초원을 떠나게 된다. 20년 후 학자가 된 천전은 하방 당시 동료 양커와 함께 올란초원을 다시 방문하는데, 말라붙은 시냇물, 모래밭이 된 목초지, 쥐떼 천지가 된 마을을 보며 사라진 늑대토템과 유목문화를 안타까워 한다. 2002년 베이징에서 천전이 올란초원이 사막화되었다는 연락을 받으면서 시내로 엄습해 오는 황사를 바라보는 우울한 장면으로 소설은 끝이 난다.[11]

소설에서는 초원생태에 관한 체험과 국민성 문제[12]에 대한 논의가 겸하여 서술되고 있지만, 영화에서는 사변적인 국민성 문제는 축소되고 초원생태와 사회주의 근대화에 관한 이야기에 집중되어 있다. 영화는 늑대의 가젤 사냥, 늑대의 군마 습격, 늑대소탕작전의 세 가지 사건을 중심으로 이야기를 전개한다. 천전은 유목민 빌게의 안내로 늑대가 가젤 사냥을 하는 장면을 보게 되는데, 소수의 늑대가 자신보다 훨씬 빠른 가젤 무리를 인내심과 창의적인 전략 그리고 조직력을 통해 설원으로 내몰아 일거에 겨울먹이를 획득하는 놀라운 장면이다. 가젤, 들쥐, 모르모토, 토끼 등의 동물은 풀을 주식으로 삼아 개체수가 너무 많으면 초원을 파괴하는 주범이 되는데 늑대는 이러한 동물들을 잡아먹

11 장룽, 송하진 옮김, 『늑대토템』 1,2, 김영사, 2008.

12 『늑대토템』 속의 국민성 논의가 지닌 문화적 의미에 대해서는 박영순, 「『늑대토템』에 나타난 문화적 함의와 문학적 특징」, 『중국인문과학』 50호, 2012.4.참고.

음으로써 초원을 보호하고 생태계를 유지하는 역할을 수행한다. 늑대의 이러한 초원보호로 인해 유목민들은 늑대가 초원의 신인 탱그리의 명령에 따르는 신물로 여겨 원시 유목시절부터 늑대토템을 숭상하고 있다. 늑대가 획득한 가젤은 늑대의 겨울먹이로 비축될 뿐만 아니라 그 장소를 알고 있는 인간들도 적당량을 취하여 식량과 가죽을 얻게 해준다. 이것이 초원에 내려오는 오랜 생태적 관행이다. 그런데 초원에 사회주의 근대화가 시작되면서 생산실적과 수익을 중시하는 간부들과 그 문화가 들어와 초원의 생태문화가 파괴되기 시작한다. 가젤의 가죽을 탐낸 간부와 가젤이 비축된 장소로 안내하는 대가로 신상품을 얻은 유목민이 늑대의 겨울먹이인 가젤을 전부 남획해 간다. 그리고 늑대를 해악한 동물로 간주한 간부들이 늑대새끼를 모조리 죽이라는 지시를 내리는데, 유목사회에서도 겨울철에 늑대새끼를 일정량 죽이는 관습이 있지만 이것은 초원의 생태계 유지를 위한 적당량이다. 이는 늑대소탕 명령과 가죽을 얻을 목적으로 늑대를 박멸하는 것과는 차원이 다른 행위다. 겨울먹이와 새끼를 잃어버린 늑대들은 분노의 복수 겸 잃어버린 겨울먹이 획득을 위해 생산대대의 군마를 공격한다. 늑대의 군마 습격으로 양육을 책임진 유목민 바투가 죽고[13] 명마들이 처참하게 몰살을 당한다. 분노한 간부들은 초원의 생태 유지를 위해 적정량의 늑대가 공존해야 한다는 빌게의 의견을 무시하고 해악한 동물로 간주하여 늑대 소탕작전을 개시한다. 간부들은 군용 지프차와 명사수를 동원하여 무자비한 늑대사냥을 시작하여 결국 초원의 늑대들을 소탕하는 데 성공

13 소설에서 바투는 늑대의 공격을 방어하다가 동상을 입는 것으로 나온다.

한다.

초원을 보호하는 늑대가 사라지자 가젤, 들쥐, 모르모토, 토끼 등의 개체수가 늘어나 풀을 다 먹어치움으로써 초원의 생태계가 파괴되기 시작한다. 게다가 초원을 농경지로 개간하려는 정책에 따라 농경민이 이주하여 초원이 황폐해지고 사막화가 진행된다. 이것이 초원에 사회주의 근대화가 들어와 '평화적 해방'을 진행한 결과다. 영화의 늑대 소탕작전은 마오쩌둥의 참새박멸 이야기를 연상케 한다. 마오쩌둥은 1958년 스촨에서 농업지도를 하는 가운데 농촌에서 곡식 낟알을 먹는 참새를 해로운 새라고 말한다. 그 한마디에 중국 전체에서 참새를 박멸하는 대작전이 이루어지고, 수많은 사람이 동원되어 참새를 박멸하게 된다. 어른들뿐 아니라 아이들도 새총을 들고 다니면서 참새를 쏘아 죽이는 일에 동원될 정도였다. 그래서 참새들은 1년 사이 무려 2억 1,000마리가 죽어 갔다. 이렇게 곡식 낟알을 쪼아 먹는 '해로운 새'가 사라졌지만, 이듬해인 1959년에 결과는 정반대로 나타났다. 참새는 곡식 낟알을 먹지만, 곡식만 먹는 게 아니라 곡식을 갉아 먹는 해충도 잡아먹는다. 즉, 참새는 '해로운 새'이기만 한 게 아니라 '이로운 새'이기도 한 것이다. 그러나 참새가 2억 1,000만 마리나 죽어 버리자, 진짜 해로운 해충들이 번성하기 시작했다. 해충들은 참새처럼 이로운 작용도 하지 않았기에 곡식 생산량은 대폭 줄어들었고, 중국은 1959년에 역사에 남을 정도의 대 흉년을 겪는다. 이 흉년 때문에 굶어 죽은 사람이 공식발표로만 1,000만 명이 아사한 것으로 추정되는 대참사가 일어난다. 그리고 태풍과 홍수까지 일어나는 바람에 농업 생산량은 더욱 떨어져서 중국은 1961년까지 대기근을 겪는다. 뒤늦게 잘못을 깨달은 중국 정부는 소련 정부에 요청하여 연해주의 참새 20만 마리를 긴급히 공수한다. 그럼에도 불구하고 중국의 참새 개체 수는 완전히 회복되지 않아서 90년대에도 병아리를 풀어 해충을 잡아먹게 할 정도였다.[14]

익히 알려진 마오쩌둥의 참새박멸작전[15]이 올란초원에서는 늑대소탕작전으로 나타난 셈이다. 영화에서는 초원에서 늑대의 존재 의미를 깨달은 천전이 직접 기른 늑대새끼를 초원으로 다시 돌려보내는 장면으로 마무리되어 초원 생태계 회복에 일말의 희망을 남긴다. 오히려 장룽의 소설에서 천전이 늑대새끼를 키우려는 욕심이 강한 나머지 송곳니를 뽑아버리고 우리에 가두는 등의 행위가 늑대새끼의 생존에 악영향을 끼쳐 결국 죽는 것으로 처리된다. 이 장면만을 놓고 보면 장룽의 소설보다 영화가 더 희망적인 메시지를 전달하려고 한 것으로 보인다. 장 자크 아노가 〈티베트에서의 7년〉에서 중국의 무력침공을 부각시키

---

14 참새박멸작전에 대해서는 김명호, 『중국인이야기』 1, 한길사, 2012, '참새소탕전의 추억' 참고.

15 그러나 참새박멸작전을 마오쩌둥의 전제정치로 인한 불상사인 것만으로 해석해서는 안 된다. 근대 이후 중국은 서양의학의 영향으로 전염병과 위생 문제에 관심을 가지게 되었고, 한국전쟁 시기에 미군이 세균전을 실시했다는 캠페인을 계기로 애국위생운동 일어나 공산당 정부의 통치 권력을 중국 사회에 침투시키는 데 대단히 중요한 역할을 한다. 이러한 흐름 속에서 1953년 2월을 '춘계 돌격월'로 규정하여 위생운동을 고양시켰는데, 실제로 행해진 것은 청결 대청소이며, 운동은 쥐와 모기를 없애는 운동과 연계되어 추진되었다. 1954년에는 이농(里弄)을 단위로 하는 애국위생공작대가 조직되고, 세균전에 대한 대응과 동시에 장티푸스 등의 예방, 주변 농촌의 환경 개선, 배수 관리, 약물 살포가 실시되었다. 마오쩌둥이 참새를 해로운 새라고 박멸하려 했던 이유도 농작물의 피해와 아울러 위생운동의 맥락 속에서 살펴보아야 그 시대적 의미를 해석할 수 있을 것이다. 사회주의 시기 중국의 위생문제에 대해서는 이이지마 와타루 · 사와다 유카리, 이용빈 옮김, 『중국의 사회보장과 의료』, 한울, 2014, 제2장 사회주의혁명과 의료 및 위생 참고.

기 위해 1950년의 사건을 각색한 것과 달리, 〈늑대토템〉에서는 중국 초원의 희망을 잃지 않기 위하여 늑대새끼를 살려 놓은 것이다. 그리고 늑대소탕작전을 근대화 과정에서 전 세계적으로 벌어진 생태계 파괴현상의 하나로 본다면 영화에 〈티베트에서의 7년〉과 같이 반중국적인 것이라고 할 만한 내용은 없다. 참새박멸작전이 중국의 전 농촌에서 벌어진 생태파괴 사건이듯이 늑대소탕작전 역시 소수민족에게만 해당하는 사건이라기보다는 사회주의 근대화가 전통사회와 생태계를 파괴한 일반적인 사건의 하나로 볼 수 있다.

〈늑대토템〉의 이야기가 사회주의 근대화의 일반적 문제라고 이해하더라도, 소수민족사회의 '평화적 해방'이 중화민족의 평등과 인민주권 실현의 과정이라고 볼 수 있는가에 대해서는 여전히 의문이다. 가령 중국 정부는 티베트 침략과 점령을 정당화하기 위해 티베트가 봉건사회였으며 사회주의 근대화를 통해 농노 해방을 이루었다는 점을 강조한다. 사실 티베트가 봉건사회였다는 점은 잘못된 평가가 아니다. 티베트의 부유한 귀족가문들은 노예제를 기반으로 엄청난 재산을 소유하고 있었고 공직을 독차지하고 있었다. 수도원들은 지역에서 가장 큰 권력집단이었고 귀족들은 아들을 수도원으로 보냄으로써 가문의 지위를 보장받으려 했다. 수도원들은 종교뿐만 아니라 경제적 정치적 권력의 중심지가 되었다. 티베트 전문가 피터 비숍은 1950년 이전에는 오늘날보다 위상이 높았던 라마승이 누린 영적 정치적 절대 권력의 숨겨진 함의를 밝힌다. 얼핏 보기에 티베트는 순진하고 욕심 없는 나라이지만, 실제로는 복잡하게 뒤얽힌 정치적 종교적 음모들이 수도인 라싸에서부터 퍼져 나갔다. 티베트 중앙정부의 특징은 권력 투쟁이었고 달라이 라마는 때로는 큰 위험을 감수해야 했다.[16] 중국의 해방서사는 이러한 티베트 봉건사회론에 기반한 것이다. 1951년 '17개조 협의' 이후 티베트는 원래의 사회체제와 계급체제가 유지되었지만, 토지개혁을 통해 농노해방과 아울러 승려와 귀족계급들의 기득권을 박탈하여 1959년의 무장봉기를 초래하였다. 또 사회주의 근대화 과정에서 전통 종교문화와 사원이 파괴되었고 티베트인들이 상당한 인명피해를 입었다는 점 역시 부인할 수 없는 사실이다.

이러한 점은 〈늑대토템〉에서도 나타난다. 사회주의 근대화가 시작되면서 유목사회의 통치자는 부족장에서 생산대대의 간부로 바뀐다. 이들 간부 역시 대부분 유목민 출신이지만 이미 농경민으로 전환한 한족화된 간부로 유목민 입장에서는 유목문화를 개조하려는 권위적인 외지인에 불과하다. 사회주의 근대화와 전통 유목문화의 갈등, 한족을 비롯한 외지인 간부와 유목민 사이의 갈등은 평등한 방식이 아니라 권력적이고 위계적인 방식으로 해소되어 유목사회의 근대화가 추진되고, 그로 인해 초원 생태계의 파괴와 유목사회가 와해되는 결과를 초래하게 된 것이다.[17] 이러한 문제를 고려할 때 '평화적 해방'이 실제에서는

16 마르테 세르 갈퉁, 앞의 책, 225쪽.

17 몽골 유목민들의 초원보호는 오랜 전통이며 이를 몽골 초원 보호법으로 만든 이가 바로 칭기즈칸이다. 그는 몽골 초원에서 겨울에만 사냥하도록 정하고, 초원을 허가 없이 태우거나 파는 사람은 사형에 처했다. 그는 사람 목숨보다 야생생물을 더 보호하고자 했다. 이런 법은 칭기즈칸이 죽은 후에도 유목민들에게 풍습으로 남았다. 티베트와 마찬가지로 몽골 인은 대부분 자연을 숭배하는 불교도들이다. 그래서 몽골은 다른 아시아 지역보다 경제발전이 뒤처졌지만 자연이 덜 파괴되었다. 반면 광활한 중국 북부 지역인 네이멍구자치구는 다르다. 한족이 공장과 건물을 짓고 몽골 유목민의 땅인 초원에서 농사를 지어 결국 광활한 지역은 사막으로 변했다. 조나단 와츠, 윤태경 옮김, 『중국 없는 세계』, 랜덤하우스, 2011, 427쪽 참고.

강압적인 사회주의 근대화의 형식으로 진행되고, 평등과 인민주권 역시 구호로는 외쳐졌지만 실제로는 한족을 비롯한 외지인 간부가 권력을 독점하여 소수민족은 상대적으로 수동적인 대상으로 취급되었다고 해야 할 것이다.

4. 소수민족과 지역보호정치

최근 중국도시 1인당 GDP 순위를 보면 상하이, 베이징, 선전 등의 대도시를 제치고 항상 1, 2위권에 있는 낯선 도시가 있는데 바로 내몽고의 오르도스다. 오르도스의 GDP는 중국 대도시와 같은 생산, 소비, 문화 등의 성장 동력에 의한 것이 아니라 자원 에너지 개발에 기반하여 이룩한 것이다. 오르도스의 산업화 속도는 화시춘보다 빨랐고 도시화 속도는 충칭 시와 맞먹으며 시민 평균임금은 이미 상하이보다 높아졌다. 오르도스 밑에는 중국 최대 가스유전과 희토류 등의 희귀광산이 있고 외곽에는 산시성 어떤 탄광보다 큰 노천 탄광이 있으며, 유가상승에 대비하여 개발한 석탄액화공장을 대규모로 가동하고 있다. 또 중국 정부는 거대한 풍력발전소와 맨해튼보다 넓은 면적을 차지하고 300만 가구에 전력을 공급할 세계 최대의 태양열 발전소를 건설할 계획에 있다.[18] 이러한 에너지 자원의 보고 덕분에 오르도스는 급속도로 성장하여 1인당 GDP 기준으로 중국 도시 가운데 가장 잘사는 도시가 될 수

18 조나단 와츠, 앞의 책, 444~445쪽.

있었다.

그러나 오르도스는 세계에서 가장 선진적인 생산시스템을 갖추고 있음에도 불구하고, 화석연료와 물에 과도하게 의존하여 탄소배출량이 가장 많고 물이 제일 부족한 곳이 되었다. 에너지 자원 개발로 소득은 증가하였으나 그 대가로 생활환경이 악화되어 생기를 잃어가는 사막도시로 변화한 것이다. 오르도스에는 또 다른 불명예가 있는데 이른바 유령도시(鬼城)가 건설되어 있다는 점이다. 집만 있고 사는 사람은 없는 유령도시는 중국 전역에 수십 곳이 되는데, 지방정부들이 거주 수요를 고려하지 않고 신도시 건설을 통해 성장률을 높이기 위한 잘못된 부동산 정책에서 비롯된 것이다. 오르도스의 캉바스의 경우, 70억 위안을 투자해 32km^{2}에 인구 150만 명을 수용할 수 있는 신도시를 건설했으나 거주 인원은 2만 8천여 명에 그치고 있다.

오르도스의 에너지 자원 개발은 관련 국영기업들이 주도하고 지역민들은 임금노동자로 참여하여 평균임금이 다른 도시보다 높다 하더라도, 개발로 인한 전체 수익은 지역민이 아니라 국영기업이 독점한다. 또 지방정부는 오르도스에 적합한 지속 가능한 성장전략을 마련하여 사막도시라는 불리한 환경을 극복하고 생태도시를 건설할 수 있는 정책을 추진해야 함에도 불구하고 잘못된 부동산 정책으로 유령도시를 건설하고 말았다. 소수민족 지역이라는 민감한 공간에서의 에너지 자원 개발이란 점으로 볼 때 그 수익의 일정 부분은 지역사회로 환원하여 개발이익을 공유하는 정책이 수반되어야 했다. 가령, 미국의 알래스카에서는 그 지역에서의 석유개발로 얻은 수익의 일정부분을 시민에게 균등 분배하는 시민배당[19] 제도를 시행하여 지역사회의 복지수준을 향상시키고 있다. 중국의 에너지 자원 개발의 상당 부분이 소수민족 지역에서 이루어지고 있는 만큼 수익의 일정 부분을 지역사회에 환원하는 제도가 필요하지만, 개발주체인 국영기업이 수익을 독점하여 오히려 소득 불평등이 가중되는 현상은 소수민족의 불만과 갈등을 초래하고 있다.

소수민족 지역에서 자본수익을 우선하는 현상은 에너지 자원 개발뿐만 아니라 무형의 문화 선점을 통해 관광개발 수익을 얻으려는 욕망으로도 나타나고 있다. 그 대표적인 것이 샹그리라를 자기 지역이름으로 선점하려는 지역 간에 각축전이 벌어진 일이다. 샹그리라는 영국 소설가 제임스 힐튼(James Hilton)의 소설 『잃어버린 지평선(Lost Horizon)』에 등장하는 티베트 산악지대에 위치한 이상향의 명칭이다. 소설 속의 샹그리라는 18세기 초 룩셈부르크에서 온 가톨릭 수사가 지은 히말라야 깊은 산중 어딘가 '푸른 달'이라는 이름을 가진 카라칼 산 아래에 있는 사원이다. 본래 티베트 불교에는 샴발라(Shambala. 香巴拉)라는 영적 유토피아를 뜻하는 명칭이 있었으며, 힐튼이 샹그리라는 말을 만들 때 샴발라를 참고했다는 게 통설이다.[20] 그런데 지금은 외국소설 속의 상상공간인 샹그리라를 중국 현실에서 찾기 위해 경쟁을 하다가 윈난 티베트 자치주인 중뎬(中甸)이 샹그리라로 확정되어 2001년 현의 이름을 중뎬에서 샹그리라로 바꾸었다. 그리고 샹그리라의 중국어가 香格里拉

---

19 알래스카의 시민배당에서 대해서는 피터 반스, 위대선 옮김, 『우리의 당연한 권리, 시민배당』, 갈마바람, 2016, 6장 알래스카 모델 참고.

20 조나단 와츠, 앞의 책, 29쪽.

로 정해져 티베트어 샹발라(香巴拉)도 샹그리라(香格里拉)로 바뀌었다고 한다. 〈티베트에서의 7년〉과 같이 티베트에 대한 오리엔탈리즘적 시선이 반중국 운동으로 이어지는 서구와 달리, 이제 중국에서는 샹그리라 신화가 관광개발을 위해 내부로 수용되어 실용적인 문화자본이 되었다. 샹그리라가 관광지로 확정되어 호텔, 식당, 유흥시설, 도로 등을 건설하는 과정에서 지역주민의 소득이 올라가기는 했지만, 대부분 자본과 여행사를 소유한 한족을 포함한 외지인들이 수익을 독점하였다.[21] 그리고 관광지 개발과정에서 지역주민의 토지가 몰수되거나 환경파괴와 오염이 뒤따른다는 것은 상식에 속하는 일이라는 점을 고려하면, 소수민족 지역에서 개발이익의 수혜자가 누구인지는 자명하다고 할 것이다.

왕후이는 최근에 증가하고 있는 소수민족의 분리 독립 운동을 포함한 한족과의 갈등현상에 대해, 개혁개방 이전의 사회주의혁명 시기에는 존재하지 않았던 일이라고 주장한다. 즉 사회주의혁명 시기에는 평등과 해방의 정책이 시행되어 상대적으로 갈등이 적었는데, 개혁개방 이후에 중국 전체적으로 불평등이 심화되고 특히 소수민족 지역에 진출한 한족 자본들이 수익을 독점하면서 발생한 불만이 민족갈등의 양상으로 나타나고 있다는 것이다. 중국 정부는 경제발전을 근거로 소수민족의 생활이 향상되었다고 변호하지만, 사회적인 위기는 경제가 발전한다고 사라지지 않는다. 오히려 그 반대로 발전주의의 주도 아래

---

21 중국의 상업적인 관광지 개발은 샹그리라뿐만이 아니며 중국의 혁명성지 및 경제성장 모델지역, 역사문화공간 등도 이미 상업적 공간으로 변모되고 있다. 이 점에 대해서는 양한순, 「관광을 통해 본 중국문화: 국가현대성」(한국고등교육재단 편, 『중국, 새로운 패러다임』, 한울, 2015) 참고.

에 빈부의 분화, 지역 간의 분화, 도시와 농촌의 분화, 생태계의 위기가 아주 심각한 규모에 이르렀고 대규모 인구이동도 사회적인 동요의 중요한 조건이 되었다.[22] 사회주의혁명 시기의 평화적 해방에 대해서는 앞에서 살펴보았듯이 의문의 여지가 있지만, 개혁개방시기의 불평등 심화 현상에 대해서는 정확한 비판이라고 생각된다. 문제는 이 문제를 풀어나갈 수 있는 방법이 무엇인가 하는 점이다. 왕후이는 민족 상호간의 교류와 공존을 추진하는 것은 물론이고, 더 진정한 과제는 기존의 정체성 정치들을 초월하여 계급정치가 쇠퇴한 뒤 서로 다른 집단이 평등하게 참여하고 사회를 유지하는 다양성의 보편 정치를 새로이 창출할 수 있는가에 있다고 주장한다. 민중적인 정치 기반(자주적이고 능동적인 참여)이 없다면 민족 문제는 소수민족과 정부 사이의 게임에 불과해지기 때문이다. 가령, 서양 주류 언론과 서로 다른 종족 민족주의자가 힘써 만들어 낸 한족-티베트족 이원론의 구조를 타파하려면 발전주의의 논리를 철저히 곱씹어보고 더욱 포용성을 갖춘 공공의 공간을 창조해야 하고, 일반 인민의 목소리가 이 공간에서 충분히 표현될 수 있도록 하여 새로운 평등정치의 초석을 다져야 한다[23]는 것이다.

중국 정부의 소수민족정책은 여러 가지 우대정책에도 불구하고 근본적으로 경제 발전주의를 우선시한다는 점에서는 우대가 아니라 불리한 조건으로 작용한다. 이 때문에 경제성장을 통해 민족자치구역의 생활수준을 향상시켰다고 선전하지만 실제에서는 오히려 민족갈등을 초래하는 경제 불평등이 심화되고 있는 것이다. 왕후이는 이 문제가 중국

22 왕후이, 앞의 책, 234쪽.

23 왕후이, 앞의 책, 267쪽.

경제 발전주의 정책의 심각한 폐해라고 비판하며, 그 해법으로 모든 민족이 평등하게 참여하는 보편 정치를 창출하는 것이라고 주장한다. 왕후이가 말하는 새로운 정치는 소수민족의 종족성에 기반한 정체성 정치를 초월하여 보편적 인간으로서의 해방과 평등을 실현하기 위한 인민주권 정치를 지향한다. 그러나 이러한 보편정치의 추구가 장기적인 과제가 될 수는 있겠지만, 당면한 경제적 불평등을 해결할 수 있는 현실적인 방법은 아니다. 소수민족의 불평등은 무엇보다 민족자치구역의 특수성을 고려하지 않는 발전주의 정책에서 비롯된 것이기 때문이다. 이 지역을 보호하는 정책 없이 현재와 같은 개방적인 발전주의 정책을 지속한다면 불평등과 민족갈등은 더욱 악화될 수밖에 없을 것이다. 알래스카처럼 지역의 자원을 공공재로 인정하여 개발수익의 일정 부분을 지역사회의 보호 육성을 위한 복지비용으로 사용하는 등의 정책을 쓰지 않는다면, 이 지역주민이 외지인과의 경쟁에서 우위를 점할 가능성은 거의 없기 때문이다. 물론 이러한 보호정책을 입안하여 시행케 하는 것이 정치의 역할이지만 이것은 왕후이가 말하는 보편적인 평등정치보다는 지역보호정치를 통해 실천할 수 있는 방안이다.

이 문제를 중화민족의 단일민족화 경향성과 연계지어 살펴본다면, 중국 정부의 경제 개발주의는 중국 전역을 경제 개발주의의 단일한 시장공간으로 만들어 지역보호망을 붕괴시키는 기능을 한다. 또한 인민주권을 단위로 보편적 평등정치를 추구하는 것은 지역주민과 지역문화를 기반으로 한 지역보호정치의 중요성을 경시하는 이념적 역작용이 될 수도 있다. 이런 맥락에서 볼 때 중국 정부의 공식입장과 왕후이의 시각은 경제 개발주의에서는 갈등을 빚고 있지만, 중화민족의 단일민족화 경향성에서는 공통점이 형성되어 있다. 실제로 중화민족의 단일 민족화는 단순히 경향성으로만 존재하는 것이 아니라 이를 포용할 수 있는 정치체제 혹은 국가체제에 관한 논의로 이어지고 있는데, 최근 중국 지식계에서 논쟁이 되고 있는 문명국가에 관한 문제가 바로 그러하다.

5. 문명제국과 상생의 길

소수민족 문제와 연계하여 볼 때 문명국가의 관건은 민족과 종족의 차이를 포용할 수 있는 다원화된 정치체제를 어떻게 건설할 것인가 혹은 중화민족 내부의 평등과 인민주권을 어떻게 실질적으로 구현할 것인가의 문제에 있다. 필자는 이 문제의 해법이 현재 중국이 내세우고 있는 하나의 중국의 허구성을 비판함과 아울러, 이상적인 하나의 중국이 되기 위한 보편적이고 평등한 원칙을 어떻게 정립하느냐에 있다고 생각한다. 역설적으로, 지역보호정치는 보편적이고 평등한 원칙이 정립되어야 실현가능한 일이기 때문이다. 문명국가의 보편적이고 평등한 원칙은 어떠해야 하는지에 관해 논의하기 위해, 영국이 세계 최초의 복지국가를 건설하는 과정에서 핵심 기초가 되었고 또 현대 복지국가들이 정책실천의 원리로 인정하고 있는 「베버리지 보고서」의 세 가지 원칙(3U)–보편성, 통일성, 균등성의 원칙을 참조해 볼 필요가 있다.

보편성(universality) 원칙은, 사회복지는 국민 전체가 보편적으로 향유할 수 있고 국민 전체의 기본 인권을 실현할 수 있는 높은 수준의 정책이어야 한다는 것이다. 사회복지의 보편성 실현은 사회 평등의 중요한 척도가 되며, 사회복지가 보편적인 기본 정책이 되면 국민은 직업과 성별, 민족, 출신, 빈부 등에 상관없이 사회 복지를 보장받을 수 있게 된다. 국민 전체를 대상으로 하고 국가가 주도하는 사회 복지가 있어야만 사회 문명이 발전하며 국민 전체가 평등하게 누릴 수 있는 복지를 제공할 수 있다.

통일성(unity) 원칙은, 사회 복지가 전국을 하나의 무대로 하고 모든 복지를 국가가 통일적으로 관리하며 사회보험의 납입 및 지급 기준도 국가가 통일적으로 집행하는 것이다. 그래야만 사회 복지의 형평성을 보장할 수 있으며, 복지 사업을 중앙의 통일적인 관리 하에 두면 업무 효율을 높일 수 있을 뿐 아니라 복지 기관과 다른 국가 기관들의 업무 협력성도 높일 수 있다. 국가 통일적으로 제공하는 양호한 공공서비스가 있으면 효과적으로 사회의 빈부 격차를 줄이고 사회 갈등을 완화시켜 국가 경쟁력을 높일 수 있다.

균등성(uniformity) 원칙은, 출신 배경과 능력, 환경 등의 객관적 차이 때문에 사람들이 점유하고 있는 사회적 자원이 다른데, 이러한 분배의 불평등을 줄임으로써 불리한 지위에 있는 사람들에게 보다 많은 자원을 제공해 최대한 모든 사람이 균등한 기회를 얻도록 하는 것이다. 공공복지의 균등화는 전체 사회구성원의 생존의 최저 한계선을 보장하기 위한 제도적 조치가 되어야 한다. 균등성의 원칙은 특별한 요구를 가진 사람들에 대해 개별적이고 특수한 서비스를 제공하고, 사회에 의해 주변화되거나 갖가지 원인으로 생활이 자유롭지 못한 개인과 집단이 자립을 실현할 수 있도록 도와줘야 한다는 의미다. 균등성의 원칙은 처지가 가장 불리한 사람들에 대한 정부의 보살핌을 실현하고, 약자 집단이 비교적 공정한 대우를 받게 하며, 나아가 그들의 생활과 생활력을 강화하는 역할을 한다.[24]

1941년 윌리엄 베버리지가 처칠 정부에 제출한 「베버리지 보고서」는 원제목이 「사회보험 및 관련 서비스(Social Insurance and Allied Services)」인데, '요람에서 무덤까지' 국가가 전 국민을 대상으로 최저 생계 이상의 사회보장의 확립을 목표로 하였고, 현재에 이르기까지 영국을 넘어 현대 복지국가 건설을 위한 보편주의 원칙으로 인정되고 있다.[25] 「베버리지 보고서」가 기초하고 있는 보편성, 통일성, 균등성의 원칙을 현재 중국이 추구하고 있는 정책방향과 대비해본다면 미래 문명국가가 지향해야할 보편적이고 평등한 원칙에 대해 생각해볼 수 있을 것이다.

보편성 원칙은 국가가 전 국민을 대상으로 높은 수준의 사회보장을 제공해야 한다는 것이다. 높은 수준의 사회보장은 국가의 조건에 따

24 가오롄쿠이, 앞의 책, 103~104쪽. 「베버리지 보고서」의 사회보장 원칙과 가정에 대한 비판도 끊임없이 제기되었는데, 이러한 비판 가운데 일부는 베버리지의 의도와는 다른 방향으로 실행된 정책 혹은 최근 상황을 기준으로 평가한 것도 있다. 이는 베버리지가 받아야 할 비판 이상의 부당한 평가를 받고 있다는 점을 뜻한다. 지은정은 이러한 인식에 기반하여 베버리지에 대한 부당한 평가보다는, 변화된 상황을 고려하여 복지국가의 이념과 가치를 지키며, 사회적 연대와 보편주의를 고수할 수 있는, 사회보장의 원칙을 수립하는 것이 더 건설적이라고 주장한다. 이 점에 대해서는 지은정, 「베버리지보고서의 사회보장 원칙과 가정에 대한 비판의 타당성 검토」, 『한국사회복지학』 58, 2006 참고.

25 「베버리지보고서」는 실천방안으로 완전고용의 유지, 균일한 급여를 중심으로 한 사회보험 체계 수립, 포괄적인 의료보장 체계 구축, 아동수당의 도입 등을 제시하였다. 현대 복지국가 건설에 있어서 「베버리지보고서」가 지니고 있는 역사적 사상적 의미에 대해서는 김윤태 외, 『복지와 사상: 복지국가 이데올로기의 역사적 전환』, 한울, 2016. 제1장 케인스주의와 복지: 베버리지와 케인스 참고.

라 그 수준이 상이하기 때문에 논외로 하더라도, 국가가 전 국민을 대상으로 한다는 점에 있어서 중국은 보편성 원칙을 따르지 않는다. 개혁개방 이전 사회주의시기에 중국은 보편적 복지국가를 지향하며 '요람에서 무덤까지' 사회보장의 이상을 추구했으나, 실제로는 국가 아니라 '단위'가 사회보장의 주체로 기능하고 있었다. 그래서 대규모 국영기업과 소규모 집단기업, 도시 단위와 농촌 인민공사 등의 경제력에 따라 보장수준에 상당한 격차가 있었다. 개혁개방 이후에는 단위를 대신하여 기업과 개인이 보험금을 분담하는 사회보험제도로 전환했는데, 이는 국가가 주도하는 재분배방식이 아니라 임금상승에 의존하는 1차 분배 중심이어서 도농간 계층간 사회보장에 더욱 커다란 격차가 생기게 되었다. 중국의 사회보장은 재분배보다는 개인주의적 자본주의적 접근을 하고 있어서 소득 재분배 기능을 해야 할 사회보장이 오히려 소득역진적인 성격을 지니게 되었다. 시장 소득에 사회적 급여(사회보험, 교육, 보건의료 등)를 합할 경우 지니계수가 더 악화되며, 소득이 높을수록 사회적 급여를 더 많이 분배받는 실정이다. 가령 중국이 추진하고 있는 개인계정 중심의 연금개혁은 소득역진적이며 상위 소득계층에게 유리한 방안이라는 비판을 피하기 힘들다.[26]

사회안전망이 결핍된 상태에서 리스크는 가족이 부담할 수밖에 없으며 확대되는 소득격차는 교육, 주택, 양로, 의료 등 사회서비스에 여실히 나타난다. 이러한 상황에서 지역사회(社區)와 공동체를 통한 공적 부조(최저생활보장제도) 기능이 중시되고 기업의 사회적 책임이 필요하

26 원석조, 「중국 복지체제의 성격」, 『보건사회연구』 30집, 2010, 436쪽.

다는 인식도 확대되고 있다. 그러나 현재 중국 사회보험제도의 한계는 계층과 지역을 초월한 국가의 재분배 정책을 통해 해결 가능한 일이며, 자본에 대한 민주적 통제와 재분배시스템이 구축되지 못한 사회조건에서는 근본적인 해결이 어렵다. 경제적 불평등과 아울러 재분배 제도의 결핍으로 인해 현재 중국의 사회적 불평등은 심각한 상태에 처해 있다. 후진타오정부의 조화사회를 이어 시진핑정부 역시 민생정책을 추진하고 있지만 불평등이 완화되고 있다는 신호는 나타나지 않는다. 이는 불평등을 재생산하는 구조가 근본적으로 개혁되지 않은 상태에서, 당-국가가 특권 계층의 이익을 대변하는 계급정당으로 변질되어가는 점과 밀접히 관련되어 있다. 즉 인민의 보편적 이익을 대변하는 정치개혁이 이루어지지 않은 상태에서, GDP 규모는 커져 가지만 분배시스템의 미비로 인해 국부가 특권 계층에 집중되는 불균등 현상이 지속되고 있는 것이다.[27]

통일성의 원칙은 전국을 하나의 무대로 삼아 차별 없는 동일한 사회보장을 제공한다는 것인데, 중국의 경우 사회주의시기부터 도시와 농촌 간의 격차가 있었고 개혁개방 이후 사회보험 중심으로 사회보장제도가 전환되면서 그 격차가 더욱 확대되었다. 균등성의 원칙은 출신과 능력, 환경 등의 객관적 차이로 인한 분배의 불평등을 해결하는 것인데, 중국의 경우 이 원칙은 소수민족의 불리한 지위를 보완하고 불평등한 분배를 개선하여 국민으로서의 균등한 권리와 사회보장을 제공하는 문제로 나타난다. 앞에서 제기한 지역보호정치와 알래스카와 같은

27 이 문제에 대해서는 이종민, 『흩어진 모래』, 산지니, 2013. 9장 개혁개방과 성공의 위기 참고.

시민배당 등이 균등성의 원칙을 실현할 수 있는 방안이지만, 현재 중국은 개발이익을 위한 단일한 공간이 되어 소수민족의 이익 보호를 위한 제도가 결핍됨에 따라 불평등이 민족갈등으로 확장되는 추세에 놓여 있다.

이러한 맥락에서 볼 때 현재 중국의 정책방향은 「베버리지 보고서」의 세 가지 원칙 및 문명국가 추구해야 할 보편적이고 평등한 원칙과는 상당한 격차가 있다. 이러한 상황에서 중화민족의 단일민족화를 추진하고 중화민족의 평등과 인민주권을 주장하는 것은 이념적 선전으로 비칠 수밖에 없다. 이런 상황에서는 불평등을 조장하는 현재의 정책을 비판하고 보편적이고 평등한 원칙에 부합하는 제도개혁을 대안으로 제시하는 것이 더 필요한 실천방법이다.[28] 중국 지식계의 문명국가론 역시 보편 원칙 수립과 그 실천방안을 구체적으로 논의하는 것이 필요하다. 이러한 논의와 연결된 문명국가론만이 중국의 경험 속에서 인류 보편문명을 발견하려는 지적 욕망을 생산적으로 표출하는 길이 될 것이다.

문명국가로서의 중국이 보편적이고 평등한 원칙을 수립하고 그에 부합하는 정치적 실천을 진행할 때, 티베트 문제를 포함한 소수민족 문제의 해결 가능성을 찾을 수 있다. 중국은 자국의 핵심이익인 소수민족

28 가령 왕후이는 개혁개방 이전의 사회주의시기에는 소수민족의 분리 독립 운동을 포함한 한족과의 갈등현상이 존재하지 않았으며 이는 보편적인 계급정치가 있었기 때문이라고 주장한다. 그러나 민족갈등이 적었던 요인은 일용품의 공급량이 부족하기는 했지만 비교적 보편적이고 균등한 사회복지체제가 존재하여 민족 간 갈등이 심화되지 않았던 문제와 연관지어 해석해야 한다. 생활의 기초가 되는 사회복지체제가 없는 상태에서 보편적인 계급정치만 주장되었다면, 부족한 생산물의 분배과정에서 우위에 있던 한족 간부들과의 심각한 갈등이 벌어졌을 수 있다고 생각된다.

문제를 '하나의 중국' 이외의 방식으로 양보할 가능성은 거의 없어 보인다. 티베트의 지도자 달라이 라마도 1988년 유럽연방의회에서 제기한 스트라스부르 선언을 통해, 티베트 독립이 아니라 '하나의 중국' 하에서 고도의 자치를 보장받을 수 있는 타협안을 제기하고 중국이 이를 수용하도록 평화적 노력을 진행해 왔다. 스트라스부르 선언은 1979년 덩샤오핑이 "독립을 제외한 나머지 모든 문제는 대화로 해결될 수 있다"는 제안에 대한 티베트 망명 정부의 중도적인 타협안이다. 이러한 타협안에 반대하는 티베트 독립운동 세력들은 현재에 이르기까지 무장투쟁을 포함한 급진적 방식으로 실천운동을 지속하고 있다. 스트라스부르 선언에서 제기한 고도의 자치는 중국이 티베트의 외교권을 갖고 티베트 정부는 비정치적 활동 부문에서 외교권을 가진다는 구상이다. 티베트인은 고도의 자치를 통해 인권과 민주주의의 이상, 환경, 문화적 자율성을 존중하고 적합한 사회경제체제를 선택하여, 인간과 자연이 조화 속에 살 수 있는 평화 성소로 만들겠다는 것이다. 달라이 라마가 제기한 고도의 자치는 연방제 구상에 가깝고 또 그 건설방향에 있어서도 중국 정부가 현실적으로 수용하기 힘든 사항이 포함되어 있다.

> 티베트 정부는 야생식물군을 보호하기 위해 엄격한 법령을 선포해야 할 것입니다. 자연자원을 마음대로 개발, 이용하는 행위에 조심스럽게 제약을 가해야 할 것입니다. 핵무기 및 기타 무기의 생산, 실험과 비축은 금지해야 할 것입니다. 핵에너지 및 위험한 폐기물을 남기는 기술도 마찬가지로 금지될 것입니다. 티베트를 지상에서 가장 큰 자연의 보고로 바꾸는 일이 티베트 정부의 과업이 될 것입니다. 티베트를 완전히 비무장화된 평화의 성지로 만들

> 기 위해 지역 평화회의가 소집될 것입니다. 이러한 협상이 좋은 결과를 낳을 수 있도록 신뢰 분위기 조성을 위해서라도 중국 정부는 당장 티베트 인권 침해 행위를 중단하고 중국인들을 티베트에 이주시키는 정책을 포기해야 합니다.[29]

에너지 자원 개발 제한과 핵실험 금지, 티베트 인권 보장과 중국인 이주 정책 포기 등은 중국이 현실적으로 수용하기 어려운 사항이다. 하지만 중국의 성원이 되어 티베트를 자연과 인간이 공존하는 평화 성지를 만들려는 구상은 미래 문명국가가 추구해야 할 보편적이고 평등한 원칙을 벗어난 일이 아니다. 오히려 무분별한 에너지 자원 개발로 생태 위기를 일으키고 그 개발이익을 특정 세력이 독점하는 것은 균등화 원칙을 위배하는 것이다. 비핵화 평화 정착이 인류 공생의 길로 인정되는 추세에서 핵실험을 강행하고 폐기물을 방치하는 것은 문명국가가 선도적으로 금지해야 할 일이며, 티베트 인권 보장과 중국인 이주 정책 포기 등은 지역보호정치를 통해 얼마든지 해결 가능한 문제다. 현실적으로 볼 때 티베트의 힘으로 중국에서 독립하거나 국제원조를 통해 티베트가 생존할 수 있는 가능성이 없는 상태에서, 티베트의 구상이 중국 내부와 긴밀히 연계되어 실현할 수 있도록 추진된다면 이는 중국의 관용과 문화의 힘이 확장되는 과정이며, 중국을 위협하거나 분리 독립하려는 사태를 방비할 수 있는 길이기도 하다.

중국이 이 부분을 수용하지 못하는 건 '하나의 중국'을 민족의 단일화라는 민족국가적 방식으로 접근하고 있는 점과 관련되어 있다. 즉 소

---

29 Lama, Dalai, "Strasbourg Proposal 1988: Adress to the Members of the European Parliament"(http://www.dalailama.com/messages/tibet/strasbourgproposal1988).

수민족들의 분리 독립 운동과 이를 직간접적으로 지원하는 미국을 비롯한 강대국들의 행위가 중국을 불안하게 하고, 중국은 자국의 핵심이익을 수호하기 위해 소수민족을 중국이라는 민족국가 내부로 강제 통합하려고 하는 것이다. 그러나 이러한 민족국가적 접근방식으로는 더 큰 갈등을 초래할 수 있으며 오히려 문명제국[30]의 시각에서 문제를 접근하는 것이 해결의 가능성을 찾을 수 있다. 다민족으로 구성된 정치공동체로서 제국은 민족의 단일화를 목표로 하지 않으며, 민족의 차이를 바탕으로 공공의 정치적 목표를 설정하고 그 실현을 위해 연대하고 협력한다. 제국 정부는 구성원들이 동의하는 공공의 정치 목표를 수립하고 이를 위해 민족 간의 차별과 위계관계를 해소하여 자유롭고 평등한 제국 건설을 추진해야 한다. 이러한 정치적 공동 목표를 실현하는 과정에서 구성원들이 행복과 자부심을 느끼게 된다면, 제국 밖으로 분리 독립하기보다는 살고 싶은 세상이라고 여기게 될 것이다. 중화민족은 단일민족이 아니라 문명제국으로 나가야 하며, 티베트 문제를 포함한 소수민족의 문제는 민족국가가 아닌 문명제국의 시야 속에서 상생의 길을 찾을 수 있을 것이라 생각된다.

30 필자가 사용하는 문명제국은 보편적이고 평등한 원칙으로 구성된 다민족 정치공동체를 뜻하는 것으로, 다민족을 민족국가 내부로 통합시키려는 체제와 구별하기 위한 것이다.

3장

일대일로, 외향형 발전인가 평화의 길인가

3장
일대일로, 외향형 발전인가 평화의 길인가

1. 일대일로

중화민족의 단일민족화가 하나의 중국을 이루기 위한 내부 통합의 문제라면, 중국이 세계강국이 되기 위한 평화이념 및 그 실천전략으로 제기되고 있는 것이 바로 일대일로(一帶一路)이다. 2017년 1월 트럼프가 미국 대통령으로 취임하면서 미국과 중국의 경쟁갈등이 한층 표면화되고 있다. 개혁개방 이후 미중간의 갈등이 세계패권 경쟁으로 표출된 것은 2008년 세계 금융위기 때 미국의 구원 요청을 중국이 거절하고 공세적인 모습을 보이면서 시작된 것이라고 할 수 있다. 당시 중국은 세계 금융위기 극복을 위해 소집된 G20[1] 회의에서 달러를 기축통화

---

1 G20(Group of 20)은 1999년 경제위기에 대응하기 위해 탄생한 국제기구로, 세계경제를 이끌던 G7(미국, 영국, 프랑스, 독일, 이탈리아, 일본, 캐나다. 1976년

로 한 국제통화체제에 의문을 제기했고, 세계은행과 IMF의 개혁 및 개발도상국의 발언권 확대를 강력히 요구하였다. 중국의 이러한 공세는 경제를 넘어 정치, 안보, 영토, 환경 등 중국의 핵심이익과 관련된 제반 영역으로 확대되는데, 특히 미국의 중국 봉쇄와 직결된 남중국해, 동중국해의 분쟁에서 이전과 달리 강경하게 대응하였다. 2010년 3월 중국은 남중국해는 중국의 주권 및 영토 보존과 관련된 핵심이익 해역이라고 미국에 통보하고, 베트남과 필리핀의 석유 탐사에 대해 물리력을 동원하여 저지하였다. 또 2010년 9월 센카쿠열도(댜오위다오)에서 발생한 중국 어선과 일본 해상보안청함정 간의 충돌사고에서는 희토류 수출을 제한하는 등 강력한 수단을 동원하여 일본을 굴복시켰다.

중국의 이러한 공세는 2000년대 중반 이후 미국과의 국력 격차가 좁혀지고, 2010년 일본을 제치고 세계 2위의 경제대국으로 부상하는 대국굴기의 과정에서, 그 자신감을 국제적으로 표출한 것이라고 할 수 있다. 2009년 1월 출범한 오바마 정부는 부시 정부와 달리 중국에 대해 우호적인 입장을 취하고 있었다. 미국은 금융위기 극복을 위해 중국의 협력이 절실히 필요했을 뿐 아니라, 이란과 북한의 핵문제, 유럽기후변화협약 등에서 중국이 협력할 것이라고 판단했던 것이다. 그런데 2009년 11월 코펜하겐 유엔기후변화협약회의에서 중국은 이른바 베이

결성)과 유럽연합 의장국에 12개의 신흥경제국을 포함한 20개 국가의 모임을 지칭한다. 1999년 12월 독일 베를린에서 처음으로 주요 선진국 및 신흥국의 재무부장관 중앙은행 총재가 모여 국제사회의 경제 금융 이슈를 논의하는 G20 재무장관 회의가 개최되었다. G20은 회원국 재무장관과 중앙은행 총재들이 회의를 주도해 오다가 2008년 11월 세계 금융위기 발생 이후 위기 극복을 위해 선진국과 신흥경제국 간의 공조 필요성이 대두되면서 정상급 회의로 격상되었다.

식(BASIC)[2] 그룹을 형성하여, 선진국에만 온실가스의 의무 감축을 규정한 교토의정서 체제가 계속 유지되어야 하고, 미국의 개발도상국 지원도 확대되어야 한다고 강경하게 대립함으로써 오바마 정부의 기대를 저버렸다. 이에 2010년 1월 오바마 정부는 그동안 보류하였던 대만에 대한 무기 판매를 결정하고, 2월에는 백악관에서 달라이 라마를 접견하였다. 그리고 남중국해에 대한 미국의 적극적인 개입 의사를 밝혔을 뿐 아니라 센카쿠열도(댜오위다오) 선박충돌 사건에서도 일본에 대한 지지 입장을 분명하게 표출하였다.

미국과의 실력 이상의 대립 및 동아시아 국가들의 반감에 부담감을 느낀 후진타오는 2011년 1월 미국을 방문하여 상호 존중, 상호 이익, 공동 승리를 기본 내용으로 하는 '신형 대국 관계'를 제기하였다. 그러나 양국의 긴장관계는 이를 통해 해소되지 않았고, 미국은 오히려 환태평양 경제동반자 협정(TPP)[3]을 적극적으로 타결하여 아시아로의 회귀(Return to Asia)[4] 정책을 가속화하였다. 이에 2012년 2월 당시 부주석이던 시진핑이 미국을 방문하여 다시 신형 대국 관계를 제안했으나, 미국이 중국의 급속한 부상과 영향력 확장을 강력하게 반발하고 있는 상

---

2 베이식(BASIC)은 브라질, 남아프리카공화국, 인도, 중국을 지칭한다.

3 TPP(Trans-Pacific Strategic Economic Partnership)는 2005년 6월 뉴질랜드, 싱가포르, 칠레, 브루나이 등 4개국의 소규모 FTA로 시작되었으나 2008년 미국이 참여하면서 협상이 본격화되고 2010년에 타결되었다. 미국과 일본이 주도하고 캐나다·멕시코·페루·칠레·싱가포르·브루나이·베트남·말레이시아 등 12개국이 참여하는 다자간 자유무역협정이다.

4 이후 미국은 아시아로의 회귀(Return to Asia)를 아시아 태평양으로의 선회(Pivot to Asia-Pacific)와 재균형 전략(Rebalancing Strategy)으로 수정한다.

황에서 신형 대국 관계가 중국의 뜻대로 실현되기는 어려웠다.[5]

이러한 상황에서 2013년 3월 국가주석에 취임한 시진핑은, 유라시아 패권을 수호하려는 미국의 대중국 봉쇄정책과 영토분쟁으로 인한 아시아 주변국들의 반중국 공조를 돌파하는 일이, 중국의 대국굴기를 위한 핵심전략이라고 인식한다. 일대일로는 바로 이러한 국가전략으로 구상된 것이다. 일대는 중국-중앙아시아-유럽을 연결하는 실크로드 경제벨트를 지칭하고, 일로는 중국-동남아시아-서남아시아-아프리카-유럽으로 이어지는 21세기 해양 실크로드를 뜻한다. 일대일로는 향후 35년(2014-2049) 동안 추진될 정책으로, 구상 단계에서는 미국의 TPP와 아시아 회귀 정책에 대응하기 위한 방어책의 성격을 띠지만, 종료 시점인 2049년이 중국의 두 번째 백년의 꿈인 대동사회 실현의 시점과 일치한다는 것을 생각하면, 일대일로의 궁극적인 목표가 어디에 있는지 분명해 보인다.

일대는 중국 고대부터 서역과의 교류를 위해 개척하기 시작한 실크로드를 포함하며, 19세기 영국의 맥킨더(Mackinder)가 유럽-아시아-아프리카의 수송로와 무역을 장악하는 세력이 세계를 제패할 수 있다고 주장했던 거대경제권이다. 미국도 이 지역의 전략적 가치를 중시하여, 2011년 7월 클린턴 국무장관이 제안한 미국판 '신실크로드 전략'을 통해 중국과 러시아를 배제하고 아프가니스탄을 핵심으로 중앙아시아-남아시아를 관통하는 국제운송회랑을 구축하려고 했다. 그러나 미국은 중국과 러시아가 지배하고 있는 유라시아 대륙을 직접 장악할 수

5 조영남, 『중국의 꿈: 시진핑의 리더십과 중국의 미래』, 민음사, 2013, 307~309쪽.

없었기 때문에, 해상세력으로 대륙을 포위하여 그 팽창을 억제하는 봉쇄정책이 미국이 추구하는 주요 전략이었다. 중국의 입장에서 볼 때 대국굴기를 위해 필수적인 에너지자원의 해상 수송로가 미국에 의해 봉쇄될 수 있는 상황에서 그것을 우회할 수 있는 새로운 해로(일로)를 개척하는 일은 중국의 핵심이익과 직결되는 사안이었다. 이런 맥락에서 일대일로는 1492년 콜럼버스가 이슬람 세력이 장악한 동방 무역로를 우회하는 길을 찾기 위해 험난한 항해를 시작한 것과 유사하다고 할 수 있다. 이에 대해 중국의 진보적 지식인 원톄쥔·황더싱은 일대일로가 19세기 말에서 2차 대전 사이 유럽 열강의 식민지 쟁탈전과 유사한 국면을 보이고 있고, 또 독일이 영국의 패권에 도전하기 위해 베를린–바그다드 철도를 부설하여 서아시아와의 무역로를 트고 영국·프랑스가 장악한 수에즈 운하를 피해 아시아로 가는 해로를 여는 것과 비슷하다고 인식한다.[6] 그러나 중국이 미국의 패권에 도전할 수 있는 군사력을 구비하지 못하고 있고 일대일로에 미국의 주요 동맹국들이 참여하고 있는 점을 감안하면, 일대일로를 1, 2차 세계대전 당시의 상황과 비유하는 것은 과잉 우려의 관점이라고 생각된다.

일대일로는 분명 미국과의 패권경쟁의 성격을 띠고 있지만, 중단기적으로 볼 때 그 관건은 미국의 봉쇄를 우회할 수 있는 새로운 길의 개척 여부에 달려 있다고 할 것이다. 현재 일대일로의 중점은 지역과 지역을 이어가는 육로와 해상로 인프라 건설에 있다. 이러한 국가 간 사업의 성패는 정치적 신뢰관계에 의해 결정되는 만큼, 중국은 아시아

6 원톄쥔·황더싱, 「중국의 '일대일로'는 평화발전의 이념인가」, 『창작과비평』, 2015년 가을호, 창비, 82~83쪽.

주변국에 대한 친성혜용(親誠惠容)의 외교원칙과 파상적 경제정책을 통해 공동발전과 공동번영을 적극 표명하고 있다. 이러한 국제관계를 바탕으로 중국은 2015년 3월 「일대일로 공동건설을 위한 비전과 행동」 계획을 발표하여 '개방협력, 화해포용, 시장운용, 상호이익, 공동승리'를 일대일로의 핵심 원칙으로 내세웠다. 또 주요 협력 내용으로 국가 간 정책 소통, 인프라 건설, 자유무역지대 및 투자무역협력대상 확대, 위안화의 국제화와 아시아인프라투자은행(AIIB) 및 브릭스개발은행 추진, 문화교류 강화 등을 제시하였다. 실제로 중국은 이러한 계획에 기반하여 중국-중앙아시아-유럽을 연결하는 철도[7] 건설을 추진하고, 해외 항만 개발 및 운영권[8]을 확보하고 있다. 아울러 2015년 5월 27일 충칭에서 개최된 유라시아*互聯互通*산업대화에서 6대 경제회랑[9] 건설을

7 일대일로 사업으로 추진하고 있는 중국-중앙아시아-유럽 철도노선은 다음과 같다. 1. 충칭-뒤스부르크 노선: 충칭-아라산커우-카자흐스탄-러시아-벨로루시-폴란드-독일 뒤스부르크. 2. 청두-로도스 노선: 청두-아라산커우-카자흐스탄-러시아-벨로루시-폴란드 로도스. 3. 정저우-함부르크 노선: 정저우-아라산커우-카자흐스탄-러시아-벨로루시-폴란드-독일 함부르크. 4. 쑤저우-바르샤바 노선: 쑤저우-만저우리-러시아-벨로루시-폴란드 바르샤바. 5. 우한-체코, 폴란드 노선: 우한-아라산커우-카자흐스탄-러시아-벨로루시-폴란드 및 체코. 6. 창사-뒤스부르크 노선: 창사-아라산커우-카자흐스탄-러시아-벨로루시-폴란드-독일/ 창사-후얼거스-우즈베키스탄 타슈켄트/ 창사-에렌호트(만저우리)-러시아. 7. 이우-마드리드 노선: 이우-아라산커우-카자흐스탄-러시아-벨로루시-폴란드-독일-프랑스-스페인 8. 하얼빈-함부르크 노선: 하얼빈-만저우리-러시아-벨로두시-폴란드-독일 함부르크(-스위스-프랑스).

8 중국이 확보한 해외 항만 개발 및 운영권 상황은 다음과 같다. 미얀마 시트웨항, 스리랑카 콜롬보항(최근 공사 중단)과 함반토타항, 파키스탄 과다르항 운영권 및 추가 개발권, 방글라데시 치타공 항만 건설 합의소다니아 심수항 건설 논의, 예멘 아덴항 및 모카항 컨테이너 부두 확장 합의, 탄자니아 바가모요항 개발협정 체결, 그리스 피레우스항 특허경영권 확보.

9 6대 경제회랑은 다음과 같다. 1. 중국-몽골-러시아 경제회랑. 2. 신유라시아대

제안하였다. 이는 일대일로 실현의 주요 공간으로 중국–파키스탄 경제회랑, 방글라데시–중국–인도–미얀마 경제회랑이 우선적으로 추진될 전망이다. 그리고 2017년 5월 중국에서 일대일로 참여 국가의 정상들이 참여하는 첫 포럼이 개최되었다.

일대일로는 국제협력의 방식으로 진행되지만 중단기적으로 볼 때 중국 내부 문제의 해결에 집중할 것으로 보인다. 무엇보다 중국의 지속적 성장에 필수적인 에너지자원 및 물류 수송로를 안전하게 확보하고, 아울러 중국 경제시스템 전환의 최대과제인 공급측개혁 즉 과잉생산과 과잉설비를 일대일로 인프라 건설에 투여하여 해소할 수 있는 기회로 삼을 것이다. 국제협력을 통해 국내 문제를 해결하는 과정에서 공동발전과 공동번영의 원칙을 실현하는 경험이 축적되고 신뢰관계가 형성된다면, 그것이 미국의 봉쇄를 우회하는 새로운 길이 되고 장기적으로 미국과의 패권경쟁을 가능케 하는 국제정치적 힘이 될 것이다.

최근 트럼프 정부가 TPP를 탈퇴하고 보호무역주의를 선언하면서 중국의 일대일로에 더욱 유리한 조건이 형성되고 있다. 일대일로를 추진하는 데 있어 제일 관건적인 문제는 국가 간 협력과 금융자본을 확보하는 것이다. 중국이 G2로 급부상한 것은 분명하지만, 군사력을 포함한 국제정치적 파워 및 국가 이미지와 연계된 소프트파워 면에서 미국에 현격히 뒤처져 있는 중국이, 일대일로라는 전 지구적 프로젝트에 필요한 국제협력과 금융자본을 확보하는 것은 결코 쉬운 일이 아니다. 만

륙철도(TCR) 경제회랑. 3. 중국–중앙아시아–서아시아 경제회랑. 4. 중국–중남반도(인도차이나) 경제회랑. 5. 중국–파키스탄 경제회랑. 6. 방글라데시–중국–인도–파키스탄 경제회랑.

일 미국에 금융위기가 발생하지 않았고 러시아, 이라크, 아프가니스탄 등과의 국제분쟁을 평화롭게 해결했다면, 중국이 일대일로 사업을 펼칠 수 있는 공간은 그만큼 줄어들었을 것이다. 그러나 세계 금융위기로 인해 미국 중심의 이익공동체가 균열되고 국제분쟁 관리에 실패하여 미국의 신뢰가 추락하면서, 중국은 그 틈새로 우회로를 만들 수 있는 호기를 맞이하게 된 것이다. 그 징표가 바로 일대일로 건설을 목적으로 설립된 아시아인프라투자은행에 57개 나라가 참여했고 2017년 현재 참여국이 80여 개 국으로 증가하고 있다는 점이다. 영국, 독일, 프랑스, 이탈리아, 스위스 등 미국의 이익공동체가 아시아인프라투자은행 참여를 선언했을 때 오바마는 국가안전회의를 소집하여 이를 미국의 국가안전에 대한 위협으로 간주하였다. 이들의 참여는 미국의 금융위기로 유럽의 부채위기를 낳으면서 쌍방의 이익에 근원적 모순이 발생했기 때문이다. 미국 주도의 금융조직인 IMF와 세계은행의 개혁이 미국의 비협조로 지지부진해지면서, 새로운 지구적 정세에 부합하는 새로운 수요를 충족할 수 없게 되었다. 이처럼 새로운 지구적 금융협력조직이 절박하게 요구되는 상황 속에서 중국 주도의 아시아인프라투자은행이 출현한 것인데, 참여국이 이렇게 많을 줄은 중국도 미국도 예상치 못한 것이었다.[10] 이러한 국제환경의 변화 속에서 2015년 11월 30일 중국 위안화가 IMF 특별인출권(SDR) 통화에 편입되어 마침내 기축통화로 인정받게 되었다. 위안화는 2016년 10월부터 미국 달러, 유로, 영국 파운드, 일본 엔화와 더불어 세계 5대 기축통화가 되고 그 가운데

10 원톄쥔 · 황더싱, 앞의 글, 92쪽.

10.9%의 비중[11]을 차지하게 된다. 위안화 국제화와 더불어 미국이 TPP를 탈퇴함에 따라 중국의 일대일로 추진력은 한층 가속화 될 전망이다.

2. 〈드래곤 블레이드〉와 중국식 평화이념

중국에 '부를 얻으려면 먼저 길을 만들라(要想富, 先修路)'는 말이 있다. 중국은 역사적 경험을 통해 이 말의 의미를 잘 알고 있었기 때문에 고대부터 실크로드의 주요 멤버가 될 수 있었다. 이제 중국은 21세기 신실크로드의 출발선에 서서, 그 길은 고대 제국의 영토 확장이나 서구 식민지배가 아니라 공생협력과 평화발전의 세계로 나가는 인류 초유의 역사가 될 것이라고 선언하고 있다. 중국의 일대일로 문제를 살펴보기 위해 우리가 보아야 할 영화가 리런강[12] 감독의 〈드래곤 블레이드(天將雄師)〉(2015)이다. 〈드래곤 블레이드〉는 2천 년 전 로마 군대가 중국 실크로드 지역에 들어오면서 벌어진 실화[13]와 그 후예들이 살고 있는 간

11 2016~2020년 IMF-SDR 편입 비중을 보면, 달러 41.7%, 유로 30.9%, 엔화 8.3%, 파운드 8.1%, 위안화 10.9%이다.

12 李仁港은 1960년 생으로 홍콩의 영화 감독이다. 대표작으로 〈독벽신도〉, 〈삼국지: 용의부활〉, 〈초한지〉 등이 있다.

13 중국 북서부 고비사막 가장자리에 자리잡은 간쑤성의 한 마을 주민들은 키가 크고 조각 같은 얼굴에 푸른색 눈과 갈색 머리카락을 갖고 있다. 이들 주민의 DNA 검사 결과 3분의 2 이상이 백인유전자를 갖고 있는 것으로 판명되었다. DNA 감정은 현지의 란저우 대학과 이탈리아가 공동으로 발족한 란저우대학 이탈리아 문학연구센터에서 주최했다. 이 센터는 간쑤성 리젠 마을 주민들이 2천 년 전 로마군의 후예인지에 대해 연구하고 있다. 이들의 '로마군 후예설'을 최초로 제창한 것은 영국 옥스포드 대학의 중국역사 전문가 호머 H 더브스 교수다. 기원전 53년 로마 집정관 크라수스의 아들을 비롯한 로마 황실군의 병사들이 파

쑤성 융창현 리첸[14] 마을을 무대로, 중국의 세계적 배우 성룡과 미국의 저명 배우 존 쿠삭, 애드리언 브로디 등이 출연한 블록버스터 영화라고 하여 제작 단계부터 화제가 되었다. 관객들은 누구나 실크로드에 관한 흥미로운 이야기를 동서양의 배우가 합연한다는 점만으로도 이 영화가 일대일로와 밀접한 관련성이 있다는 사실을 알 수 있었다.

이 영화는 미국 고고학 발굴단이 한나라 군사문건에 기록되어 있는, 2천 년 전 로마 군대가 실크로드에 건설한 도시 리첸이 실재했는지 그 유적을 탐사하는 장면에서 시작하여, BC 48년의 고대 실크로드 세계로 들어가는 액자식 이야기 구조를 띠고 있다. 당시 실크로드는 36개 종족이 갈등하며 약육강식의 전쟁을 벌이던 시대였는데, 서역도호부 사령관 후오안(성룡 분)만이 비폭력 평화의 길을 걸으며 종족 간의 분쟁

르티아 왕국(현재 이란, 이라크)과 전쟁 후 패해 도주하다가 흉노족들에 의해 포로로 잡힌 뒤 이 마을에 정착해 살게 됐다는 것이다. '후예설'을 지지하는 근거로, 리젠 마을 근처에서 발굴된 융창서한묘(永昌西漢墓)를 들 수 있다. 더브스 교수는, 서한묘에 묻혀 있는 시신은 체격이 크고 미골이 튀어 나왔으며 턱이 네모진 특징을 갖고 있어 로마 제국 군인들의 무덤이라고 추측했다. 또 리첸이라는 마을 이름도 고대 중국인이 로마인을 부르는 말이며 DNA 감정의 결과 역시 '후예설'을 뒷받침 하고 있다. 백인 유전자만으로 이들이 고대 로마군의 후예라고 생각하는 것은 성급하다는 견해도 있다. 마을 위치가 중국과 유럽을 연결하는 실크로드에 위치해 있기 때문에 왕래자들의 마을일 수도 있다는 것이다. 베이징사범대학의 양궁러 교수는 리첸 마을은 로마군이 마을을 세웠다고 주장되는 시기보다 실제로는 100년가량 앞선 BC 104년에 세워졌다며 리첸 주민들 상당수가 백인의 후예라고 해서 크라수스 군대의 후손으로 볼 수는 없다고 주장했다. 리첸 마을 주민들은 유전자 검사에 따라 자신들을 로마인의 후예로 확신하기 시작했고 관광객을 끌어들일 수 있다는 희망에 부풀어 있다. 더브스 교수의 '로마군 후예설'은 50년대에 발표했지만 주목받지 못하다가 2006년 중국 언론 보도를 통해 빛을 보게 되었다.

14 영화의 도시 조각물에 '驪靬 REGUM'이란 이름이 새겨져 있는데, REGUM은 라틴어로 왕이라는 뜻이다. 驪靬은 현대 중국어 발음으로 리첸이지만 영화에서는 REGUM의 영어 발음으로 리검이라고 부른다.

을 막고 있었다. 후오안은 본래 흉노족 출신으로 어린 시절 한나라 장군 곽거병(霍去病)[15]이 서역을 정복할 때 부모와 동생이 죽임을 당한다. 이에 후오안은 곽거병에게 복수하려 하지만 실패하고 오히려 따스한 보살핌을 받으며 성장하여, 실크로드 36개 부족이 평화롭게 사는 세상을 건설하려는 곽거병의 숙원을 이어받는다. 후오안의 이름에서 후오는 곽거병의 성인 곽(霍)의 중국어 발음이며, 안(安)은 평화를 뜻한다. 즉 후오안은 곽거병의 평화로운 실크로드 건설의 꿈을 계승하여 그 책임을 다하는 실천 주체라는 의미인 셈이다. 그래서 후오안은 무모할 정도로 비폭력 평화를 우선하며 분쟁을 해결하려 하지만, 금화밀수를 방조했다는 누명을 쓰고 변방인 옌먼관으로 끌려가 성벽 재건 노역에 투입된다.

그때 로마 장군 루시우스(존 쿠삭 분)와 그 군대가 어린 황제를 호위하고 옌먼관에 온다. 어린 황제에게 티베리우스(애드리언 브로디 분)라는 형이 있는데 황권을 동생에게 물려 준 것에 앙심을 품고 아버지를 죽인 후 동생을 독살하려고 하자, 루시우스가 황제를 구하여 실크로드까지 피해 온 것이다. 옌먼관 입성을 놓고 후오안과 루시우스가 결투를 벌이는데, 갑자기 모래폭풍이 몰려와 후오안이 휴전을 하고 로마군대를 성 안으로 들어오게 한다. 후오안이 어린 로마 황제의 병을 치료하고 군인들에게 편의를 제공해 주자, 루시우스는 후오안에 대한 경계심을 완화하고 후오안은 그가 자신과 비슷한 처지에 놓여있다는 점을 이해하게 된다. 마침 옌먼관 성벽 보수를 15일 이내로 끝내라는 긴급명령을 받

15 곽거병(霍去病. BC 140~BC 117)은 전한(前漢)의 명장으로 무제 때에 숙부인 위청(衛青)과 함께 흉노 토벌에 큰 공을 세웠다.

고 후오안은 루시우스와 협력하여 건설 작업을 시작한다. 로마의 우수한 건축기술과 실크로드 부족들의 근면한 노동력이 결합하여 불가능해 보이던 일을 완수하는 과정에서, 편견에서 벗어나 서로 존중하고 신뢰하는 마음이 형성된다. 이는 공동의 경험을 통해 협력과 신뢰의 문화가 생성된 것을 뜻하며, 옌먼관 성벽 위에 실크로드 부족과 로마의 깃발을 평등하게 세워 마침내 곽거병이 소망하던 실크로드 평화의 도시를 건설하게 된 것이다.

그러나 평화의 시간은 티베리우스와 그의 막강한 군대가 실크로드에 들이닥치면서 깨져 버린다. 티베리우스는 실크로드 부족들을 매수하여 분열시킨 후 어린 황제와 루시우스를 죽이고 후오안을 체포하여 실크로드를 정복하려고 한다. 후오안은 루시우스를 대신하여 호위군을 이끌고 티베리우스에 대항해 보지만 역부족인 상황에 처하는데, 이때 분열된 실크로드 부족들이 연대하여 로마군과 사투를 벌이고 파르티아 여왕이 대군을 이끌고 와 티베리우스를 무력화시킨다. 전쟁을 끝내기 위해 후오안은 부상당한 몸으로 티베리우스와 결투를 벌이다 위기에 몰리지만 티베리우스가 양심의 자책으로 죽음의 길을 선택함으로써 전쟁이 종결된다. 실크로드는 다시 평화를 찾고 생존한 로마 호위군들은 실크로드 시민이 되어 후오안과 함께 평화의 도시 리첸을 건설한다.

영화의 메시지는 너무도 분명하다. 실크로드의 평화발전을 추구하는 세력이 연대하여 무력으로 패권지배 하려는 세력을 물리치고 모두가 평등하고 평화로운 세계를 건설한다는 것이다. 그리고 아시아를 상징하는 실크로드의 36개 부족과 서구를 상징하는 로마인이 연대하여 평화세력을 구축하는데 그 리더가 후오안으로 상징되는 중국이 된다.

후오안은 흉노족 출신이지만 곽거병의 평화정신과 실천에 감화되어 실크로드 평화의 수호자가 되고, 실크로드 36개 부족은 분산되어 양육강식의 전쟁상태에 빠져 있지만 후오안에 감화되어 평화세력으로 변화한다. 과학기술은 앞서 있지만 경쟁과 패권의 문화에서 벗어나지 못한 로마인 역시 후오안의 정신문화에 감화되어[16] 평화발전에 동참한다.

이러한 중국 중심의 평화발전 이야기는 이 영화의 장점인 거대한 스케일, 스펙터클한 액션 그리고 평화에 헌신하는 숭고한 정신에도 불구하고, 관객의 평가가 확연히 나누어진다. 중화권 및 중국의 부상에 환호하는 관객은 호평을 하며 감동을 받지만, 영화의 이야기에 거부감을 느끼는 관객은 중국식 '국뽕' 영화라고 가차없이 비판한다. 성룡의 코믹한 휴먼 액션을 좋아한 관객은 평화를 위해 부상당한 몸으로 티베리우스와 결투하는 장면에서 숭고함보다는 안쓰러움을 느꼈을 수 있고, 리런강 감독의 흥미진진한 역사전쟁 영화를 좋아한 관객은 곳곳에 나타나는 이야기의 비약에서 억지스러움을 느꼈을 수 있다. 이러한 느낌은 대부분 후오안에 대한 이상화에서 비롯되지만, 그 외에 생각해 볼 문제가 실크로드 이야기의 시점이 BC 48년으로 설정된 점이다. BC 48년은 곽거병의 사망년도인 BC 117년과 68년의 격차가 있다. 이는 후

16 가령, 루시우스가 로마에서는 어린 시절부터 복종과 섬김의 훈련을 받아 본인의 길을 선택할 때 갈 길이 없음을 깨닫는다고 하자, 후오안은 로마는 죽이는 훈련을 해서 그런 것이고, 중국은 살리는 훈련을 하여 평화를 지키는 것이 자신의 일이라고 말한다. 또 루시우스가 복수를 중국 말로 무엇인지 묻자, 후오안은 복수의 뜻 자체를 모르는 듯 머뭇거리다가 복수는 증오를 낳는다고 충고하며, 친구로서 그를 도와주겠다고 말한다. 이는 경쟁정복의 특성을 지닌 서구문명과 달리 중국문명은 공생협력과 평화를 중시한다는 점을 부각시키는 것이다. 요즘 중국영화에 등장하는 서구인의 역할 중 하나가 경쟁정복의 특성을 지닌 서구문명의 대표로 등장하여 중국의 공생협력 문명에 감화된 후 평화활동에 동참하는 것이다.

오안이 곽거병의 보살핌을 받고 성장했다는 설정과 맞지 않는 시간 차이다. 그렇다면 왜 BC 48년을 이야기 시점으로 잡은 것인지 의문이 들지 않을 수 없다. 리첸 주민의 '로마군 후예설'을 최초로 제창한 옥스포드 대학의 더브스 교수에 따르면, 로마 집정관 크라수스의 아들을 비롯한 로마 황실군의 병사들이 로마를 떠난 시점이 BC 53년이다. 아마도 영화는 이 BC 53년을 기준으로 로마에서 옌먼관으로 오는 시간을 감안하여 BC 48년으로 설정한 것이 아닌가 생각된다. 이는 곽거병이라는 역사 인물의 실제 생평을 고려하지 않고 허구적 이야기에 시간을 꿰맞춘 것이라고 할 수 있다. 곽거병의 서역 정복이 실크로드 평화건설을 위한 것이었는지의 역사평가 문제는 논외로 하더라도, 영화가 곽거병을 후오안의 평화정신의 기원으로 연결하는 과정에서 시간의 어긋남이 발생한 셈이다. 이런 맥락에서 영화 속의 곽거병은 실존인물이 아니라 실크로드 평화건설을 위해 허구적으로 만든 인물이라고 해야 한다. 영화 속에서 실재와 허구를 의도적으로 섞어 놓은 것이 영화를 평가하는 확연한 시각 차이를 조성했고, 이 점은 일대일로를 바라보는 세계의 상이한 시선과 연결되어 있다.

3. 천하 상상

〈드래곤 블레이드〉에 대한 관객들의 의심의 눈초리나 영화에서 어린 로마 황제가 중국의 장군은 겁 많고 멍청하다고 생각하는 편견처럼, 일대일로에 대한 관련국들의 불신의 시선을 극복하는 것이 중국의 난제 가운데 하나라고 할 수 있다. 가령, 일대일로에 적극적으로 호응하는 러시아의 경우 중국의 중앙아시아 활동에 대하여 의심을 하고 있고, 카자흐스탄의 경우 대국민 설문조사에서 70%는 중국이 카자흐스탄 경제에 최대 위협이라고 생각하고 있다.[17] 중국이 아무리 평화발전을 강조하더라도 오랜 시간 쌓여온 상호간의 편견과 불신은 쉽사리 해소되지 않는다. 그것은 서로 존중하고 신뢰하는 관계를 형성할 수 있는 공동의 경험이 결핍되어 있기 때문이다. 이러한 상태에서 국가 간의 전략적 이익이 부합하여 단기간의 결합은 가능할 수 있으나 국내 및 국제환경의 변화에 따라 언제든지 사업이 중단될 수 있다.[18] 영화에서 실크로드 부족과 로마 호위군이 신뢰관계를 구축한 것은 불가능해 보이던 성벽재건사업을 서로 간의 장점을 결합하여 완성시킨 공동의 경험이 형성된 이후의 일이다. 이러한 경험을 통해 그들은 신뢰하고 존중하는 마음이 형성되어 결국 티베리우스 군대에 공동으로 대항하여 승리하고, 실크로드 시민으로서의 공동체의식이 생성되어 함께 평화의 도시 리첸을 건설할 수 있었던 것이다. 이러한 과정이 바로 일대일로가 추구해야 할 궁극적 목표로 중국이 강조하는, 이익공동체를 넘어 운명공동체가 되는 길이라고 할 수 있다.

전 지구가 하나로 연결되는 길을 만들어 인류가 공동 번영하는 평화세계를 건설하겠다는 일대일로의 구상은, 중국이 말하듯이 역사상

17 왕춘강, 「국가발전전략의 결합과 신형국제관계 구축: 중국의 일대일로 전략 사례」(먼홍화 등 주편, 성균중국연구소 옮김, 『다시, 중국의 길을 묻다: 시진핑 시대의 국가전략』, 성균관대출판부, 2017), 291~292쪽.

18 이 점에 대해선 이규석, 「중국의 일대일로 앞에 놓인 암초: 스리랑카인도미얀마 등 주변국 '부글부글'」, 이코노미스트, 2017. 6. 5. 참고.

선례가 없고 참고할 만한 경험도 없는 초유의 사업이라고 할 것이다. 그야말로 유라시아의 실크로드를 개척하고 제국을 운영한 경험과 역사가 있는 중국이기 때문에 이러한 전 지구적 차원의 사업을 구상할 수 있다고 해도 과언이 아니다. 그런데 일대일로를 위한 선례와 경험이 없다는 말은 미국을 포함한 서구의 제국지배 방식을 겨냥한 것이지만, 이는 중국 스스로에게도 해당되는 말이다. 고대 중국의 실크로드 개척과 당나라 이래 번성하기 시작한 해상 무역은 제국의 패권과 실리 아래 진행된 것이어서 일대일로의 평화발전의 이념과 부합하는 역사라고 보기는 어렵다. 이와 관련하여 주목할 점은 최근 중국지식계에서 천하 상상을 통해 서구 중심의 패권질서에서 벗어나 새로운 세계 평화질서를 구축하려는 흐름이다.

주지하듯이 천하는 천명을 받은 천자가 다스리는 화이 또는 중국과 사이를 포괄하는 공간을 지칭한다. 이는 구체적인 현실 공간이라기보다는 중국의 예치 및 조공책봉관계가 구현되는 유동적 영역으로, 중국과 중국의 문명 통치를 받는 주변국가로 구성된 상상적 공간이라고 할 수 있다.[19] 이러한 천하를 중국이 아니라 이민족 국가인 몽고와 만주가 지배하는 시기도 있었지만 두 나라 역시 중국의 주변국가로서 천하에 소속되어 있고 화이론(華夷論)의 변용을 통해 정치적 안정을 이룩함에 따라, 천하 혹은 중화제국은 근대 이전까지 장기간 지속될 수 있었다. 그런데 근대에 조우한 서구국가는 기존의 이민족 국가와는 차원이 다른 존재였다. 그들은 천하에 포함되지 않는, 더 정확히 말하면 중국

19 이 점에 대해서는 이성규, 「중화사상과 민족주의」(『철학』 37, 1992) 2. 중국, 천하, 화(하)이 개념의 다층성 참고.

인이 인지하지 못한 영토에 거주하던 실체이며, 더군다나 천하를 지탱하던 자기우월적인 중화문명을 낙후하고 야만적인 것으로 밀어내버린 근대 문명을 지니고 있었다. 과거 군사력의 열세로 인해 중원의 자리를 내준 적은 있지만, 중화문명의 우월성으로 인해 이민족 국가를 오히려 중국국가로 변모시켰다고 정당화하던 중국인으로서는 사상 초유의 위기적 시간을 경험하게 된 것이다. 근대 중국인들은 천하의 바깥에 서구 국가가 지배하는 공간인 '세계'가 있다는 사실을 발견하였다.

근대 중국은 천하 관념의 허구성을 자각한 이후 서구 근대문명이 주도하는 세계로의 진입을 갈망하며, 레벤슨의 지적대로 천하로부터 국가로의 획기적 인식전환[20]을 이루어 나간다. 그러나 이 점이, 근대 중국인들의 사유공간이 중국 일국으로 축소되어 민족국가 건설에만 관심을 가진다는 것을 뜻하지는 않는다. 오히려 근대 중국인들은 동시대 세계의 흐름에 민감하게 반응하며 세계 속에 중국의 자리를 확립하기 위한 절박한 노력을 기울였다. 그리고 세계와의 동시대성을 확보하기 위해 민족국가 건설이 급선무로 제기되었지만 아울러 가치로서의 천하 관념과 연계된, 평화로운 인류사회 건설을 위한 세계주의 이상 역시 지속적으로 수용하고 있었다. 1차 세계대전을 통해 근대 중국인들은 당시 세계가 세계주의 이상에서 멀어지고 있다는 점을 감지하며, 그 원인이 국가를 최상의 생존 단위로 간주하고 세계는 바로 국가 간의 생존경쟁이 벌어지는 야만상태인 점에서 기인한다고 생각하기 시작했다. 특히 량치차오는 국가주의에서 벗어나 천하(세계)를 모든 국가가 따라야

20 Joseph, Levenson, Confucian China and Its Modern Fate, Uni. of California Press, 1968, 100쪽.

하는 최상의 단체라고 인식하며 초국가적인 세계주의의 기틀을 마련하게 된다.

최근 중국의 천하상상은 이러한 근대 중국지식인의 세계주의 담론을 계승한 것이다. 간춘숭의 유가왕도와 세계질서, 자오팅양(趙汀陽)의 천하체계, 우쟈샹(吳稼祥)의 공천하 등은 한 발 더 나아가, 서구의 민족국가간 경쟁과 자국의 이익을 추구하는 패권질서를 비판하고, 세계의 평화공생을 추구한 천하 상상을 바탕으로 새로운 세계질서를 구축해야 한다고 주장한다. 이 가운데 새로운 세계질서 구상에 가장 근접한 이론을 제기한 사람은 자오팅양이다. 그는 오늘날 세계가 위기에 처하게 된 것은 서구철학이 민족/국가를 절대적 단위로 생각할 뿐 세계를 단위로 하는 사유가 부재한 데서 비롯된다고 주장한다. "사람들은 단지 지리학적 의미에서 세계에 속하고 정치학적 의미에서는 단지 국가에 속할 뿐이다. 따라서 세계는 사람들이 그것을 책임지지 않고 제멋대로 남용하거나 약탈할 수 있는 '공공 자원'이 되었다. 어떤 국가에도 속하지 않고 또한 세계에도 속하지 않으며 특히 인민에게도 속하지 않은 세계는 단지 싸워서 빼앗고 손상시킬 수 있는 생존 공간일 뿐이다."[21] 이러한 인식 속에서 자오팅양은 국가가 아닌 천하를 최상의 단위로 정치적 안정을 도모했던 중국 고대의 천하 이론을 참조하여, 세계 인민을 위한 정치철학을 구축하는 것이 위기에 빠진 세계를 바로잡는 길이라고 주장한다. 자오팅양의 이러한 시각은 아직 문제의식의 수준에 머물러 있지만, 국가 간의 냉혹한 생존경쟁을 지양하고 세계 단위에서 인류사회의

21 자오팅양, 노승현 옮김, 『천하체계』, 도서출판 길, 2010, 156쪽.

안정과 이익을 사유하는 세계정치철학이 요청된다는 시각은 주목할 만한 점이다. 그렇지만 그것이 세계정치철학으로 인정받기 위해선 개인과 국가를 포괄하고 동서를 포괄하는 상위 단위로서 세계이념과 세계제도의 선험성이 어떻게 가능한 것인지, 중국의 천하체계가 어떻게 그러한 이론정립의 참조모델이 될 수 있는지, 등의 문제에 있어서 세계인들의 공감을 받아야 한다. 이삼성은 자오팅양의 천하체계론에 대해 다음과 같은 비판을 한다.

> 자오팅양은 주대, 특히 공자가 이상화한 서주라는 특정 시기의 질서를 천하체계로 정의하고 그 이후는 천하체계의 왜곡이라고 했다. 이로써 역사에 의해 풍화되지 않은 '순수한 천하'를 건져 내어 21세기 신질서 건설의 이념으로 삼는다. 이 시도가 내포한 핵심 문제는 그것이 현실 역사 속에 존재했던 실제의 천하체계에 대한 개념적 도치(倒置)를 담고 있다는 점이다. 3천 년 중 대부분의 시기 중국의 사상적 전통에서 천하 개념은 화이론 등 중국 중심 위계의 관념이 그 본질적 특징이다. 그것을 이상적 신세계의 비전으로서 재활용하려는 시도는 무리라고 생각된다. 그의 논리 전체에는 세계 평화의 문제를 정치공동체들 사이에 실존하기 마련인 이해 충돌의 평화적 해결 장치의 문제로서가 아니라 이상적 도리의 문제로 보는, 강한 윤리적 환원주의가 깔려 있다. 서양철학 개념을 대거 동원하지만 그 실질은 성리학적인 유토피아세계론에 가깝다. 칸트의 영구평화론에 크게 의존하지만, 칸트 논리의 근거였던 공화정이라는 국가의 내적 구성은 그에게는 사실상 논외인 점도 무관하지 않다.[22]

22 이삼성, 『제국』, 소화, 2014, 484~489쪽.

중국의 연구자 천지앤홍(陳建洪) 역시 이삼성과 상통하는 관점[23]에서, 중국 정치의 근본적 정신으로서 천하주의는 그 자체가 현실정치의 정신적 균형을 이루는 일종의 잘 짜여진 유토피아 담론이며, 중국지식계의 천하담론은 이를 간과하고 중국 정신의 직접적인 부흥을 포착하기에 급급한 경향이 있다고 비판한다.[24] 이것은 천하담론이 논리체계를 갖추어가는 이론상의 문제일 뿐만 아니라, 천하 상상의 실천 주체로서

---

23 김한규 역시 중국적 세계 질서를 천하주의가 아닌 역사적 시각에서 논증한 저서 『천하국가』(소나무, 2005)에서 상통하는 입장을 취하고 있다. "역사상의 '중국적 세계 질서'는 두 가지 의미를 갖는데, 그 하나는 실제로 중국 중심으로 설정된 세계 질서라는 뜻이고, 다른 하나는 중국인이 기대한 중국 중심의 세계 질서라는 뜻이다. 전자가 현실이라면 후자는 이상이다. 이념이나 이상은 실제가 아니지만, 현실은 이상에 의해 변화하고 이상을 현실을 통해 설정되기 때문에, 역사가는 언제나 양자의 관계에 대해 각별한 주의를 거두지 않는다. '중국적 세계 질서'는 이념과 실제의 간격이 현저하면서 동시에 양자의 관계가 매우 밀접하기 때문에, 이념과 실제의 거리를 측정하는 일이 가장 긴요한 주제의 하나라 할 수 있다."

24 중국 지식계의 천하 상상에 관한 비평으로 천지앤홍의 시각은 깊이 음미해 볼 만한하다. "중국 정치의 근본적 정신으로서 천하주의는, 어쩌면 그 자체가 바로 모든 인간세계 현실정치의 정신적 균형을 이루는, 일종의 잘 짜여진 유토피아 담론일 수 있다. 그것은 유토피아 담론이자 정신적 균형으로서만 만세에 모범이 되는 항구적 왕도이다. 어떠한 방식을 통해서든 그것이 실현되는 순간, 왕도는 왕권, 더 나아가서는 패권으로 현실화될 것이다. 이러한 관점에서 볼 때 중국의 경전에서 반복하여 언설한 왕천하, 그리스 철학자 플라톤이 구상한 철인정치, 그리고 유대교 선지자가 부르짖은 신정정치는 비록 서로 다른 방식으로 정신적 이상과 정치적 현실 사이의 긴장을 만들어 내지만, 나는 그것들이 모두 동일한 유토피아 담론의 정신을 보여 준다고 생각한다. 그리스 철학의 정신은 그리스 도시국가의 소멸과 함께 소실되지 않았고, 선지자의 정신은 유다 왕국의 멸망에 뒤이어 몰락하지 않았으며, 천하정신은 중국 왕조의 흥망에 따라 교체되지 않았고, 이민족에 의해 정복당하면서 마찬가지로 정복된 것은 더더욱 아니다. 근본적으로 따져볼 때, 나는 개인적으로 모두가 유토피아 담론의 비현실성을 계속해서 견지하고 있다는 생각에 마음이 기운다. 이렇게 볼 때, 여기서 말하는 비현실성은 단순한 균열로서의 균열도 아니고, 완전한 공허로서의 공허도 아니다." 천지앤홍, 이수현 옮김, 『군자 없는 천하』, 아포리아, 2017. 3장 세계질서: 중국의 천하상상 참고.

중국이 세계인들의 공감을 받을 수 있는 문명국가로 성숙해 나가느냐의 문제와 연계되어 있다는 것을 의미한다.[25] 지금 그 실천의 검증대 위에 올라와 있는 문제가 바로 일대일로인 셈이다.

4. 인류 공생의 길

영화에서 후오안의 이상화에 대해 거부감을 느끼는 관객들이 있는 것은, 중국의 실제 역사와 일대일로의 이상 사이에 숨길 수 없는 간극이 존재하기 때문이다. 게다가 21세기 현실에서는 근대 이래 형성된 이데올로기적 편견과 불신이 보이지 않는 장벽으로 작용하고 있다. 이러한 상황에서 그 간극을 좁힐 수 있는 관건은 영화에서처럼 공동의 경험을 축적하고 그 과정에서 중국이 후오안과 같은 포용적 실천을 통해 신뢰관계를 형성할 수 있느냐에 달려 있다.

중단기적으로 볼 때 일대일로의 중점은 중국 내부 문제의 해결, 즉

25 자오팅양의 『천하체계』와 더불어 읽어 볼 만한 책이 자크 아틸리의 『세계는 누가 지배할 것인가』(권지현 옮김, 청림출판, 2012)이다. 자크 아틸리 역시 작금의 글로벌 위기를 벗어나기 위해서 지구와 인류 전체의 이익을 돌보아 줄 바람직한 세계정부가 필요하다고 인식하는 점에서 자오팅양과 동일한 문제의식을 지니고 있다. 그러나 세계정부가 구성되기 위해 세계이념과 세계제도의 선험성이 전제되어야 한다고 주장하는 자오팅양과 달리 현재의 조건에서 실현 가능한 방안을 모색하고 있다. "현실 세계에서 그런 정부의 설립은 불가능하다. 그렇지만 더 규모가 작고 실용적이며 기존의 기구들을 점진적으로 변화시켜 이상적 모델로 바꾸는 정부는 가능하다. 인류가 재앙의 길에서 벗어나려면 G20과 국제연합의 안전보장이사회를 결합하는 것과 같은 몇 개의 개혁만 단행하면 충분하다. 그리고 국제통화기금, 세계은행 등 국제기구들을 그 결합체 산하에 두고 국제연합 총회에 관리를 위임하면 된다."

에너지자원 수송로 확보와 과잉생산의 외부 전이에 있고, 주요 추진 사업은 인프라 건설이다. 일대일로의 주요 파트너인 러시아 및 아시아 주변국들은 인프라 건설에서 공동이익의 접점을 찾을 수 있고, 세계 금융위기 이후 미국과 균열된 유럽의 금융자본이 새로운 수익처로 일대일로를 선택한 것도 예상 가능한 일이다. 인프라 건설은 모든 자본주의 국가들이 효과적인 경제성장 방식으로 선호했던 안전한 사업이기 때문이다. 대규모의 국제협력과 자본협력을 통해 진행된다는 점에서는 기존의 사업과 차이가 있지만, 일대일로가 인프라 건설 자체의 이익을 넘어서는 새로운 패러다임을 생성할 수 있을지는 미지수다. 일대일로가 중국 내부 문제를 국제협력을 통해 해결하려는 방식이라고 볼 때, 현재 중국 내부에 인프라 건설을 넘어서는 포용적 성장의 경험과 그 패러다임이 축적되어 있다고 보기는 어렵기 때문이다. 이러한 상태에서 중국의 내부방식이 외부로 확장된다면—비판적으로 말하자면, 중국의 내부 위기를 외부로 전가하는 외향형 발전을 추구한다면 인프라 건설의 수익은 충분히 얻을 수 있겠지만, 일대일로가 내세우는 평화발전의 이념, 즉 미국의 신자유주의와 다른 공생협력의 길이 열릴지는 확신할 수 없다.

이런 맥락에서 일대일로의 성패는 국제협력이 아니라 중국 내부에 성장주의 패러다임을 혁신할 수 있는 전환의 힘이 축적되어 있는지에 있다고 생각한다. 신중국 건설 이후 중국은 서구처럼 해외 식민지를 통해 재원을 약탈하고 모순을 전가하는 것이 불가능한 상황에서, 주로 농촌의 수탈에 기반한 내향형의 원시적 축적에 의존하여 공업화를 이룩했고, 개혁개방 이후에도 내부 자원의 과도한 소모와 환경오염을 대가로 고속성장을 이룰 수 있었다. 그 결과 과잉생산의 문제와 아울러 사회적 불평등 및 생태위기를 초래하게 된 것인데, 일대일로는 성장방식으로 볼 때 지금까지의 내향형 발전을 넘어 중국 밖으로의 외향형 발전을 추구하는 것이라고 할 수 있다. 그런데 내향형 발전으로 인해 생긴 문제들을 근본적으로 해결할 수 있는 방안이 모호한 상황에서 밖으로의 외향형 발전은 모순의 외부적 전가라고 의심받을 여지가 충분해 보인다. 가령, 아프리카를 비롯한 개발도상국에 진출한 중국기업의 활동을 서구 식민지배와 같은 자원약탈이라고 간주하는 것은 과도한 비난이지만, 기업이윤을 우선적으로 추구하는 과정에서 상대국의 환경 및 사회조건을 도외시하는 것은 중국 내부에서 행하던 기업방식의 확장이라는 점은 부정할 수 없다.[26]

일대일로가 중국의 꿈을 넘어 세계의 꿈이 되려면 인류가 살고 싶은 세상, 인류가 만들고 싶은 세상은 무엇인지에 대한 질문을 던져야 한다. 평화발전이나 세계경제의 일체화는 이 질문에 대해 보편적 공감을 얻을 수 있는 답변이 아니다. 국지적으로 분산되어 있는 시장과 소

26 이 점과 관련하여 리빈은 「도덕적 감화력과 중국의 소프트파워」에서 다음과 같이 주장한다. 일국이 만약 세계적 범위의 감화력을 가지려면 대내적으로는 제도 정책 문화 방면에서 인간의 평등, 자유, 부유를 제창해야 한다. 대외적으로는 다른 민족과 우호적으로 공존하면서 다른 민족의 복지를 함께 고려하고, 세계평화와 안보를 유지하며, 각국의 번영을 촉진해야 한다. 중국은 대내외의 두 영역에서 도덕적 감화력이 부족하다. 중국의 정치제도와 자본주의 질서가 상이하여 현 단계에서는 일부 병폐만 증폭되기 때문이다. 중국이 자신의 국가이미지를 개선하고 도덕적 감화력을 강화하려면 더욱 전면적인 개혁을 이루고, 국내에서 공평 정의를 촉진하며, 경제성장 방식과 발전 모델을 조정하고, 발전에 있어서 대외 시장과 자원에 대한 의존을 줄이고, 자신의 발전을 통해 세계에 더 많은 발전의 기회를 제공해야 한다(먼훙화 외, 성균중국연구소 옮김, 『중국의 매력국가 만들기: 소프트파워 전략』, 성균관대학교출판부, 2014).

생산자를 연결하고 통합하는 과정에서 전 지구적 자본주의가 형성되었지만, 인류는 그 결과로 지역공동체와 소생산자들이 해체되는 아픈 역사를 겪었기 때문이다. 중국의 일대일로 구상 역시 인프라 건설에 그치지 않는다. 인프라 건설 이후에는 그것을 바탕으로 산업단지를 건설하고 사람이 살 수 있는 도시를 건설하여 궁극적으로 새로운 삶의 표준, 즉 인류의 새로운 문명을 중국적 방식으로 건립하려는 것이다. 그렇다면 신자유주의의 위기에 대한 대안으로 지역공동체 회복과 소생산자를 연대한 협동경제의 중요성이 부각되는 시점에서, 이른바 세계의 중국화 혹은 중국의 세계화가 인류의 진보적 흐름에 역행하는 결과를 초래할 수도 있다. 즉 외향형 발전을 통해 중국적 표준을 강제한다면, 전 지구를 자본주의로 단일화 한 서구처럼 그와 유사한 길을 가게 될 가능성이 크다는 것이다. 결국 일대일로가 단일한 중국화가 아닌 인류 공생의 길이 될 수 있는지 여부는, 중국 내부에서 포용적 성장 패러다임을 확립하고 그것을 바탕으로 한 국제협력과 신뢰의 경험을 축적할 수 있는지에 있다고 할 것이다. 중국이 미국을 넘어 새로운 문명표준을 세우려 한다면 그것은 일대일로 사업이 종료되는 2049년, 세계가 중국식 평화발전에 공감하여 곳곳에 중국 표준으로 세워진 생산단지와 도시에 행복하게 거주하고 있을 때 비로소 가능한 일이라고 생각된다. 영화 속의 실크로드 평화도시인 리첸과 그 시민들처럼.

4장

환경, 성장통인가 재앙인가

4장

환경, 성장통인가 재앙인가

1. 베이징의 눈물

중국은 급속한 성장을 통해 세계강국이 되기 위한 경제적 기초를 마련했지만, 그 과정에서 나타난 심각한 환경문제는 중국이 문명국가로 나아가는 최대의 난관이 되고 있다. 베이징의 독성 스모그가 더욱 심각해지면서 매년 3월에 열리는 최대 정치행사 양회(전국인민대표대회와 전국인민정치협상회의) 기간 이전에, 중국 정부가 대대적인 스모그 단속에 나서는 일이 연례행사가 되었다. 오염되지 않은 '아름다운 중국(美麗中國)' 건설이 시진핑 정부의 국정과제이고 환경문제 해결에 막대한 투자를 했지만, 매년 양회 기간은 전국 인민대표들에게 베이징이 '오염수도'라는 사실을 각인시키는 불명예의 시간이 되고 있다. 개혁개방 이후 무수히 건설된 굴뚝공장의 배출 연기, 마이카 시대에 들어선 이후 질량 낮은 석유를 쓰는 자동차 배기가스, 그리고 겨울 난방연료로 사용되는 석탄이 바로 베이징의 눈물이 된 독성 스모그의 주범이다.

덩샤오핑시대 이래 30년 동안 중국은 초고속 성장과 발전주의에 경도되어 환경문제에 커다란 관심을 두지 않았다. 능력 있는 사람이 먼저 부자가 되라는 선부론의 부작용으로 사회적 불평등을 초래했다면, 먹고사는 문제를 먼저 생각하고 다른 문제는 그 이후에 해결하라는 선부론의 또 다른 부작용이 지금의 환경문제를 초래했다고 해도 과언이 아니다. 후진타오시대에 들어 이러한 성장의 위기가 표면화되면서 2007년 17차 당대회에서 환경과 자원의 과도한 소모에 따른 각종 모순을 완화하기 위해 '생태문명' 정책을 제기하였다. 그리고 2012년에 개최된 18차 당대회에서 「당헌」 개정을 통해 '생태문명 건설'이 추가되면서 '경제 건설, 정치 건설, 문화 건설, 사회 건설, 생태문명 건설'이라는 '5위 1체'의 이론이 만들어졌다. 즉 환경보호가 생태문명 건설이라는 이름으로 공산당이 추구하는 국정 목표로 공식 포함된 것이다. 이는 환경문제를 더 이상 방치할 수 없다는 현실을 반영한 것인데, 생태문명은 환경보호뿐만 아니라 국토 개발과 자원, 에너지 이용 등을 포괄하는 넓은 함의를 지니고 있다.[1]

국제적으로 중국은 기후변화의 위협에 대처하는 협력에 수동적인 태도를 보이고, 기여도 하지 않는 국가라고 인식되어 왔다. 2007년 이후 중국은 온실가스 배출량 세계 최대국이 되었지만 중국 당국은 온실가스 배출량을 줄이는 데 미온적인 태도를 보였던 것이다. 중국을 비난

---

1 조영남, 『중국의 꿈: 시진핑 리더십과 중국의 미래』, 민음사, 2013, 140쪽.

하는 이들은 중국이 세계 제2의 경제대국이자 최대의 온실가스 배출국임을 감안할 때 이러한 미온적인 태도는 명백한 책임 위반이라고 주장한다. 그러나 결국 지구 전체의 기온 상승으로 가장 큰 타격을 입을 나라 중 하나는 중국이다. 히말라야 빙하는 양쯔 강과 황허 강의 수원지이므로 만일 이 빙하가 녹으면 중국은 범람의 위험에 처하게 된다. 게다가 기온이 올라가면 물의 증발 속도 또한 빨라질 것이며, 이미 심각한 물 부족으로 고심하는 중국에게 이는 커다란 위협이 된다. 자연재해, 대기오염으로 인한 높은 사망률, 수자원 부족, 지역 환경문제로 인해 빈발하는 주민 시위 등이 중국이 오늘날 당면한 현실이다.[2]

중국은 환경문제 해결 및 청정 에너지 개발을 위해 2012년에 2조 3660억 위안이 소요되는 환경계획을 발표했고 2020년 이전에 5조 위안을 추가로 투자할 계획이다. 목표는 중국 전역에서 소비되는 에너지의 15%를 풍력, 태양력, 수력 등의 청정 에너지로 전환하고, 공해유발 산업을 도태시키고 전기자동차를 보급해 초미세먼지의 농도를 25% 이상 낮추는 것이다. 또 국가환경보호총국을 환경보호부로 승격시켜 국가 업무를 집행하는 국무원이 직접 환경문제에 대해 책임을 지고 있다. 환경문제에 대한 이러한 인식 변화 속에서 중국은 국제공조에 대한 그동안의 미온적인 태도를 바꾸어 유엔의 기후 협상에도 적극적으로 참

2 마르테 셰르 갈퉁 · 스티그 스텐슬리, 오수원 옮김, 『중국의 미래』, 부키, 2016, 182~183쪽. 1996년 이래 환경문제로 인한 민원과 소송이 연 평균 29% 증가했다. 주로 식품과 음용수, 위험 화학물, 위험폐기물 등의 문제가 주를 이루고 있다. 1995–2010년 수질오염, 대기오염, 고체폐기물 오염, 소음 및 기타 여러 요인으로 인한 돌발성 환경사건은 21985건에 달한다. 이 사건들은 사회불안 및 소요의 유발요인으로 작용하여 폭력적 결과를 가져오기도 했다.

여하고 있다. 2010년 칸쿤 유엔기후변화회의에서 중국 대표단은 긍정적인 역할을 했고, 2011년 더반에서는 법적 구속력을 지니는 최초의 온실가스 감축협약인 더반 행동강령에 합의하였다. 2013년 바르샤바에서는 모든 나라가 온실가스 감축에 기여해야 한다는 합의를 이끌어 내는 데 상당한 기여를 하였다. 또 교토의정서에 따라 온실가스를 효과적으로 감축하기 위해 도입된 제도인 청청개발체제에 적극 참여하여 전 세계적으로 거래되는 감축분의 절반가량이 중국에서 나오고 있다.

그러나 국내외적인 이러한 실천 활동에도 불구하고 중국의 환경문제는 여전히 개선의 기미가 보이지 않는다. 중앙정부에서는 생태문명 건설을 국정과제로 내세우고 공해유발 산업을 도태시키려 하지만, 이는 지방정부의 성장률과 은행대출 및 고용 문제가 걸린 복잡한 사안이다. 그래서 환경문제는 특히나 중앙정부의 인식전환이나 정책결정만으로 가시적인 성과를 거두기는 힘든 상황이다. 2004년 중국은 환경오염으로 인한 경제적 손실을 삭감하여 GDP를 산출하는 '녹색GDP'[3] 연구를 시작했고, 2006년에 베이징, 텐진 등 성급 시범 도시의 '녹색GDP 보고서'를 발표하여 전국적으로 시행하려고 했다. 그러나 개발정책을 추진하며 성장률 경쟁을 벌이던 지방정부의 반발로 무산되었다가, 10년이 지난 2105년에 다시 녹색GDP 연구를 재개하였다. 필요한 성장

3 2006년 9월 중국환경보호총국과 국가통계국이 공동으로 조사하여 발표한 녹색GDP 보고에 따르면, 2004년 환경오염으로 빚어진 경제적인 손실이 5118억 위안으로 전체 GDP의 3.05%를 차지했다고 한다. 같은 해 GDP 성장률이 10.1%였지만 환경오염으로 인한 손실을 감안하면 실제 성장률은 7%를 밑돌게 된다. 당시 중국 정부는 2005년 녹색GDP를 2007년 설날 즈음에 발표한다고 예고했으나 지방정부의 반발로 지연되었다가, 10여 년이 지난 현재에 이르기까지 녹색GDP 발표가 보류되고 있는 상태다.

률과 개발주의 세력의 반발로 인해 중국은 오히려 '환경이민'이라는 말이 유행어가 될 정도로 대도시의 공기오염은 심각한 상태에 처해 있다. 매년 공기오염을 피해 산야, 웨이하이, 주하이 등의 청정 도시로 이주하는 행렬이 이제는 일상적인 풍경이 되었다. 선진국의 경험으로 볼 때 환경은 한번 파괴되고 나면 다시 회복되는 데 수십 년의 시간이 걸리며, 성장으로 얻은 수익을 고스란히 파괴된 환경에 투자하는 대가를 치러야 한다. 베이징의 눈물은 그 시작이며, 독성 스모그에 생명의 위협을 느낀 중국인들이 환경문제에 눈을 뜨게 된 징표인 셈이다.[4]

2. 〈미인어〉와 바다의 눈물

중국의 환경문제를 이해하기 위하여 우리가 보아야할 영화가 저우싱치[5] 감독의 〈미인어(美人魚)〉(2016)이다. 저우싱치는 〈소림축구〉, 〈쿵푸허슬〉, 〈장강 7호〉 등의 주연으로, '모레이타우'[6]라는 홍콩영화의 코믹 장르를 개척하여 우리에게 잘 알려진 배우 출신 감독이다. 〈미인어〉는 환경파괴라는 심각한 문제를 다루면서도 저우싱치 특유의 코믹한 연출로

---

4 2015년 3월 CCTV 베테랑 취재기자였던 차이징은 베이징의 공기오염문제를 다룬 '穹頂之下(Under the Dome)'라는 다큐를 인터넷에 올렸는데, 며칠 만에 1억 뷰의 조회수를 기록하는 등 많은 사람들에게 중국 환경문제의 심각성을 알려 주었다.

5 周星馳는 1962년 생으로 홍콩의 배우이자 영화감독이다.

6 저우싱치식 코메디 코드를 의미하는 '無厘頭(Moleitau)'에 대해서는 김영미, 「주성치 영화의 홍콩적 가치, 패스티쉬와 로컬리즘」, 『중국현대문학』 제52호, 2010 참고.

성찰과 재미를 동시에 자아내어, 누적관객 수 1억 명에 흥행 수익 33억 위안의 기록으로 중국 박스오피스 역대 1위를 차지하였다.

영화의 이야기는 다음과 같다. 부동산 재벌 류쉬안은 어류보호구역이자 청정해역인 칭라오만을 구입하여 개발 허가를 받아 막대한 시세 차익을 누리려고 한다. 바다가 오염되어 칭라오만의 폐선박에 모여 사는 인어들은 생활터전을 지키기 위해 아름다운 인어인 산산에게 류쉬안을 유혹하여 암살하게 한다. 산산은 류쉬안에게 접근하는 과정에서 류쉬안과 감정이 통하여 암살을 주저하고, 류쉬안은 산산이 인어이고 자신에게 접근한 의도를 알게 된다. 류쉬안은 자신과 같은 개발업자가 바다를 오염시켜 인어가 멸종하게 된 끔찍한 현실을 깨닫게 되고 개발 계획을 포기한다. 그러나 사업 파트너인 뤄란은 칭라오만의 인어들을 포획하여 그 DNA로 신약을 개발함으로써 떼돈을 벌려고 한다. 류쉬안은 뤄란의 인어 포획 공격을 방어하여 산산을 위험에서 구하고, 자신의 전 재산을 해양 생태계 보호와 연구를 위한 기금으로 출연한 후 산산과 동화 같은 사랑을 하며 바다에서 즐거운 생활을 향유한다.

〈미인어〉는 첫 장면부터 마치 다큐멘터리를 보는 것처럼, 공장 굴뚝에서 독가스가 배출되고 폐수가 쏟아지고 벌목으로 숲이 황폐해지고 무분별한 해양개발로 바다가 오염되는 연속된 화면이 섬뜩하게 흐른다. 그리고 바로 다음 장면에서 환경오염으로 멸종되었거나 희귀해진 동물을 오히려 우스꽝스럽게 만들어 돈을 벌고 있는 추한 인간의 모습을 풍자한다. 〈미인어〉는 시작부터 영화의 메시지를 선명하게 보여 줌으로써 관객들에게 저우싱치가 어떻게 이 심각한 문제를 특유의 코믹한 연출로 풀어나가는지 즐기게 한다. 그러나 이미 베이징의 눈물을 독하게 흘려본 관객들에게 영화의 메시지는 그 어느 때보다도 적실했으며, 그 누구도 자유로울 수 없는 공동의 문제였다.

〈미인어〉에서 베이징의 눈물은 인어의 눈물로 상징화된다. 칭라오만 인어들의 암살 표적인 부동산 재벌 류쉬안은 어린 시절 집이 가난하여 고생을 하다가 부동산 개발 사업에 성공하여 부자의 꿈을 이룬 졸부다. 중국의 부동산은 국가가 소유권을 지니고 있어서 개발을 희망하는 업체가 토지개발계획서를 정부에 제출하여 사용허가권을 획득하는 과정을 거쳐야 한다. 개혁개방 이전에는 부동산 개발이 성행하지 않아 특별한 경쟁자가 없었으며, 개혁개방 이후 정부가 개발을 촉진하기 위해 부동산 건설 투자를 권장함에 따라 숙련 기술이 없어도 떼돈을 벌 수 있는 분야가 되었다. 개발업자들은 이러한 건설 붐에 편승하여 입지가 좋은 토지의 사용허가권을 얻어내거나 저가로 사용허가권을 매입하고, 또 사용허가권을 담보로 은행에서 자본금을 대출 받는 특혜를 통해 막대한 개발 차익을 얻을 수 있었다. 물론 개발에 대한 안목이 있어야 가능한 일이었지만, 급속한 도시화와 거대한 주택 수요 그리고 각종 개발구 건설에 편승한 업자들이 정부와의 공식 비공식적인 협력관계를 통해 특혜를 누릴 수 있었다.[7]

류쉬안이 개발금지구역인 칭라오만을 시세보다 세 배나 비싼 가격으로 구입한 것도 정부로부터 사용허가권을 취득하여 개발이 가능해졌기 때문이다. 칭라오만은 어류보호를 위해 개발이 금지된 청정해역인데, 이에 대한 사용 허가권을 얻은 것으로 보아 권력자들과의 초법적인

7 이종민, 『글로벌차이나』, 산지니, 2007, 92~93쪽.

거래를 통해 특혜를 받았을 것이다. 이러한 능력이 바로 류쉬안이 부동산 재벌이 된 비결이며, 막대한 시세 차익을 올리기 위해 환경은 도외시하고 개발이익을 우선했을 것이라는 점은 자명해 보인다. 그래서 류쉬안은 부자의 꿈을 이룬 졸부 특유의 배금주의적 세계관을 지니고 있으며, 아울러 삶의 참된 가치를 망각한 채 화려하지만 공허한 생활을 한다.

인어들은 류쉬안을 칭라오만 파괴의 주범으로 지목하고 그를 암살하면 다시 평화를 찾을 것이라 생각하지만, 칭라오만에는 류쉬안도 모르는 계획이 진행 중이었다. 사업 파트너인 뤄란이 강력한 고주파를 발사하여 칭라오만의 어류를 쫓아내고 있었고, 칭라오만에 인어가 산다는 사실을 알고 난 후에는 인어를 강제 포획하여 그 DNA로 신약을 개발하려고 한 것이다. 뤄란은 단순한 칭라오만 개발을 넘어 생태계 파괴에 기반한 신약 개발 프로젝트를 기획하고 있었고, 이에 참여한 멤버도 중국 자본가와 서구 해양과학자가 결탁한 전 지구적인 이익집단이었다. 오히려 류쉬안이 산산과의 만남을 통해 환경파괴의 문제를 자각하면서 개발 계획을 포기하고, 뤄란의 무자비한 공격에 맞서 생태계를 보호하는 역할을 수행하게 된다. 이러한 점은 생태계 파괴가 특정한 사람에 초래된 것이 아니라 환경문제에 무지하거나 도외시하는 광범위한 개인들과 이익집단에 의해 지속된다는 것을 뜻한다. 환경문제가 개발주의자의 파괴에 의해 초래되고 회복을 위해선 막대한 투자가 필요한 만큼, 그에 대한 자각과 결자해지 방식의 책임이 무엇보다 중요하다는 것이다. 이런 맥락에서 보자면, 〈미인어〉는 산산과의 만남을 통해 류쉬안의 배금주의적 세계관이 균열되는 이야기와 자각한 류쉬안이 뤄란의 칭라오만 파괴에 맞서 생태계를 보호하는 이야기로 구성되어 있다.

특히 영화의 재미는 킬러와 그 표적으로 만난 산산과 류쉬안이 서로 감정이 통하는 과정에 집중되어 있다. 류쉬안은 칭라오만 구입 기념 파티에서 괴이하게 화장한 산산을 처음 만났을 때 돈 때문에 자신을 유혹하는 그런 여성으로 생각한다. 뤄란이 류쉬안과 산산의 관계를 오해하고 이 때문에 언쟁을 하게 되는데, 류쉬안은 뤄란의 질투심을 유발하기 위해 산산에게 전화를 걸어 만나기로 약속한다. 산산은 이 기회를 틈타 우스꽝스런 무기로 암살을 노려 보지만 번번이 실패하고, 류쉬안을 데리고 놀이공원에 가서 통닭을 맛있게 먹는데 갑자기 류쉬안이 눈물을 흘리기 시작한다. 통닭에서 가난한 어린 시절 아버지가 길거리에서 주워 온 닭고기의 맛을 느꼈던 것이다. 류쉬안은 가난에서 벗어나기 위해 악착같이 돈을 벌었던 것이라고 말하는데, 산산은 류쉬안의 눈물을 닦아 주며 "그렇게 많은 돈 벌어서 뭐 하게요? 지구에 깨끗한 물 한 방울, 깨끗한 공기 한 모금이 없다면, 돈을 아무리 벌어도 결국 죽을 수밖에 없어요."라고 말한다. 정곡을 찔린 류쉬안은 거액의 수표를 통닭값으로 놓고 가지만, 산산이 이를 난로 속에 버리는 것을 보고 되돌아온다. 류쉬안은 재벌인 자신을 무시하는 듯한 산산의 태도에 자존심 상해 하는데, 산산은 이런 류쉬안에게 '무적(無敵)'[8]이라는 노래를 불러 준

8 '무적'은 저우싱치 감독이 작사 작곡한 것으로, 영화 초반에 쉬커 감독이 카메오로 출연할 때 독고구패(진융의 『신조협려』에 나오는 한 번도 패한 적이 없는 전설의 고수)의 이야기가 나오면서 흘렀던 노래다. 이 노래의 가사는 다음과 같다. "무적은 얼마나 고독한지, 무적은 얼마나 공허한지, 홀로 정상에서 서서, 찬바람을 맞고 있는, 나의 고독은 그 누가 알아줄까, 무적은 얼마나 고독한지, 무적은 얼마나 공허한지, 저 멀리 숨어버린 그녀는, 내 하소연을 들을 수 있을까, 나의 고독, 무한한 고독이여."

다. 무적은 홀로 최고가 된다는 것이 얼마나 고독하고 공허한 일인가라는 내용인데, 산산은 이 노래를 통해 류쉬안에게 홀로 최고 부자가 되는 일이 무슨 의미가 있는지 묻고 있는 것이다. 이어서 드라마 〈사조영웅전〉의 주제가인 '세상에서 그대가 최고라네'[9]를 부르는데, 이 노래는 세상에서 최고는 사랑하는 사람과 평생을 함께 하는 것이라는 뜻을 함축하고 있다. 류쉬안도 이 노래를 잘 알고 있어서 산산과 한 구절씩 주고받다가 흥에 겨워 성량 대결을 펼치는데, 고음이 절정에 오르면서 주위의 컵과 전등이 다 깨지고 류쉬안의 얼굴에서 가짜 수염이 벗겨진다. 결국 류쉬안은 산산이 이겼다고 승복을 하고, 산산은 류쉬안의 가짜수염을 떼어내며 웃음을 짓는다. 류쉬안의 가짜수염이 벗겨진 것은 배금주의적 세계관이 균열되어 삶의 의미에 대한 성찰이 이루어지고, 산산의 웃음은 류쉬안의 마음속에 내재한 순수한 면을 보고 암살 표적에 대한 경계심이 풀어진다는 것을 뜻한다. 즉 인간과 환경이 적대적인 관계가 아니라 상호 공존할 수 있는 길이 있음을 암시하는 것이다. 그 길은 환경문제를 일으킨 인간 자신이 자각하며 상호 공존을 위한 새로운 삶의 패러다임을 찾는 일이다.

류쉬안은 잃어버린 삶의 의미를 깨우쳐 준 산산에게 사랑의 감정을 느끼며 프로포즈를 한다. 그러나 그의 구애는 한순간의 감정 변화에

9 '세상에서 그대가 최고라네(世間始終你好)'의 가사는 다음과 같다. "묻노니 세상에서 이 산이 가장 높은가, 하늘보다 더 높은 산이 있을까, 세상에는 이 산보다 높은 산이 있지만, 사랑만은 그대가 최고라네, 당신만한 사람이 없고, 참사랑은 하늘보다 높고 천백 배는 더 좋으리, 산보다 더 높은 산이 있다지만 사랑이 최고라네, 무공은 세상에서 누가 가장 뛰어날까, 뛰어난 무공이 있다지만, 사랑보다 더한 것은 없어라, 내게는 세상에서 그대가 최고라네."

따른 일방적인 것이며, 자신이 가진 경제적 능력으로 산산의 마음을 일시에 얻을 수 있다는 자만감의 표출에 가깝다. 산산은 그의 마음을 알고 갈등을 하면서도 여전히 인어들의 생존에 위협적인 존재인 류쉬안을 암살하는 것이 자신의 임무라고 생각한다. 류쉬안은 자신의 고독을 이해해 준 산산에게 애정을 느낄 뿐이며, 산산이 처하고 있는 고통에 대해서는 무지하기 때문이다. 산산은 류쉬안의 구애를 거절한 채 칭라오만으로 돌아가고, 류쉬안은 산산의 마음을 돌리기 위해 칭라오만으로 갔다가 인어들에게 붙잡혀 살해 위협을 받는다. 류쉬안은 비로소 산산이 인어이며 자신을 암살할 목적으로 접근했다는 사실을 알고 당황해 한다. 류쉬안은 자신의 부동산개발 때문에 생태계가 파괴되어 인어들이 살상되는 현장을 목도하고, 자기 한 사람을 죽인다고 문제가 해결되는 게 아니며, 풀어주면 인어를 살상하는 고주파 발사기를 끄겠다고 제안한다. 산산의 도움으로 탈출한 류쉬안은 인간의 생태계 파괴에 관한 실제 사실을 확인하고 칭라오만에 발사한 고주파의 살상 위력을 몸소 체험하며, 자신의 개발이익의 대가로 초래한 환경파괴의 심각성을 자각하게 된다.

자각한 류쉬안은 뤄란에게 고주파 발사기를 끄게 하고 산산과 칭라오만 인어에 대해 얘기하는데, 뤄란은 서구 해양과학자와 공모하여 해양생물 DNA로 신약을 개발하는 프로젝트에 대해 공개하고 칭라오만 인어를 포획하러 간다. 뤄란은 생태계보다는 인어를 통해 더 큰 돈을 벌 수 있는 사업기회를 잡으려는 것이며, 여기에 첨단 생명과학이 동원된다. 이는 과학기술이 아무리 발전하더라도 윤리적인 목적과 결합되지 않을 때, 돈벌이 수단으로 전락하여 생태계를 파괴하는 힘으로 작동할 수 있다는 사실을 뜻한다. 뤄란과 생명과학자들은 인어들을 무자비하게 살상하고 산산도 공격을 받아 생명이 위험해진다. 이때 류쉬안이 비장하게 등장하여 죽음을 무릅쓰고 산산을 구해 주는데, 이는 인어들에게 붙잡혔을 때 동족의 배신을 무릅쓰고 자신을 구해준 산산에게 진심으로 보응한 행위이다. 뤄란과 그 일당은 출동한 경찰에 체포되고, 류쉬안은 진심이 통한 산산과 동화 같은 사랑을 하면서 환경파괴를 대가로 번 자신의 전 재산을 해양 보호와 연구를 위해 기부한다.

3. 중국식 생태담론

〈미인어〉에서 제기한 생태문제는 단순히 외부 자연환경을 보호하는 일이 아니다. 부자의 꿈에 경도되어 거만하게 살아가는 류쉬안에게 "그렇게 많은 돈 벌어서 뭐 하게요"라고 삶의 의미에 대한 질문을 던진 이가 산산이다. 생태 혹은 생명을 상징하는 인어 산산은 산다는 것의 의미를 일깨워 주는데, 그것은 류쉬안처럼 최고로 돈을 벌어 고독하고 공허하게 사는 게 아니라 최고로 사랑하는 사람을 만나 행복하게 사는 삶이다. 류쉬안은 자신의 고독을 이해해 준 산산에게서 애정을 느끼면서 산산이 처한 생존환경과 그 고통에 대해 알게 되고, 그것이 자신으로부터 비롯된 일이라는 점을 자각하게 된다. 환경문제에 대한 류쉬안의 관심은 배금주의적 세계관에서 벗어나 자신이 사랑하는 존재와 그 생존환경에 대해 관심을 가지는 과정에서 형성된 것이다. 이는 자연보호를 넘어 삶의 의미에 대한 성찰과 생명에 대한 사랑, 그리고 인류사회와 자연의 공존 등을 포괄하는 생태문명의 사유와 그 실천이라고 할 수 있다.

생태문명은 배금주의적 세계관과 상극의 관계에 있으며, 산산의 말대로 "지구에 깨끗한 물 한 방울, 깨끗한 공기 한 모금이 없다면" 인간은 결국 죽음의 재앙을 맞이할 수밖에 없다. 베이징의 눈물은 배금주의적 고속성장이 남긴 상흔이다. 현재 중국은 그 상처가 치유할 수 있는 성장통이 될 것인지 아니면 파멸의 재앙[10]이 될 것인지 갈림길에 놓여 있다. 중국 정치 리더들은 매년 3월 양회 기간마다 베이징의 독성 스모그에 쓰라린 눈물을 흘리며, 극심해질 경우 성장통이 아니라 재앙의 경고가 될 수 있음을 실감하고 있다. 이는 중국의 지속가능한 성장에 발목을 잡는 것이 세계 금융위기나 보호무역주의 같은 외부적 요인이 아니라 바로 내부의 환경문제라는 점을 승인한 것이다. 그런데 현재 중국이 직면하고 있는 수많은 딜레마 가운데 가장 심각하면서도 가장 풀기 어려운 과제가 환경문제로 보인다. 중국지식계의 문명국가 논의 가운데서도 가장 덜 다루어지고 있는 영역이 환경문제와 생태문명에 관한 문제이다.

대동사회에 대한 공자의 상상에서도 유독 인간과 자연이 공존하며 평화롭게 살아가는 생태사회에 관한 모습은 보이지 않는다. 자율노동과 인정을 바탕으로 공동체 속에서 안심하며 살아가는 인간사회의 모

10 2014년 에너지 소비총량은 42.6억tec로 전년대비 2.2% 증가하는 데 그쳤지만 단위 GDP당 에너지 소모가 높은 편이다. 도시화가 계속되는 추세 속에서 중국의 에너지 소비는 증가할 수밖에 없는 상황이고, 2020년 에너지 소비총량은 55억tec, 2030년에는 75억tec에 달할 것으로 추정된다. 이러한 상태가 가중되면 중국의 생태환경은 지속 불가능한 상태에 직면할 수 있다.

습만이 그려져 있을 뿐 자연과 공생하는 생태사회의 모습은 드러나 있지 않다는 것이다. 이는 중국 환경사가 마크 엘빈(Mark Elvin)의 분석처럼 중국 고대 문명사회가 야생동물들과 싸우며 생존지를 확보하고 숲을 정복하여 생존자원을 마련하는 과정에서 형성된 것이라는 점과 관련되어 있다. 물론 이 말이 공자와 중국문화에 생태문명에 관한 사유가 결핍되어 있다는 점을 의미하지 않는다. 공자의 인(仁)은 인간을 넘어 자연과 생명을 교감하는 소통의 사상이며, 노장의 도에서 천인합일, 불교, 무릉도원의 이상향, 문인들의 자연애에 이르기까지 전통 중국에는 생태문명에 관한 풍부한 상상자원이 내장되어 있다. 그러나 환경사의 각도에서 중국 사회의 발전과정을 보면 농토를 위한 자연개발, 치수를 위한 환경파괴, 땔감을 위한 숲의 남벌 등 지금처럼 생태위기를 일으킨 요인들이 성장 동력이 되어 중국문명을 지탱하였다. 이는 생태문명에 관한 사상자원이 유토피아 담론으로 존재하고, 실제 중국 사회는 그와 다른 개발의 논리로 움직이고 있었다는 사실을 뜻한다.

> 3000년이 넘는 역사시대를 거치면서 중국인들은 중국을 재편성했다. 그들은 숲과 초지를 개간하고 산사면(山斜面)을 깎기도 했으며, 계곡의 저지대를 구획하여 농경지로 만들었다. 또한 저수지와 보를 쌓아 강과 호수의 물길을 바꾸었다. 동물과 새들을 사냥하거나 길들였으며, 경제발전을 추구한 결과 그 서식지가 파괴되었다. 후기 제국시대에는 이러한 개발과 변형과정의 손길이 미치지 않은 '자연적'이라고 부를 만한 곳이 거의 남아 있지 않았다. 이와 동시에 자연풍광을 우주의 가장 심원한 힘이 만들어 낸 걸작품의 본보기로 파악했던 예술작품이며 철학적인 태도가 지식인층에서 전

개되었다. 즉 지식인들은 자연을 일시적인 것이 아닌, 지속적으로 이해할 수 있으며 현존하는 계시로 파악했다. 타고난 이해력을 가진 시각으로 도(道)에 대한 자아실현의 형태, 그리고 세상의 변화를 유도하는 상호보완적인 충동이 주기적으로 끊임없이 갱신된다는 사실을 지식인들은 자연풍광에서 확인할 수 있게 되었다. 그 시각으로 산악지역과 수세(水勢)가 집중되어 있는 저수(貯水)지역에서 풍수의 힘을 예지할 수 있었다. 또한 그 시각을 통해 자연풍광을 매우 중요한 장소, 다시 말해 신선이 있는 곳과 동시에 그 구성요소로 인식했다. 또는 모든 현상에서 감지할 수 있을 정도로 사방에 퍼져 있었던 부처의 정신이 구현된 곳으로 인식했다.[11]

마크 엘빈은 중국 사회의 실제 발전과정이 전통 사상문화 속의 생태담론과는 다른 개발주의 방향으로 진행되었다고 주장한다. 이러한 일은 인간이 문명사회를 수립하여 지구의 주인 행사를 시작한 이래 동서양에서 공통적으로 벌어진 현상이다. 중국 역시 문명사회를 수립하는 과정에서 환경파괴가 오랜 시간 동안 지속되었기 때문에, 생태담론의 회복만으로는 환경문제를 해결할 수 있는 상황이 아니다. 유가의 생태문명에 관해 연구하는 챠오칭쥐는 하천과 중국문화의 관계를 통해 황하의 물의 속성이 어떻게 중국의 생태적 사유를 형성하게 되었는지 흥미로운 분석을 한다.[12] 하천이 범람하여 생태위기가 벌어지는 지금의

11 마크 엘빈, 정철웅 옮김, 『코끼리의 후퇴』, 사계절, 2011, 515~516쪽. 이 책에서 저자는 지난 3000년간 중국인들이 숲과 야생동물, 소수민족을 평야에서 산악 지대로 내몬 과정을 추적하는데, 3000년 전에는 숲과 야생동물이 풍부해 베이징에서도 코끼리를 볼 수 있었지만 한족 왕조가 들어서면서 남쪽으로 내몰려 지금은 코끼리를 볼 수 없게 되고 심각한 삼림파괴가 자행되었다고 주장한다.

12 喬清擧, 『河流的文化生命』, 黃河水利出版社, 2007.

중국에서 하천과 인간문화의 관계를 재정립하는 것은 매우 실천적인 의미를 지닌다. 사람과 하천 사이의 새로운 관계와 생태문명을 수립하여 하천의 문화생명을 풍부하게 하고, 나아가 중화문명의 새로운 발전 방향을 정립하자는 것이다. 차오칭쥐는 그 출발점으로 유가사상의 주체성을 강조하는데 서구의 근대적 주체성과 하천 담론의 한계를 넘어서기 위해서다. 서구 하천담론은 하천을 이용하고 투쟁하는 대상으로 간주하여 도구적 가치만을 중시하는 데 반해, 중국 고대의 하천학설은 총체적인 자연관념에 입각하여 하천의 비도구적인 '정신적 가치'를 중시한다. 근대 이후 서구의 자연은 영혼이 없는 자연이자 순수한 물질세계로 탈바꿈하여 정복과 투쟁의 대상이 되었는데, 이를 생태적 관계로 재정립하는 일이 바로 유가의 생태담론이 수행해야 할 과제가 된다.[13] 그러나 챠오칭쥐의 담론에는 마크 엘빈이 환경사적 시각에서 제기한 문제들에 대한 고민이 없으며, 반자연적인 서구 근대담론의 대안으로 유가 생태담론을 부각시키는 데 집중하고 있다. 즉 현재 중국의 환경위기를 서구 개발주의의 부작용으로 인식하고 중국 내재적인 개발주의와 소비욕망에 대해 성찰하지 않는다. 환경사적 관점과 결합되지 않는 생태담론은 현실문제와 동떨어진 유토피아 담론에 불과하다.

13 챠오칭쥐의 유가 생태담론에 대한 비평은 천지앤훙, 앞의 책, 28~41쪽 참고.

4. 녹색성장

2012년 18차 당대회에서 생태문명 건설을 새로운 국정목표로 추가하고, 시진핑 정부가 아름다운 중국, 건강한 중국(健康中國) 건설을 주요 과제로 설정한 것은 환경문제에 대한 위기감의 반영이라고 할 수 있다. 현재 중국은 한번 파괴된 환경이 단기간에 회복되기 어렵고 또 장기적 발전에 필수적인 경제 성장을 적정하게 유지해야 하는 딜레마에 봉착해 있다. 이러한 딜레마 속에서 중국이 선택한 길은 자원과 에너지의 과도한 소모를 억제하면서 화석연료를 재생 에너지로 대체하고, 전통제조업을 친환경기술에 기반한 녹색산업으로 전환하는 전략이다. 중국경제의 최대 화두가 되고 있는 '공급측개혁'은 개혁개방 이후 과도하게 생산 공급된 철강, 알루미늄, 시멘트, 석탄, 구리, 유리 등 전통제조업의 과잉재고와 과잉설비를 단계적으로 축소해 나가는 작업이다. 목표는 공급측개혁 과정에서 전통산업이 기반한 자연자원과 화석연료의 과도한 소모를 줄이고, 부족한 부분은 태양력, 풍력, 수력 등의 재생에너지 사업에 장기적 투자를 하여 대체해 나가는 것이다. 또 '중국제조 2025'는 환경 파괴적인 전통제조업에서 벗어나 환경 친화적이고 고도화된 첨단제조업을 육성하려는 전략인데, 반도체, 로봇, 신에너지 자동차산업, 우주항공, 해양과학, 선진교통설비, 첨단농업설비, 신소재, 바이오의약 등이 그 중점분야다. 특히 전기자동차와 고속철도 분야는 에너지 절약과 환경오염문제 해결과 밀접히 관련되어 있어서 급속한 성장세를 보이고 있다. 그러나 전통산업이 편중된 지방 내부의 복잡한 이해관계와 반발로 인해 중앙정부의 산업구조조정 정책이 시행되기까지 상당한 시간이 걸린다는 점이 난관이다.

중국경제의 주요 성장 동력인 도시화는 현재 56%에 머물고 있는 도시화율을 높이는 과정에서, 내수 진작과 건설경기 활성화를 통해 성장에 상당한 기여를 하고 있다. 도시화 정책의 핵심은 도농간의 협동발전, 문화생태 환경보호, 청정도시 건설, 스마티 시티 건설 등 친환경적인 내용이지만, 실제에서는 도시화를 통해 성장을 유지하고 공급과잉에 시달리는 철강, 화학, 시멘트 등의 문제를 해소하려는 목적이 강하다. 또 농민의 대도시 이주를 방지하기 위해 농촌 근처에 중소도시를 건설하는 과정에서 류쉬안과 같은 개발업자가 농민의 토지를 강탈하거나 난개발을 벌이는 일이 빈번하여 심각한 사회문제로 대두되고 있다. 이러한 점들은 베이징의 독성 스모그가 정치 리더들과 국민의 환경문제에 대한 인식을 바꾸어 놓았지만, 생태문명 건설에 도달하기까지 상당한 시행착오를 거쳐야 할 것임을 시사한다.

이러한 상황을 직시한 중국 정부는 2015년 신환경보호법 개정을 통해 환경보호에 대한 규제를 대폭 강화했으며, 대기오염방지법, 수질오염방지법에 이어 최근에는 토양오염방지법 등 개별 법령을 제정하면서 환경보호 기준을 정비해 나가고 있다. 신환경보호법은 무관용의 원칙으로 역사상 가장 엄격한 환경보호법이라고 평가된다. 위법행위 일수에 따라 벌금을 부과하도록 하고, 환경보호 감독 의무를 다하지 못한 공무원을 파면하거나 심지어 형사책임까지 물을 수 있도록 처벌 규정을 강화하였다. 2016년 말 처음 도입된 환경보호세법은 2018년부터 시행에 들어간다. 환경보호세는 현행 오염배출비를 하한선으로 책정하며, 강력한 법 집행을 통해 세수를 대폭 늘리겠다는 뜻이다. 오염배출이 많은 기업은 더 많은 세금을 내도록 하고, 그렇지 않은 기업은 세금을 감면해 기업이 스스로 환경보호를 위한 투자를 늘리고, 낙후 설비를 도태시키겠다는 것이다.[14] 신환경보호법 시행과 더불어 국유기업을 필두로 환경설비 도입을 서두르고 있으며 향후 관련 설비 및 시스템 구축을 위한 투자가 확대될 전망이다.

미국의 미래학자 제러미 리프킨(Jeremy Rifkin)은 세계가 2008년 미국의 금융위기에 주목하고 있을 때, 모두가 놓친 진짜 경제위기는 화석연료가 주도하는 산업혁명이 정점에 이르렀고 인류가 야기한 기후변화가 지구에 초래할 에너지 위기라고 주장하였다.[15] 이러한 우려의 목소리에도 불구하고 미국은 여전히 화석연료에 의존하고 있을 뿐 아니라 최근 들어 재생에너지 투자액에서도 중국에 뒤처지고 있다. 게다가 트럼프 정부는 파리기후협약의 탈퇴는 물론이고 유엔의 녹색기후기금 출연도 중단하겠다고 강력히 표명하고 있다. 이는 전통적으로 화석연료로 부를 축적하고 있는 석유 메이저의 이익을 대변해 온 공화당의 노선을 반복하는 것이다. 즉 석유생산을 확대하고 규제를 완화하여 위축된 에너지 업계의 조업을 재개하고 이를 통해 경기를 살리겠다는 뜻이다.[16] 또 셰일가스 혁명으로 화석연료 공급량을 충분히 확보함으로써 재생에너지 개발 속도를 늦출 수 있는 여건도 미국의 투자가 중국에 미치지 못하는 요인이다.

---

14 중국의 환경보호세법에 대해서는 위안정웨이, 「중국환경보호세제 운영방법」, 『중국환경브리프』, 2017. 6. 참고.

15 제러미 리프킨, 안진환 옮김, 『3차 산업혁명』, 민음사, 2012, 10쪽.

16 김상철, 『2020 새로운 시장의 탄생』, 한스미디어, 2017, 154쪽.

전 세계적으로도 재생에너지에 대한 투자는 감소 추세에 있는데, 재생에너지 개발은 막대한 투자와 장기간의 시간이 필요한 만큼 경제 위기에 직면하고 있는 국가들이 최우선 과제로 추진하기가 어렵기 때문이다. 중국은 이러한 상황 속에서도 2012년 재생에너지 투자액이 전 세계 총 투자액의 25%에 달하는 651억 달러로 미국의 356억 달러를 추월했고,[17] 2016년에는 투자액이 1천억 달러를 넘어 재래식 화석발전 투자를 초과하는 역사적인 전환의 해가 되었다. 2030년까지 풍력발전소와 태양광 발전소를 지금 전 세계 발전소의 총수만큼 건설하겠다는 계획을 가지고 있다. 현재 중국의 태양력발전소 수는 전 세계에서 가장 많으며 신설한 풍력발전소의 절반이 중국에서 건설되고 있다. 또 미국과 기후협약 일환으로 2030년까지 비화석연료 사용을 20%로 확대하겠다고 협약하여, 석탄발전소 30기 건설을 중단함에 따라 2015년부터 석탄소비 증가세가 줄어들고 있는 상태다.[18] 환경 분야의 투자가 종종 선거 결과와 정치적 입장에 영향을 받을 수 있는데, 중국은 국정목표로 확립되어 지속적인 투자가 진행되고 있다는 점을 감안하면, 향후 중국이 전 세계 재생에너지 생산과 기술력을 주도하게 될 것으로 보인다. 중국 정부의 환경정책이 글로벌화 되면서 기후와 에너지 문제에 대한 중국의 대응은 지속가능한 발전과 글로벌 거버넌스 참여를 추구하

17 마르테 셰르 갈퉁 · 스티그 스텐슬리, 앞의 책, 183쪽.

18 추이민쉬안은 이러한 낙관적 전망과 다른 분석을 한다. 2011년 중국의 1차 에너지 소비량 가운데 석탄, 석유, 천연가스의 사용 비율은 각각 70.4%, 17.6%, 4.5%로 화석에너지가 거의 대부분을 차지하고 있다. 현재까지 추세로 볼 때, 2020년까지 중국의 총에너지 소비량은 50% 증가할 것으로 추정되는데 그 가운데 화석에너지 소비량은 40% 증가할 것으로 예측하고 있다. 催民選,『中國能 源發 展報告』, 北京: 社會科學文獻出版社, 2012, 2~3쪽.

고 있으며, 세계 환경시장에서 주도권을 확보하고 자국의 환경오염을 극복하려는 노력이 지속되고 있다. 즉 녹색경제는 세계질서의 미 확립 영역으로써 중국은 녹색경제 분야에서 자국에 유리한 세계 경제 질서를 형성하고 있다는 것이다.[19]

중국 정부가 환경오염을 엄격히 규제하고 녹색성장을 추진하고 있지만, 에너지 자원 개발과 소비 과정에서 발생하는 환경오염은 성장의 필요만큼 악화되고 있는 상태다. 가령 산시와 내몽고 등의 지역은 석탄 석유 개발로 인해 탄소배출량이 많고 물이 가장 부족하여 생활환경이 악화된 사막도시가 되었다. 오르도스에 대규모 석탄액화공장을 건설하여 석유 부족 상황을 대비하고 있으나 이 과정에서 탄소배출량이 증가하고 물 부족 사태가 일어나고 있다. 태양열의 경우에도 태양열을 전기에너지로 전환하는 데 필요한 실리콘 전지를 생산할 때 에너지소모와 오염이 매우 크며, 풍력발전 역시 연산축전지의 생산, 사용, 폐기처리 과정에서 그리고 송풍기날개 재료인 유리섬유 생산과정에서 심각한 오염이 발생한다.[20] 또 중국의 재생에너지 대체율은 아직 미미한 수준이

19 조현준, 「세계경제 초강대국 중국의 녹색경제 도전과 전략에 관한 소고」, 『동북아경제연구』 제27권, 2015.

20 중국 신에너지 산업의 최종제품은 대부분 수출되는데, 이는 생산국의 환경적 측면에서 매우 불리하다. 태양열발전설비와 풍력발전설비의 제조는 모두 중국에서 하고 생산한 제품은 모두 해외로 수출된다. 그래서 신에너지 산업의 생산과 제조 과정에서 생기는 오염의 피해는 중국이 입고 소비는 다른 나라가 누리게 된다. 중국이 신에너지 제품 수출국이 된 것은 핵심기술을 보유하여 국제경쟁력을 갖추고 있기 때문만은 아니다. 지방정부가 세수목적으로 신에너지 기업에게 정책적으로 토지를 저가에 제공하고, 환경오염에 대한 처벌이 상대적으로 느슨한 점과 관련되어 있다. 즉 환경비용이 저렴하고 국가전략산업으로 재정보조를 받아 가격경쟁력을 지니게 되었다는 것이다. 이 점에 대해서는 김현석, 「중국의 녹색성장과 한계」, 『한중사회과학연구』 제14권, 2016 참고.

며, 각지에 분산되어 있는 재생에너지를 전국망으로 통합해야 하는 일도 난제로 남아 있다.

중국은 생태문명 건설을 국정과제로 추진하고 있지만 현재는 환경오염규제와 청정에너지 개발을 주요 목표로 삼고 있다. 생태문명은 생태위기를 극복하고 생명에 대한 사랑을 바탕으로 자연과 인간이 공존하는 세상을 만드는 일이다. 환경보호와 청정에너지 개발은 생태문명 건설의 중요한 선결조건이지만, 중국이 자본수익의 공간에서 생명과 평화의 세계로 변해 나갈 때 비로소 생태문명이 새로운 문명표준으로 정착될 수 있다. 한걸음 더 나아가 〈미인어〉가 보여 준, 생명 존중의 세계관을 바탕으로 경제-사회-자연이 유기적으로 연결된 보편적인 생태문명 건설에 이르려면, 적어도 제러미 리프킨이 3차 산업혁명이 완성될 것이라고 예측한 2040~2050년 이후의 미래를 기다려야 할 것이다. 리프킨이 예측한 낙관적인 미래를 위해선 반드시 실천해야 할 전제가 있다. 즉 화석연료를 사용하는 2차 산업혁명에서 벗어나 인터넷 기술과 재생 가능한 에너지들이 융합한 '3차 산업혁명'의 시대가 도래하고, 시민들이 가정이나 사무실 공장에서 자신만의 녹색 에너지를 생산하는 에너지 민주화가 형성되어, 인간의식과 시민생활이 근본적으로 재정립되는 사회가 건설되어야 한다는 것이다. 리프킨이 말한 3차 산업혁명을 위해선 시민들이 에너지 민주의식을 필수적으로 지니고 있어야 하는데, 중국은 매년 도시가 늘어나고 그에 따라 소비의 주체인 중산층이 지속적으로 증가하고 있지만, 환경문제에 대한 인식이 낮고 소비의 욕망은 강한 편이다. 그래서 공동부유사회가 생태문명 건설로 나아가는 것이 아니라 그와 갈등하거나 역행하는 상황이 벌어지고 있다.

이러한 중국의 상황에서 볼 때 정부의 강력한 환경정책과 아울러, 중국인들이 에너지 민주의식을 일상적으로 지니게 되는 일이 생태문명 건설의 관건이라고 할 것이다.

맑스주의 비평가 마이클 맨(Michael Mann)은 리프킨의 3차 산업혁명이 실천되지 않고 심각한 생태계 훼손이 지속된다면 2030~2050년에 인류의 생존을 위협할 생태위기가 시작될 것이라고 예측한다.[21] 공교롭게도 이 시기는 중국이 대동사회 실현을 목표한 2050년과 겹친다. 어느 국가보다 심각한 생태위기를 겪고 있는 중국이 대동사회를 개발주의에 기반한 물질적 풍요사회로만 접근한다면, 2050년 인류 생태위기의 진앙지가 중국이 될 수도 있다.[22] 그러나 현재 세계에서 재생산에너지 투자와 생산력이 가장 앞서 있고 생태문명 건설을 국정과제에 포함시킨 나라가 중국인 만큼, 대동사회를 생태문명이 구현된 사회로 만들 수 있는 가능성은 존재한다. 리프킨이 말한 3차 산업혁명을 선도적으로 실천해 나간다면 2050년은 중국이 내부적으로 대동사회를 구현한 시기일 뿐 아니라, 전 지구적 차원에서 생태문명으로의 전환이 시작되는 인류사적 시간이 될 수 있다. 지금의 베이징의 눈물이 성장통인지

---

21 마이클 맨, 「종말이 다가올지 모른다, 그런데 누구에게?」(성백용 옮김, 『자본주의에 미래가 있는가』, 창비, 2014) 참고.

22 중국이 한국의 환경문제에 영향을 끼치는 사안으로 황사가 주로 알려져 있다. 에너지 문제와 관련하여 볼 때 중국은 2020년까지 중국은 핵 발전 용량이 8,800만 킬로와트에 달해 미국 다음으로 세계 핵 발전 대국이 될 것을 목표하고 있고, 원자력발전소도 2030년에 110기를 가동할 예정이다. 한국의 영향권에 있는 중국 동남해안에 이미 건설되어 가동 중인 원전이 20개, 건설 중인 원전이 19개가 있다. 일본의 후쿠시마 원전 사고처럼 우리에게 직접적 영향권에 있는 중국 동남해안 원전에 대해서는 안전문제에 각별한 주의를 기울여야 한다.

재앙인지 여부는 그때가 되어야 비로소 판단할 수 있을 것이라고 생각된다. 2050년경에 중국이 재생에너지 생산을 비롯한 녹색산업을 성공적으로 완성하여 전 지구적인 생태문명을 선도하는 국가가 된다면, 녹색산업과 그 기술력이 바로 중국의 새로운 성장 동력으로 작용할 수 있는 만큼, 환경문제 해결은 중국인의 삶의 위기를 극복하는 과정이면서 미래 성장 동력을 준비하는 기회가 될 수 있다. 그러나 자본수익의 차원에서 녹색산업에 접근하는 방식은, 전통적인 자연 친화적인 세계는 물론이고 리프킨적 의미의 생태문명 건설에서 더 멀어질 것이라는 점이 중국의 최대 딜레마다. 생태문명은 경제적인 차원을 넘어 인간의 삶의 방식을 포함한 새로운 생태적 사회시스템의 건설과 연계된 문제이기 때문이다.[23]

23 이 점에 대해서는 김해창, 『저탄소대안경제론』, 미세움, 2013 참고.

5장
법치, 만인에게 공정한가

5장

법치, 만인에게 공정한가

1. 의법치국

중국의 환경문제가 경제성장만을 추구한 탐욕의 결과라면, 중국사회의 부정부패는 사적인 권력을 통제하는 공적 시스템의 결핍에서 비롯된 일이다. 중국 정부가 중산층사회 건설을 목표하는 전면적 소강사회를 추진하는 동안, 류샤오보(劉曉波)를 포함한 중국의 인권운동가와 지식인 303인은 2008년 12월 UN 세계인권선언 60주년을 기념하여 「08헌장」을 발표하였다. 서구 자유민주주의 이념에 기초한 「08헌장」은 자유 평등 인권은 인류 공동의 보편적 가치이고 민주 공화 헌정은 현대정치제도의 기본구조이며, 이러한 보편적 가치와 정치제도의 기본구조에서 벗어난 '현대화'는 사람의 권리를 박탈하는 탄압일 뿐이라고 주장하였다. 「08헌장」의 주장 가운데 특히 삼권분립, 사법 독립, 군대의 국가화, 공직 선거, 연방제 등 공산당 일당제를 정면 비판하는 내용은, 당시 후진타오 정부뿐만 아니라 현행 시진핑 정부에서도 정치개혁의 목표로 수용될 수 없는 민감한 사안이다.[1] 그렇지만 「08헌장」의 전체 내용이 새롭게 제기된 주장이라거나 공산당 정부가 전혀 수용할 수 없는 급진적인 사항이라고 볼 수는 없다.[2]

중국 정치개혁의 핵심사안 중 하나인 법치에 대해 「08헌장」은 "법률은 있지만 법치는 없고, 헌법은 있지만 헌정은 없는" 것이 중국 정치의 현실이라고 주장한다. 그러나 법치가 인치에 상대하는 개념으로 인간의 사사로운 권력이 아닌 법에 의한 통치를 의미하는 것이라면, 중국에서도 이미 실시하고 있는 제도라고 할 것이다. 공산당은 1997년 15차 당대회에서 사회주의 법치국가의 수립과 의법치국(依法治國)을 새로운 당 방침으로 결정했고, 1999년 전국인민대표대회에서 헌법 수정을 통해 서문에 "중화인민공화국은 의법치국을 실시하여 사회주의 법치국

1 류샤오보는 2010년 노벨평화상을 수상하게 되지만 08헌장으로 인해 옥고를 치르다가 2017년 7월 간암으로 사망하게 된다. 그의 죄명은 국가정권 전복선동죄, 형벌은 징역 11년, 정치권리 박탈 2년이었다. 판결 이유는 이제까지 인민민주주의 독재 정권 및 사회주의 체제에 불만을 품고 계속하여 인터넷상에 문장을 공표하여 정권 전복을 선동했고, 특히 「08헌장」에서 일당에 의한 집정 특권의 독점을 폐지하고 민주적 헌정의 틀 아래에서 중화연방공화국을 수립하자는 등의 선동을 했다는 것이다.

2 「08헌장」 본문은 류샤오보, 『류샤오보, 중국을 말하다』, 지식갤러리, 2011 참고. 「08헌장」은 19개 항목의 개혁을 요구하는데 그 내용은 다음과 같다. 헌법 수정, 삼권분립의 수립, 사법 독립, 군대의 국가화와 공무원 및 무장 역량의 중립화, 인권 보장, 공직 선거, 도농 평등을 위한 호적제도 철폐, 집회 언론 종교의 자유 보장, 사유재산의 보호, 세제 개혁, 사회보장의 완비, 환경보호, 홍콩 마카오 대만을 포괄할 수 있는 민주적 연방공화제의 수립. 그렇지만 공산당 일당제와 관련된 이외의 요구사항은 「08헌장」 발표 당시 이미 시행되거나 개선되고 있는 사항이라고 할 것이다.

가를 건설한다"는 내용을 추가하였다. 이러한 과정을 통해 법치는 새로운 국가통치의 방침이 되었으며 정책 결정과 집행이 법률에 의거하여 이루어지는 다양한 개혁정책이 추진되었다. 즉 정부의 의법행정, 법원과 검찰의 사법개혁, 공산당의 의법집정 등을 통해 당정 간부의 부패와 정책 실패를 바로잡고, 경제발전에 필요한 법률 시스템과 행정서비스를 구축하고 있다. 시진핑 정부의 의법치국의 개혁 역시 이를 계승한 것이다.

현재 중국의 법치가 추구하는 것은 인치가 아닌 법에 의한 통치방식의 전환이며, 국민의 권리를 보호하고 법에 의해 권력을 감시 통제하는 선진적 수준과는 상당한 격차가 있다. 시진핑 정부가 공산당 통치의 근본 문제인 공산당으로의 권력 집중과 국민의 정치참여 제한 문제를 해결할 의향이 없고, 공산당의 안정적이고 효율적인 국가 통치방안으로 법치를 추진하고 있기 때문이다. 시진핑 정부가 강력히 시행하고 있는 당내 권력 남용과 부정부패 척결이 법치의 현실적인 목표라고 할 수 있다. 그렇지만 법치의 제도화가 진행되면서 하루에 수백 건에 이르는 대중 시위 및 각종 권리침해소송이 관련법에 근거하여 주장되어지고 있다는 점을 고려한다면, 중국의 법치가 단순한 통치수단을 넘어 국민의 정치사회적 권리 신장에 기여하고 있다는 점 역시 간과할 수는 없을 것이다.[3] 이런 맥락에서 볼 때 중국에 법률은 있고 법치는 없다는 식의 주장은 표면적인 비판이며, 이제 중국 사회에서 더 주목할 점은 법

3 이 점에 대해서는 다카미자와 오사무 · 스즈키 겐, 이용빈 옮김, 『중국법의 역사와 현재: 통치의 도구에서 시민의 권리로』, 한울, 2013. 제6장 현대 중국의 입헌주의 참고.

치 여부가 아니라 법의 공정한 적용 여부가 되어야 한다.

2. 〈침묵의 목격자〉와 인치의 세계

중국의 이러한 법치 문제를 이해하기 위해 우리가 보아야할 영화가 페이싱[4] 감독의 〈침묵의 목격자(全民目擊)〉(2013)이다. 이 영화는 금융재벌 린타이가 살인 혐의를 받고 있는 딸 린멍멍을 구하기 위해 증거를 조작하여 자신이 기꺼이 살인자가 되는 아버지의 이야기를 다룬 법정 추리물이다. 이 영화에서 흥미로운 점은 사건을 해석(목격)하는 프레임[5]에 따라 범인이 달라지는 과정을 입체적으로 보여 준다는 것이다. 이 영화에는 사건을 해석하는 다섯 가지 시각이 공존한다. 아버지 린타이, 검사 둥타오, 변호사 저우리, 딸 린멍멍, 그리고 언론의 시각. 이는 사건의 진실이 그 자체로 존재하는 것이 아니라, 주어진 증거와 목적에 따라 사건이 다양한 방식으로 재구성되어 진실이 바뀔 수 있다는 것을 의미한다. 아버지의 사랑에서 발단된 사건이기는 하지만, 영화는 법이 공정한 척도가 아니라 법을 적용하는 사람에 따라 판단이 달라지는 권력적 공간이라는 사실을 환기시킨다.

영화의 주인공 린타이는 부자의 꿈을 이룬 금융재벌로 유명 가수

4 非行은 1970년 생으로 중국의 감독이다. 대표작으로 〈수망자〉가 있다.

5 법률 공방에서 개별적인 팩트와 증거를 종합 구성하여 사건의 실체를 특정화하는 시각을 프레임이라고 부른다. 동일한 사건이라 하더라도 어떤 프레임으로 보느냐에 따라 사건의 경중이 달라지기 때문에, 법률 공방은 프레임 싸움이라고 할 만큼 가장 관건적인 사안이라고 할 수 있다.

양단과의 연인관계로 세간의 주목을 받지만, 딸 린멍멍이 그녀를 살해한 혐의로 체포되면서 딸을 구하기 위한 수단을 강구한다. 이 사건 검사인 둥타오는 과거 린타이를 금융사기 혐의로 세 차례 기소를 했다가 린타이가 증인을 매수하여 증거 부족으로 풀려난 악연이 있는 인물로, 책임감이 강하고 진실을 중시한다. 린멍멍의 변호사 저우리는 증거가 명백한 사건을 반전시키는 전략이 뛰어나 몸값이 최고로 비싼 변호사로, 린타이에게 거액의 수임료를 받고 선임된다. 언론은 이 사건을 실시간으로 보도하고, SNS와 인터넷은 재판과정을 생중계하는데 사건의 진상보다는 네티즌의 흥미 중심의 방송을 한다.

첫 번째 재판은 변호사 저우리의 프레임으로 전개된다. 먼저 검사 둥타오가 살해 장면이 촬영된 CCTV 영상을 통해 린멍멍을 심문하는데, 아버지의 연인 양단이 불륜을 저지르자 린멍멍이 그녀를 지하 주차장으로 불러 말다툼을 한 후 차로 밀치고 떠나는 장면이 찍혀 있다. 그러나 양단의 사망 원인이 자동차가 아니라 주차장 벽에 박힌 못에 머리가 찔린 것이어서 CCTV 영상이 결정적인 증거가 되지 못하여, 검사 둥타오는 이 사건의 목격자이자 신고자인 린타이의 운전기사 순웨이를 증인으로 세운다. 순웨이는 자신이 지하주차장으로 내려갔을 때 린멍멍의 차가 막 주차장을 빠져 나갔고 양단은 못에 찔려 있었다고 증언하여, 검사 둥타오는 린멍멍의 차에 치인 양단이 그 충격으로 벽까지 떠밀려 못에 찔려 죽은 것이라고 주장한다. 이때 변호사 저우리가 운전기사 순웨이를 심문하는데, 그가 평소 양단에게 모욕을 당하여 감정이 상해 있었다는 점과, 린타이와 그의 아내가 내연관계임을 알고 린타이에 대한 증오의 감정이 있었다는 점을 추궁한다. 그리고 양단에게 고가의 손목시계가 사라졌다는 점과 린타이에 대한 증오로 벽에 기절해 있던 양단을 못으로 살해하여 복수한 것이 아니냐고 추궁한다. 감정과 체면을 자극하는 변호사 저우리의 언변에 흥분한 순웨이는 린타이에게 복수하기 위해 양단을 죽인 것이라고 자백한다.

두 번째 재판은 검사 둥타오의 프레임으로 전개된다. 검사 둥타오는 기소할 때마다 린타이가 증인을 매수하여 증거 부족으로 풀려난 과거의 행적을 상기하며, 순웨이의 자백은 린타이의 돈과 변호사 저우리의 교활한 전략의 합작품으로, 운전기사인 순웨이를 매수하여 각본에 따라 연극하게 한 것이라고 직감한다. 이에 조사를 해보니, 순웨이는 두 달 전에 뇌암 판정을 받았고 또 린타이로부터 거액의 돈을 받은 기록이 나와, 죽음을 앞 둔 순웨이가 매수되어 거짓증언을 한 것이라 확신한다. 그런데 돈을 받은 날짜가 살인사건이 발생하기 전이며, 린타이와 내연관계라고 진술한 순웨이의 아내 수훙의 행동이 미심쩍어, 매수되었다고 단정하기 어려운 정황에 빠진다. 린타이에게 매수되어 거짓증언 한 심증은 있지만 증거가 불일치하여 혼란해 하고 있을 때 익명의 제보자가 사건현장을 촬영한 동영상을 보내 오는데, 린타이가 양단과 싸운 후 차로 밀치고 못으로 살해하는 장면이 찍혀 있다. 린멍멍이 아니라 린타이가 양단을 살해한 후 딸에게 누명을 씌운 증거인데, 동영상이 그만 바이러스에 삭제되어 증거로 제출할 수 없는 상황에서 재판이 시작된다.

린타이는 딸의 무죄 석방을 위해 증인석에 서서 양단과 딸의 관계가 매우 좋아 살해할 이유가 없다고 증언한다. 이어서 검사 둥타오가 린타이를 심문하는데, 결정적 증거인 동영상이 사라진 상황에서 유일한 방법은, 변호사 저우리의 전략처럼 린타이의 자존심을 건드려 평정심을 잃은 상태에서 자백을 이끌어 내는 것이다. 린타이는 양단과 결혼을 생각할 만큼 진심으로 사랑했는데 양단이 오히려 배신하고 불륜을 저지른 것에 대해, 세간에서 린타이를 아주 우습게 생각한다고 감정을 자극한다. 이에 린타이는 점점 자제력을 잃고 흥분하여 소리를 지르면서 자신이 배신감에 양단을 살해한 것이라고 자백한다. 딸 린멍멍은 눈물을 흘리면서 아빠가 한 일이 아니라고 판사에게 애원하고, 린타이는 자신이 용배장 뒤에 묻힐 것이라는 미묘한 말을 남기며 법정에서 체포된다.

린타이의 범행 자백으로 딸 린멍멍이 무죄로 풀려나는 날, 그녀를 맞이하는 인파 속에 변호사 저우리와 검사 둥타오가 있다. 이들은 린타이의 자백이 무언가 석연치 않음을 느끼며, 딸을 구하기 위해 법정 밖에서 사건을 재구성한 아버지 린타이의 프레임을 추적하기 시작한다. 첫 번째 재판 전, 변호사 저우리는 딸의 무죄석방 가능성을 묻는 린타이에게 증거가 명백한 상황에서 15년 형이 불가피하다고 하자, 린타이는 스무 살 딸이 가장 아름다운 시절을 감옥에서 썩게 할 수 없다며 기적을 만들어 달라고 간절히 요구한다. 그러나 기적이 불가하다고 판단한 변호사 저우리는 재판부에 감형을 호소하는 현실적인 전략을 짜는데, 익명의 제보자가 전화를 걸어 린멍멍의 무죄가 입증될 수 있는 증거가 있다고 말하며 사진을 전송해 온다. 그 사진은 린타이와 운전기사 순웨이의 아내가 연인 사이임을 증명하는 사진인데, 변호사 저우리는 이것이 기적을 만들 수 있는 증거라고 판단한다. 그래서 전략을 감형 호소에서 순웨이의 범행 자백 유도로 바꾸어 결국 첫 번째 재판의 성공을 이룬 것이다. 그런데 그 익명의 제보자가 바로 순웨이의 아내 수훙이고 법정에서 본 린타이가 재판의 결과를 짐작하고 있는 듯 편안한 얼굴이었다는 점을 상기하며, 린타이가 순웨이를 매수하여 벌인 연극임을 직감한다. 순웨이의 허위자백 사실을 알아챈 변호사 저우리는 린타이에게 이를 항의하지만 인정하지 않자, 이로 인해 자신이 공범으로 몰릴 위험이 있음을 예감하고 린타이와의 관계를 정리하려고 한다. 린타이가 자신에게 요구한 기적은 혐의가 명백한 상황에서도 작은 실마리로 사건을 뒤집어 무죄로 만드는 일이다. 변호사 저우리의 수임료가 제일 비싼 이유가 바로 이러한 기적을 잘 연출하기 때문이다. 린타이는 변호사 저우리의 이런 탁월한 능력을 믿고, 법정 밖에서 사건을 뒤집을 수 있는 실마리를 제공하여 기적을 연출할 수 있게 했던 것이다. 결국 변호사 저우리는 법정 진실보다는 린타이가 매수한 증거를 적용하여 사건을 뒤집는 데 자신의 능력을 발휘하는 고액의 고용인이 되었을 뿐이었다. 저우리 역시 변호를 정의 실현보다는 비즈니스라고 여기며 수임료를 우선하지만, 돈에 현혹되어 법적 테두리 넘는 위험을 감수할 만큼 비양심적인 변호사는 아니었다. 그러던 중 저우리는 익명의 제보자로부터 입수한 린타이 범행 동영상을 보고 분노하며, 린타이가 사건을 은폐하기 위해 처음엔 딸에게 누명을 씌웠고 다음으로 순웨이를 매수하여 허위자백을 하게 한 것이라고 확신한다. 변호사는 의뢰인에게 불리한 행위를 하지 않는다는 관례를 깨고, 저우리는 린타이 동영상을 검사 둥타오에게 전송하여 사건을 바로잡게 한다. 두 번째 재판 때 검사 둥타오에게 린타이 동영상을 보내온 익명의 제보자가 바로 저우리였던 것이다.

딸 린멍멍이 무죄로 풀려나고 대신 체포된 린타이의 재판이 열린다는 보도를 접하면서, 순간 저우리는 재판과정에서 린타이의 행동에 수상한 변화가 있었다는 점을 감지하고, 린타이 동영상과 지하주차장 CCTV 영상을 비교해 본다. 그런데 두 영상 속에 등장하는 순웨이의 다리 동작이 일치하지 않는다는 점을 발견하고 린타이 동영상이 조작되었다는 사실을 깨닫는다. 저우리는 이 동영상을 린타이가 만들었을 것이라고 판단하며 단서를 추적하는데, 린타이의 고향인 수셴의 한 공장에서 지하주차장과 똑같은 배경을 만들고 린멍멍과 양단을 닮은 배우를 고용하여, 자신이 범인이 된 동영상을 촬영한 것이라는 사실을 확인한다.

저우리가 동영상의 내막을 확인하고 있는 그 시간, 법정에 선 린타이는 자신이 구성한 프레임에 따라 범행을 자백한다. 딸 린멍멍이 양단 살해 혐의로 체포되면서 아빠에게 구해 달라고 애원하고, 린타이는 사건 반전 능력이 탁월한 변호사 저우리를 선임한 후 수단을 모색하는데, 운전기사 순웨이와 아내 수훙이 첫 번째 재판의 프레임을 제안한다. 이 프레임은 린타이의 증인매수가 아니라 순웨이의 병원비를 지원하는 등 그동안 후의를 베푼 린타이에 대한 고마움의 표시로 이들 부부가 자원한 것이었다. 첫 번째 재판이 끝나고 검사와 변호사가 모두 사건 조작을 의심하는 상황이 벌어져, 린타이 측근이 동영상을 촬영하여 확실한 증거를 만들자고 제안한다. 처음에는 순웨이가 범행을 한 동영상을 촬영했는데, 린타이는 검사 둥타오가 이 역시 믿지 않을 가능성이 있고 또 순웨이의 명예를 훼손시키는 일이라 생각하여 자신이 범인으로 등장한 동영상을 만든다. 린타이는 이 동영상을 변호사 저우리에게 익명으로 제보하여 두 번째 재판을 유도했던 것이다. 재판에서 그간의 모든 일이 자신이 단독으로 꾸민 일이라고 진술한 린타이는 최후 변론으로 범행을 사죄하고 딸의 결혼식 때 자신이 참석할 수 있게 해달라고 재판부에 선처를 호소한다.

재판에서 승소한 검사 둥타오는 법정에서 순순히 인정하는 린타이의 모습이 증인을 매수하며 악랄하게 굴던 과거와 너무 다르다는 점을 이상하게 생각한다. 린타이의 범행 증거에 논리적 모순은 없지만 린타이의 변화가 석연치 않음을 느낀 둥타오는 용배장 뒤에 묻힐 것이라고 한 린타이의 미묘한 말을 떠올린다. 그리고 그의 고향인 수셴으로 가서 마을 주민으로부터 용배장의 의미를 알아낸다. 용배장(龍背墻)은 마을 근처의 산으로 아들을 대신하여 희생한 아버지 용의 신화가 전해지고 있다. 옛날 남룡왕이 늘그막에 아들 소룡왕을 얻었는데 극진히 사랑하는 바람에 성격이 제멋대로여서 천상의 감실을 태워 버리는 잘못을 저질렀다. 천상의 법정에서 소룡왕을 잡으려하자 남룡왕은 아들처럼 변장하여 산을 오르는 척 하다가 하늘로부터 번개 공격을 받아 죽을 지경에 이른다. 이를 본 소룡왕이 양심의 가책을 느끼고 징벌을 받으러 나오는데, 남룡왕은 아들을 저지하기 위해 금강석 벽에 몸을 던져 목숨을 끊었고 그 시체가 변하여 용배산이 되었다. 그제서야 깨달음은 얻은 소룡왕은 평생 본분을 지키며 타인에게 선행을 베풀며 살았다. 후대 사람들이 용배산을 용배장으로 바꿔 불렀는데, 그 산을 통해 소룡왕의 모든 악행이 벽처럼 가려졌기 때문이라고 한다. 용배장 이야기를 통해 사건의 진상을 파악한 둥타오에게 린멍멍의 전화가 오고 이에 둥타오는 린타이 사건의 재심을 청구한다.

아버지가 구속되고 무죄로 풀려난 린멍멍은 어린 시절부터 자신을 지극하게 사랑해 준 아버지의 영상과 구속되기 전에 아버지가 유언처럼 남긴 영상을 보면서 눈물을 흘린다. 그리고 아버지가 생명을 바쳐 너를 구한 것은 네가 새롭게 태어나기를 바라셨기 때문이라는 글[6]을 보면서, 밖으로 나가 하늘을 우러르며 비를 맞는다. 검사 둥타오가 린멍멍의 전화를 받고 재심을 청구한 것으로 보아, 린멍멍은 용배장 이야기와 달리 아버지의 무죄를 밝히는 길을 선택했다. 그것이 자신의 잘못을 뉘우치고 새롭게 태어나는 일이라고 생각했던 것이다.

3. 중국 법조계와 이익집단

자본(권력)과 대형 로펌이 결탁하여 진실을 조작하는 사건을 다룬 법정극은, 대체로 부정의 커넥션을 파헤쳐 정의를 실현하는 이야기나 아니면 현실의 벽에 부딪쳐 좌절하는 이야기로 전개된다. 그런데 이 영화는 사건을 조작한 권력자가 스스로 범인이 되고, 조작의 이유도 딸을 구하기 위한 아버지의 마음이라는 점에서 일반적인 법정극보다 서사가 한층 복잡하게 얽혀져 있다. 권력자가 로펌과 결탁하여 사건의 진상을 조작하는 것은 마찬가지지만, 아버지의 마음이 사건 조작에 개입되면서 초점이 법적 진실과 권력의 관계를 넘어선다는 것이다. 권력자 린타

6 영화에서는 이 글을 남긴 사람이 흰색 승용차를 타고 떠나는 장면만을 보여 주는데, 구속된 린타이를 접견한 후 아버지의 마음을 이해한 변호사 저우리가 링멍멍에게 그 뜻을 전하기 위해 타고 온 승용차인 것으로 보인다.

이와 아버지 린타이가 결합하여 만든 사건이 법적 진실을 농락하면서도 그것을 초월하는 이야기를 구성한다는 것, 이는 중국적 법치와 인정의 맥락과 연계되어야 이해가능한 일이라고 생각된다.

이 영화의 검사 둥타오는 1997년에 로스쿨을 졸업하고 검찰에서 활동하는데, 이 해는 중국이 사회주의 법치국가 수립과 의법치국을 당의 방침으로 결정한 해이다. 검사가 된 후 둥타오는 린타이를 금융사기로 세 차례 기소하지만 린타이가 증인을 매수하여 증거 부족으로 풀려난다. 이것은 당시 시장경제 관련법이 정비되어 있지 않았고 전문 법조인이 충분히 양성되지 않아, 불법적 수단을 통해 빠져 나갈 수 있는 여지가 많았던 시대적 요인과 맞물린 일이다. 법치국가의 수립은 법치에 대한 정부의 강한 의지와 아울러 법률 정비, 전문 법조인 양성 그리고 국민의 준법의식 등이 갖추어져야 가능한 일이기 때문이다.

중국이 서구적 의미의 근대법을 접하게 된 것은 아편전쟁의 결과로 영국과 체결한 남경조약(1842) 이후부터다. 남경조약에 앞서 러시아와 맺은 네르친스크조약(1689)과 카흐타조약(1727)이 있지만 이는 중국중심의 조공체제 내에서 양국 관료 사이에 체결된 형태를 띠고 있었다. 조약은 주권국가 사이에 체결된 계약관계로서, 남경조약은 러시아와의 조약과 달리 대청 대황제와 대영 군주 사이에 체결된 것이다. 이후 열강들과 차례로 불평등조약을 맺게 되면서 중국은 『만국공법(萬國公法)』을 통해 근대 국제법을 배우게 되고, 20세기 초 만청 정부는 불평등조약을 개정하기 위해 중국 고유법을 서구식 근대법으로 정비하기 시작한다. 청대의 고유법은 『대청율례(大淸律例)』인데, 유교국가인 중국은 광범위한 행정문제들을 포괄한 조례와 칙령은 정기적으로 반포하고,

사법적 판결 기준과 처벌을 총괄하는 율은 성문법으로 만들었다. 대청율례는 법률체계인 율과 그 사례를 총괄한 성문법으로 엄격하고 합리적인 법전이었지만, 국가를 보호하고 사회질서를 유지하는 과정에서 부과된 형벌에는 매우 폭력적인 것도 포함되어 있었다. 중국법의 잔혹성으로 상징화된 능지처참이 바로 그러한데 열강들은 이를 중국에 치외법권을 주장하는 근거로 활용하였다.[7] 이러한 흐름 속에서 1902년 청영통상항해조약에서는 중국의 야만적인 법을 서구식 근대법으로 정비하는 것이 불평등조약 개정의 조건으로 명시되었으며, 이 해부터 법 정비가 본격화되었다.

이러한 근대법 정비 작업은 신해혁명 이후 헌법의 성격을 지니는 「임시약법(臨時約法)」(1912. 3.) 제정으로 이어졌으며, 국민당 통치 시기인 1920년대에서 1940년대 후반에는 법전 편찬, 법조인 양성, 불평등조약 개정 등이 이루어졌다. 1949년 신중국이 성립된 이후에는 국민당의 구법인 육법전서가 전면 폐기되고 법을 통치수단으로 간주하는 소비에트법을 계승하여 사법개혁을 단행한다. 그러나 헌법을 제외하고 법전을 정비하지 못한 상황에서 문화대혁명이 일어나 중국은 법의 부재 시대를 겪게 되고, 개혁개방 이후 형법과 형사소송법을 시작으로 중단되었던 소비에트법의 입법화가 진행된다. 1992년 덩샤오핑의 남순강화로 사회주의 시장경제가 결정된 이후에는 소비에트법이 아닌 독일 등의 유럽 대륙법과 글로벌한 신규법을 수용하여 현대적 법치국가 건

7 능지처참으로 상징되는 중국법의 잔혹성 이미지를 만든 서구의 시선에 대해서는 티모시 브룩 외, 박소현 옮김, 『능지처참: 중국의 잔혹성과 서구의 시선』, 너머북스, 2010 참고.

설로 나아간다. 중국법은 소비에트법의 흔적이 강하게 남아있는 헌법을 제외하고,[8] 경제와 관련된 입법, 현대사회의 문제에 대응한 입법, 그리고 법 관념의 수준에서 급속하게 소비에트법에서 탈피하여, 국제사회에 통용되는 글로벌한 법체계 및 법관념으로의 전환을 시작하고 있다. 이 과정에서 신중국 건설시기에 폐기했던 국민당의 육법전서에서 발전한 타이완법을 비교법적 측면에서 가장 많이 참조하고 있다는 점은 주목할 만하다.

이러한 변화 속에서 사사로운 권력을 제한하고 국민의 권리를 보호하는 민주적 법치로 발전될 가능성도 있다. 문제는 공산당 일당제 하에서 법을 감시하고 권력을 견제할 수 있는 세력이 미비하고, 법조계가 점차 이익사회로 변질되고 있다는 점이다.[9] 신중국 수립 이후 국민당의 구법이 폐기되면서 국민당 시대에 양성된 재판관, 검찰, 변호사 등도 추방되어 중국 법원은 일시에 법조인 공백 상태가 되었다. 퇴임 군인을 비롯한 비전문가가 그 자리를 차지하면서 중국 법조계의 문제가 시작되었다. 특히 변호사는 1957년 반우파 투쟁 때 범죄인을 변호하는

8 중국의 헌법 개정은 주로 시장경제 시스템과 관련된 부분에 한하고 있으며, 정치제도의 민주화나 시민의 권리 확대와 보장 등에 관한 개정은 미비한 실정이다. 주목할 점은 2004년 개정된 제24조에 시민의 기본적 권리의무의 일반적 규정으로서, "국가는 인권을 존중하고 보장한다"는 문구를 추가한 것이다. 이는 서구의 중국 인권문제 비판을 겨냥한 헌법수정으로 보이는데, 이를 통해 중국의 인권문제가 실질적으로 개선된 것인지에 대해서는 아직 분명하지 않다.

9 가령, 행정기관의 행위를 법적으로 구속하기 위한 입법이 이뤄지면서 행정문책제, 정부 정보공개, 시민 참가의 통로 확대 등이 추진되고 있으며, 이를 통해 유한 정부, 책임 정부, 투명 정부, 서비스 정부라는 새로운 정부관이 제창되고 있다. 그러나 법에 의한 권력 통제가 감시 주체가 아닌 통제 대상인 공산당이 추진 세력이 되어 개혁을 진행한다는 데 자기모순이 있다.

부르주아 제도라고 비판받고 직업 자체가 사라지게 되었다. 그러나 개혁개방 이후 법이 재정비되면서 재판관과 검찰의 재교육과 엄격한 자격심사가 시행되었고, 법조인의 전문화가 시급히 요청됨에 따라 2002년 3월에는 최초의 통일사법시험이 실시되었다. 그러나 매년 사법시험 합격률이 상승하여 전문 법조인 양성의 취지에서 멀어져, 법조인 인구 구성에서 변호사보다 재판관이 많은 기이한 현상이 출현하였다. 재판관은 경험과 실적을 쌓음으로써 계급이 서열화되는 관료조직의 성원이 되었고, 법원은 방대한 소송비용과 해당 지역의 이해관계와 결탁한 이익집단이 되어 갔다.

1979년 변호사제도가 재건되면서 변호사는 사법행정기관 직원의 신분을 갖게 되었으며, 국가 경비로 운영되었다. 1986년부터 변호사 시험제도가 시작되었고 1993년 이후에는 매년 시험이 실시되었다. 그런데 중국에서 변호사사무소는 집업허가 증서, 개개 변호사는 집업증서(면허증)를 성급 사법행정기관의 심사를 거쳐 매년 갱신하지 않으면 변호사 업무를 계속할 수 없게 되어 있다. 이 때문에 정부에 어긋나는 적극적인 변호를 하기가 힘들 수 있는 상황이다. 또 변호사사무소에는 당조직의 설치가 미미했으나 최근에는 늘어나는 추세에 있는데, 변호사사무소가 민영화됨에 따라 당의 통제가 필요하다는 판단에서 출현한 현상으로 보인다. 이처럼 변호사의 행정적인 독립과 자치가 제약받을 뿐만 아니라, 경제성장에 따라 각종 소송이 늘어나면서 다른 자본주의 국가들처럼 변호를 비즈니스로 간주하는 변호사와 로펌이 증가하고 있는 실정이다.

중국 법조계의 이러한 경향성으로 볼 때 중국법의 현대화와 글로벌화가 바로 법치 혹은 법 적용의 공정성을 보장하는 것이라고 봐서는 안 된다. 법 적용의 공정성이 없는 사회는 법치가 아니라 법에 의한 인치에 가깝다. 이것은 사사로운 권력에 의한 인치에서 법에 의한 인치로의 전환에 불과하다. 이러한 상황에서 국민은 준법의식이 아니라 형식적인 법률을 혐오하거나 자의적인 진실(정의)을 추구하려는 심리를 암묵적으로 가질 수 있다. 이는 실질적인 정의를 추구하고 이해관계를 중시하는 중국인의 오랜 관행과 맞닿아 있는 지점이기도 하다.[10]

4. 민주적 법치사회

영화에서 린타이가 선택한 길에는 이러한 중국적 맥락이 내재되어 있다. 현상적으로 볼 때 영화는 악독한 재벌 린타이가 딸을 구하기 위한 아버지의 마음으로 자신의 모든 것을 희생하는 이야기로 보일 수 있다. 그러나 법적 진실의 차원에서 볼 때 아버지로서 린타이의 행위 역시 악독한 재벌 린타이와 마찬가지로 진실을 은폐한다는 면에서는 동일하다. 진실을 은폐하기 위해 린타이는 반전에 능한 변호사를 선임하고, 순웨이의 자발적 제안이기는 했지만 거짓증언을 승인한 것이다. 검사와 변호사가 순웨이의 자백을 의심하지 않았다면 아마도 재판이 의도대로 진행되어 린타이는 법 위에 군림하는 삶을 지속했을 것이다. 순웨이의 충성(희생)은 린타이에 대한 보은이 되고, 딸 린멍멍은 죄책감보

10 중국 법조계의 현황에 대해서는 다카미자와 오사무 · 스즈키 겐, 앞의 책, 제7장 현대 중국의 '사법' 참고.

다는 아버지에 더욱 의존하는 생활을 하고, 피해자 양단의 죽음은 린타이의 권력에 의해 먼지처럼 사라졌을지 모른다. 그러나 자신의 과거 행동으로 인해 검사 둥타오의 의심을 받으면서 순웨이의 범행 장면을 촬영하여 확실한 증거로 만들려고 한다. 그러나 이 역시 의심을 받을까 걱정되어 결국 자신이 범인이 되는 동영상을 제작한다. 순웨이 시나리오가 조금이라도 의심을 받는다는 건 딸의 석방에 위험스런 일이었기 때문에, 자신을 희생하여 검사 둥타오의 의심을 피하는 길을 선택했던 것이다. 여기서 우리는 다음의 질문을 던질 필요가 있다. 린타이는 딸을 구하기 위한 절박한 마음에서 자신의 모든 것을 내던진 것인지, 아니면 딸을 구하려는 마음이 그동안의 자신의 잘못을 뉘우치고 희생자에게 사죄하는 마음으로 확장된 것인지.

영화에 나타난 단서를 종합해 보면 답변은 딸을 구하려는 아버지의 마음으로만 향한다. 가령, '모든 것은 중요하지 않다, 중요한 건 딸의 안위다'라는 기자 인터뷰가 그러하고, 법정에서 검사 둥타오를 보며 15년 간 자신을 쫓아다닌 사람이 있어 이 자리에 서게 된 것이라는 발언을 한다. 이는 자신의 과거 행적을 모르는 검사가 이 사건을 맡았다면 자신이 범인이 되는 선택을 하지 않았을 것이라는 점을 암시한다. 또 법정에서 린타이가 자신의 잘못을 인정한 것은 딸의 사건 조작에 관한 내용이며, 재판관과 검찰에 대한 사과도 이에 관한 것이다. 린타이의 발언에 피살자 양단은 물론이고 그간 자신에게 피해 입은 사람들에 대한 어떠한 사과도 없는 것으로 보아, 아버지의 마음이 딸의 죄를 포함한 자신의 잘못을 세상에 사죄하는 마음으로 확장된다고 보기는 어렵다.

그렇다면 이러한 아버지의 마음만으로 린타이의 잘못은 용서되고, 아버지의 위대한 희생정신으로 기억될 수 있는 것인가? 여기서 더 주목해야 할 점은 딸 린멍멍의 선택이라고 생각한다. 린멍멍은 살인 혐의로 체포될 때 린타이에게 구해 달라고 애원하는데, 첫 번째 재판에서 순웨이가 범행자백을 할 때 안도의 한숨을 쉬었을 것이다. 차로 양단을 밀친 후 떠나버려 사망원인을 알지 못했는데, 순웨이가 자백한 내용을 사실로 믿었을 것이기 때문이다. 그러나 두 번째 재판에서 린타이가 자신이 차로 양단을 밀치고 죽였다고 한 말은 린멍멍이 사실이 아님을 분명히 알았기 때문에, 법정에서 아버지가 한 일이 아니라고 울부짖었던 것이다. 변호사 저우리가 린멍멍을 찾아가 누가 차로 밀친 것인지 물었을 때 자신이 했다고 한 것은, 그게 사실일 뿐 아니라 아버지를 희생시키고 자신이 풀려나고 싶은 마음이 없었기 때문이다. 린멍멍이 풀려나던 날 그녀는 죄책감에 시달리는 얼굴이었고, 아버지의 영상을 보며 눈물을 흘리고, 밖으로 나가 비를 맞으며 하늘을 우러르는 순간, 그녀는 사건의 진실과 아버지의 재심을 선택하였다. 린멍멍이 선택한 새로운 삶은 아버지의 희생으로 얻은 죄스러운 삶이 아니라, 자신의 잘못을 사죄하고 진실을 바로잡는 용기 있는 삶이었다.

자신의 스무 살 딸이 15년간 감옥에서 지내야 한다는 사실을 쉽게 받아들일 아버지도 없겠으나, 아버지를 희생한 대가로 얻은 삶을 죄책감 없이 새롭게 살 수 있는 자식도 거의 없을 것이다. 린타이가 만일 재벌이 아니고, 또 재벌이라 하더라도 증인을 매수하여 부정을 저지른 과거 행적이 없었다면, 과연 린타이가 이러한 선택을 할 수 있었을까? 또 린타이가 용배장의 신화를 믿는 아버지라 하더라도, 중국의 법이 공정하게 적용되어 자의적 진실을 추구하려는 심리가 약화된 상황이라면, 린타이와 같은 선택을 하기는 쉽지 않았을 것이다.

공정한 법 적용의 문제는 법조계만의 일이 아니라 이를 감시하는 시민사회의 문제이기도 하다. 영화에서 감시의 역할을 맡고 있는 주체는 언론이다. 공중파 방송은 재판과정을 실시간으로 보도하고, 기자들은 사건 관련자들에 대한 취재 경쟁이 뜨겁고, SNS와 인터넷 방송은 재판과정을 법정에서 생중계하여, 전 국민이 이 사건을 목격할 수 있게 한다. 그런데 이 사건을 보도하는 언론의 태도를 보면, 유명 가수와 사업가 사이의 염분설이나 사건의 발단이 된 불륜 동영상 문제 등 시청자의 흥미를 유발시키는 자극적인 내용에 집중되어 있다. 배신한 아버지의 연인을 딸이 살해한 복수극이나 검사 둥타오와 린타이의 오랜 악연 등에 초점을 맞추고, 불법 촬영되어 유포된 동영상이 살인사건을 일으킨 사회 윤리적인 문제에 대해서는 침묵한다. 진실의 차원에서 본다면, 이 영화는 전 국민이 목격하는 가운데 언론은 살인사건을 오락물로 만들고, 그 주인공 린타이는 아버지의 이름으로 법적 진실을 농락하는 신파극을 연출하는 이야기라고 할 수도 있다.

법을 감시하는 주체가 없는 상황에서 법치는 인치로 흐르기 마련이다. 언론 통제와 검열이 극심한 중국이지만 미디어가 법치 발전에 기여한 사안도 있다. 2003년 3월 쑨즈강(孫志剛) 사건은 미디어의 적극적인 보도 덕분에, 노상 생활자의 신병을 구속하는 행정상의 조치인 수용견송제도[11]가 헌법에 위반되는 법령이라고 판정되어 개정된 사례가 그

11 「城市生活無著的流浪乞討人員救助管理辦法」은 1982년에 제정된 행정법규이다.

러하다. 이 사건은 위생국에 무단 연행된 청년 쑨즈강이 집단구타 당하여 사망한 사건인데 무단 연행의 근거가 된 수용견송제도가 미디어 보도, 인터넷상의 논의, 학자에 의한 위헌심사 건의 등을 통해 비판적인 여론이 형성되어, 전국인대의 위헌심사가 발동되기 전에 국무원이 먼저 자발적으로 법령을 개정하였다. 이처럼 미디어 여론이 활성화되면서 중국 사회에 등장한 것이 '영향성 소송'[12]인데, 개별 사건의 가치가 해당 사건 당사자의 청구 내용을 초월하여, 동 종류의 사건, 입법, 사법의 개선, 공공관리 제도의 개선 및 사람들의 법의식 변화에 커다란 영향을 준 사건을 뜻한다. 이러한 영향성 소송을 통해 개별 소송사건이 계기가 되어 법규 변동, 새로운 규칙 형성, 사회 권력자에 대한 문제 제기를 이끌어 내는 사례들이 나타나고 있다. 정치 민주화의 진척이 없는 상황에서 재판은 다양한 이의 신청의 합법적 회로가 될 수 있으며, 영향성 소송은 시민, 인권 변호사, 미디어 여론 등의 힘이 규합되어 법을 통한 사회변혁의 길을 모색한 사례라고 할 것이다.[13] 이러한 미디어의 사회변혁 사례가 축적되어, 2013년 1월 개혁적 성향의 신문인 『남방주말(南方週末)』의 기자들이 공산당의 검열에 맞서 공개적으로 항의하는 사건이 일어날 수 있었다.[14]

오늘날 중국인은 누구나 부정부패, 토지 강탈, 부의 불평등, 환

---

12 영향성 소송(impact litigation) 개념을 최초로 제기한 사람은 베이징의 인권변호사 우거(吳革)이다.

13 쑨즈강 사건과 영향성 소송을 포함하여 중국의 법을 통한 권리보호 및 제도변혁 가능성에 대해서는 다카미자와 오사무 · 스즈키 겐, 앞의 책, 제6장 현대 중국의 입헌주의 참고.

14 『남방주말』 기자 항의 사건에 대해서는 조영남, 앞의 책, 215~216쪽 참고.

경파괴 등의 쟁점을 잘 알고 있다. 미국의 중국전문가 앤드루 네이선(Andrew Nathan)은 지나치게 많은 정보로 인한 과부하가 오히려 많은 의제들에 대한 관심을 약화시키는 결과를 초래한다고 주장한다. 예전처럼 한 가지 사건을 통해 시민들이 분노로 들끓고, 이러한 분노가 정권에 대항하는 거대한 운동으로 확대될 가능성이 오늘날에는 오히려 줄어들고 있다는 것이다.[15] 하지만 정보의 홍수 문제보다는 정보를 가공하는 시각이 훨씬 큰 문제다. 이 점에서 볼 때 영화에서 미디어는 역작용을 한다. 전 국민의 목격을 쾌락적인 오락물로 가공하고 법에 대한 감시를 하지 않기 때문이다. 이러한 역작용에도 불구하고, 영화의 제목처럼 전 국민이 재판을 목격한다는 것은 소송을 통해 이의를 표출하고 권리를 보호하는 것이 상식적인 제도가 되었다는 것을 의미한다. 이는 법치 자체가 아니라 법의 공정한 적용과 감시가 더 중요한 시대과제가 되었다는 뜻이다. 이를 위해선 전 국민의 용기 있고 공정한 목격이 필수적이다. 딸 린멍멍이 아버지 세대의 관행을 넘어 용기 있는 삶을 선택하고, 신세대 검사 둥타오가 개인적인 감정을 넘어 법적 진실을 공정하게 추구하고, 전 국민이 감시의 눈을 뜨고 있을 때, 비로소 중국이 법치사회로 나아가는 길이 열리게 될 것이다.[16] 문명국가의 법치는 법에 의한 통치가 아니라 국민의 권리를 법이 보호해 주는 일이기 때문이다.

15 마르테 세르 갈퉁 · 스티그 스텐슬리, 앞의 책, 247~248쪽.

16 이런 의미에서 영화의 원제 '全民目擊'의 영어 제목인 'silent witness'나 한국어 번역 '침묵의 목격자'는 민주적 법치를 암시하는 영화의 메시지와 맞지 않는 명칭이라고 생각한다.

2부
복지사회와 인민의 행복

6장
부자의 꿈, 행복을 가져다주었는가

6장
부자의 꿈, 행복을 가져다주었는가

1. 백년의 꿈

세계적인 경제위기와 사회적 불안으로 한 치 앞을 내다보기 힘든 요즘, '백년의 꿈'[1]을 노래하고 있는 나라는 아마 중국밖에 없을 것이다. 지금 힘들어도 먼 미래에 도달할 꿈이 있는 사람이 현재의 난관을 견뎌 나갈 수 있는 것처럼 국가도 마찬가지다. 중국이 내외적으로 많은 문제

1 시진핑이 제기한 중국의 꿈[中國夢]은 부강하고 민주적이며 문명화된 사회주의 현대국가를 수립하여 '중화민족의 위대한 중흥'을 이루겠다는 것인데, 본 장에서는 그 중요 부분인 부자의 꿈과 연계하여 중국 '백년의 꿈'의 의미를 해석하려고 한다. 중국 백년의 꿈은 1987년 덩샤오핑이 제기한 현대화 발전 3단계 전략에 기반한 것이다. 이는 기본적인 의식주가 해결된 '온포(溫飽)'사회를 20세기 말까지 이룩하고, 창당 100주년인 2021년까지 소강사회를 이룩하고, 건국 100주년인 2049년까지 대동사회를 이룩한다는 전략이다. 덩샤오핑 이후 중국의 미래의 꿈은 이러한 발전전략을 이어가고 있다.

에 부딪쳐 있음에도 불구하고 활기차게 움직이고 있는 것은 무엇보다 국가가 실현하려고 하는 미래의 꿈이 있기 때문이다.

현재 중국에는 두 가지 백년의 꿈이 실행중이다. 하나는 중국 공산당이 창당된 1921년을 기점으로 2020년에 도달하려고 하는 소강사회의 꿈이다. 이 꿈은 자기 집과 차를 소유하며 안락한 물질생활을 향유하는 중산층 사회를 구현하려는 것이다. 다른 하나는 1949년 신중국 건설을 기점으로 2050년에 도달하려고 하는 대동사회의 꿈이다. 이 꿈은 풍요로운 물질생활을 바탕으로 전 국민이 평등하고 자유로운 문화생활을 향유하는 중진국 복지사회를 구현하려는 것이다.[2] 중국의 두 가지 백년의 꿈인 소강사회와 대동사회는 1987년 덩샤오핑이 제기한 현대화 발전 3단계 즉 온포–소강–대동 사회로의 발전전략에 기반한 것이다. 용어와 이념상으로 볼 때는『예기』「예운」편에 나오는 공자가 이상으로 생각하는 고대 사회의 두 모습에 해당한다. 그런데 공자가 말하는 대동사회의 모습은 자율생산과 균등분배 그리고 공동체의식이 구현된 보편적 복지사회에 가까운 것으로, 두 번째 백년의 꿈인 대동사회가 추구하는 중진국 복지사회와는 질적인 차이가 있다. 중진국 복지사회는 오히려 공자가 말하는 소강사회에 가까워 보이는데, 이는 2050년 이후 공자적 의미의 대동사회에 도달하기 위해 중국이 지속적인 실천목표를 세워야 한다는 것을 의미한다. 이러한 백년의 꿈은 중국 정부가 주도하는 정책 목표[3]이지만, 급속한 경제성장을 바탕으로 점차 가시화

2 공자가 말하는 대동사회와 소강사회에 대해서는 1장 '공자, 문명을 만들 수 있는가' 참고.

3 이러한 국가 주도의 중국의 꿈에 대해 비판적 지식인 원톄쥔(溫鐵軍)은 다음과

되고 있다는 점은 부인할 수 없는 사실이다.

2016년 중국의 1인당 GDP는 8천 달러를 상회하고 대도시는 이미 2만 달러를 넘어서고 있다. 그리고 미국 GDP의 63% 수준에 도달한 중국 GDP는 매년 6.53%씩 성장한다면 2020년에 77%에 달하고 2026년에는 미국을 추월한 전망이다.[4] 중국의 GDP가 곧 미국을 추월할 것이라는 전망에 대해서는 대체로 이견이 없지만, 중국의 GDP가 중국만의 역량이 아니라 중국에 진출한 외국기업의 GDP를 포함한 글로벌협력의 산물이라 점과 경제강국의 필수조건인 기술력에 있어 중국이 아직

같이 풍자하고 있다. "중국 공산당의 16대가 2002년에 열렸을 때, 목표에 매우 중요한 조정이 생겼음이 사실상 분명해졌다. '전면적인 소강'(全面小康)이라는 목표가 등장한 것이다. 새로운 지도자가 그것에 대해 이렇게 설명을 했다. 향후 20년의 큰 목표가 전면적인 소강이고, 우리는 2020년까지 전면적인 소강을 실현하기 위해 모두 각고의 분투를 해야 한다는 것이다. 전면적인 소강을 실현한 이후 20~30년 동안 또 다시 각고의 분투를 한다면 21세기 중반에는 중진국 정도의 수준에 다다를 수 있고, 그 이후 다시 한두 세대의 각고의 분투가 이어진다면 당연히 21세기 말에는 선진국의 현재 수준 정도에 이를 수 있다고 했다. 즉 그때가 되어야 우리는 비로소 중국의 현대화가 실현되었다고 말할 수 있다는 것이다. 네 가지 현대화라는 위대한 목표는 이렇게 백년을 미루어서, 21세기 말까지 연기되었다. 그래서 세간에는 '우리 생애에는 절대 볼 수 없다'는 우스갯소리가 돌아다닌다."(원톄쥔, 김진공 옮김, 『백년의 급진』, 돌베개, 2013, 177~178쪽.) 그러나 주목해야 할 사실은, 정치적 입장 차이는 있지만 중국의 지속적 성장을 추구하는 데 있어 국가의 역할을 부정하는 지식인 그룹이 없다는 점이다. 원톄쥔의 경우도 중국 사회의 포용적 성장을 위해 국가가 신농촌 건설 투자에 적극적인 역할을 해야 한다는 입장이고, 시장경제를 옹호하는 지식인의 경우도 기업의 성장에 방해되는 규제와 간섭을 폐지하고 새로운 시장과 사업여건을 조성하는 데 국가가 역할을 해야 한다고 주장한다. 따라서 중국의 국가적 성격을 논의할 때 권위주의/신자유주의, 작은/큰, 강한/약한 정부 등의 수사보다는 실제 성장과정에서 국가가 어떠한 역할을 수행하는지의 문제가 분석 대상이 되어야 한다. 복지사회 실현 목표와 연계하여 볼 때는 중국이 공공서비스 정부의 역할을 얼마나 충실하게 수행하는지의 문제가 연구대상이 되어야 할 것이다.

4 전병서, 『중국 100년의 꿈 한국 10년의 부』, 참돌, 2016, 11쪽.

선진국과 격차가 있다는 점은 반드시 고려해야 한다.[5] 중국의 GDP 수치와 중국의 실질적인 경제실력을 연계하여 본다면, 중국이 미국을 실질적으로 추월하는 시점은 2026년보다 훨씬 뒤의 시기가 될 것으로 보인다. 그렇지만 중국의 GDP 성장의 흐름으로 볼 때 소강사회의 꿈은 무난하게 달성할 것이며, 이는 개혁개방 이후 대량생산과 수출 위주의 고속성장을 통해 세계의 공장이 된 중국의 성공신화라고 할 수 있다.

이제 중국은 두 번째 백년의 꿈을 향해 도약하고 있다. 그러나 대동사회의 꿈은 소강사회를 가능케 했던 기존의 성장방식으로 도달할 수 없는 세계라는 데에 중국의 고민이 놓여 있다. 정보통신 기술과 창의력을 기반으로 한 이른바 4차 산업혁명이 시작된 지금, 과잉생산과 자원소모, 환경오염을 일으키는 세계의 공장과 같은 방식으로는 지속가능한 성장을 이룰 수 없기 때문이다. 현재 중국 사회의 화두는 단연 '전환'과 '창신'이다. 복지사회를 구현하기 위한 도전은 경제성장 방식을 포함한 전 사회적인 시스템 전환과 창신을 향해 나아가고 있다.

시진핑 정부는 이전의 정부와 달리 성장률을 전면에 내세우지 않고 혁신, 협동, 녹색, 개방, 공유발전 등의 이념을 실천목표로 제시하고 있는데, 바로 중국 사회의 시스템 대전환을 위한 기반 조성을 자신의 정치적 과제로 인식하기 때문이다. 중국 사회의 공정성과 투명성을 확립하려는 의법치국, 세계의 공장에서 첨단 디지털기술 인터넷모바일이 결합된 제조강국으로 전환하려는 '중국제조 2025', 환경오염 문제를 해

5 중국 GDP가 글로벌 협력의 산물이며 외국기업이 수출 및 고부가가치 생산 부문에서 상당한 비중을 차지하고 있다는 점에 대해서는 이종민, 『글로벌차이나』, 산지니, 2007, 53~56쪽 참고.

결하여 아름다운 중국 · 건강한 중국을 건설하려는 생태문명, 교육 · 의료 · 노동 · 소득분배 · 사회보험 등의 공공서비스를 통해 사회안전망을 구축하려는 민생정책, 전통문화와 인간가치를 존중하여 즐겁고 풍요로운 정신 문화생활을 영위하려는 문화강국 등의 정책은 대동사회로의 대전환을 위한 실천과정이라고 할 것이다.

중국의 이러한 역정을 보면서 우리가 반드시 생각해야 할 점은 중국이 향후 도달하려는 사회가 한국도 아직 경험해 보지 못한 낯선 세상이라는 사실이다. 중국보다 기술력이 앞서 글로벌 경제관계에서 우위에 서 있던 시절, 한국은 중국을 하청공장으로 삼아 국민경제의 근간이 되는 막대한 흑자를 기록하였다. 사회문화적으로도 중국보다 현대화된 세상에 살고 있다는 우월감으로 중국을 경시하는 태도를 암암리에 가지고 있었다. 그러나 이제는 세상이 달라졌다. 로봇, 전기자동차, 드론 등의 최첨단산업은 중국이 세계 1위를 달리고 있고, 알리바바 텐센트 바이두가 모바일 인터넷 경제의 핵심인 플랫폼을 구축하여 온라인 유통망을 장악하고 있다. 또 네트워크와 실물경제가 결합한 공유경제, 전자결재 · 모바일경제 등의 핀테크 분야에서 중국이 세계에서 가장 빠른 성장세를 보이고 있다. 4차 산업혁명의 낯선 세상이 중국이라는 거대한 공간에서 가장 역동적으로 실현되고 있는 것이다.

이러한 새로운 경제시스템은 복지사회 건설을 위한 물질적 토대로 작용하게 될 것이다. 현재 중국의 복지사회 수준은 GDP 대비 복지지출비용으로 볼 때, 한국과 비슷한 약 10% 정도에 불과하다. OECD 국가 평균수준이 20%대이고 북유럽국가 등의 선진국이 30%대를 상회하는 것을 볼 때, 10%는 최하위 수준에 해당한다. 그러나 복지비용을 매년 0.5%씩만 증가시켜 나가더라도 2050년이 되면 수치상으로는 중진국 수준에 근접하게 된다. 실제로 중국은 2020년에 15%, 2050년에 25%에 도달하겠다는 목표를 설정하고 있다.[6] 복지사회가 재정만 가지고 실현가능한 일은 아니며 정치사회 수준과 국민의식의 성장이 동반되어야 함은 물론이다. 그러나 실현과정에서 많은 난관에 부딪치겠지만 불가능하다고만 보이지 않는 이유는 바로 중국이 미래의 꿈과 그것을 실현할 중단기적인 정책을 가지고 있기 때문이다. 이 점이 현재 한국과 중국이 비슷한 지점에 서 있지만 시간이 갈수록 격차가 벌어지지 않을까 우려하는 이유이다.

2. 〈첨밀밀〉과 홍콩 드림

중국인의 이러한 부자의 꿈을 이해하기 위해 우리가 보아야 할 영화가 천커신[7] 감독의 〈중국동업자(中國合伙人)〉(2013)이다. 이 영화의 영어제목은 'American dream in China'인데, 개혁개방 초기인 70년대 말에서 80년대에 대학을 다닌 세 청년이 아메리칸 드림을 실현하기 위해 분투하는 이야기를 그리고 있다. 이 영화의 실제 모델이 미국 유학 사

6 정공성, 김병철 외 옮김, 『중국 사회보장 30년』, 공동체, 2013, 401쪽. 이 책은 중국 정부가 추진하는 복지정책에 대해 정리한 것이며, 전 지구적인 복지사회 구현 상황 및 진보적 입장에서 중국이 추구해야 할 복지사회의 길에 관한 논의는 가오롄쿠이, 김태성 · 박예진 옮김, 『복지사회와 그 적들』, 부키, 2015 참고.

7 陳可辛은 1962년 생으로 홍콩의 영화감독이다. 대표작으로 〈쌍성고사〉, 〈퍼햅스 러브〉, 〈명장〉 등이 있다.

업으로 성공신화를 이룬 '신동방' 그룹이며, 영화 엔딩 부분에서는 주인공들처럼 벤처창업에 성공한 기업가로 현재 중국경제를 대표하는 인물이 된 레노버 류촨즈, 알리바바 마윈 등의 청년 시절 사진을 회상처럼 보여 준다. 개혁개방 이래 사회적으로 허용된 부자의 꿈을 창의적인 사업으로 승화시켜 온갖 역경을 극복하고 글로벌 기업으로 성장한다는 이야기는, 바로 중국 백년의 꿈의 성공담인 셈이다.

〈중국동업자〉의 감독인 천커신은 한국 관객들에게 깊은 감동을 선사했던 영화 〈첨밀밀(甛蜜蜜)〉(1996)을 연출한 감독이다. 덩리쥔(鄧麗筠)의 감미로운 노래 '첨밀밀', '달빛이 내 마음 전해 주네(月亮代表我的心)' 등이 애틋한 분위기를 이루고, 홍콩의 대표 배우 리밍(리샤오쥔 역)과 장만위(리챠오 역)의 우여곡절하고 아름다운 사랑이야기는, 지금 보아도 감동이 이어지는 명작이다. 〈첨밀밀〉이 중국 대중들의 사랑을 받은 요인을 사회문화적 맥락에서 살펴본다면, 주인공의 이야기가 부자의 꿈과 연계되어 누구나 공감할 수 있는 리얼리티가 있다는 점이다. 이야기가 시작되는 시점인 1986년은 농촌에서의 개혁개방 실험이 성공을 거둔 후 도시로 정책 중심이 이동되어, 도시인들이 부자의 꿈을 꾸기 시작하는 시기에 해당한다.

중국의 개혁개방은 먼저 인구의 80%가 몰려 있던 농촌의 개혁에서 시작된다. 당시 농촌은 집단 경작을 통해 국가가 정한 생산량을 달성하는 인민공사 체제에 편제되어 있어서 생산성보다는 무사안일의 태도가 지배하고 있었다. 그래서 이를 책임 생산제의 방식으로 변경하여 할당된 양 이외의 농산물을 시장에 내다 팔 수 있게 함으로써 농민들의 생산의욕을 고취시켰다. 이로 인해 농촌의 생산력이 급격하게 향상되어 시장에 농산물이 넘쳐 나는 사태가 벌어졌다. 또 농촌 인근 지역에 지방정부와 농민들이 합자하여 일용품을 생산하는 향진기업[8]을 건설함으로써 농촌의 공업화가 동시에 진행되었다. 이러한 변화에 따라 잉여 농산물 판매를 통해 고소득을 올리거나 향진기업을 효율적으로 운영하여 부자가 된 농민들이 늘어나 농촌에 개혁개방의 청신호가 울리기 시작하였다.

농촌에서 시장경제의 실험이 일정한 성과를 거둔 후 개혁개방의 흐름이 도시로 이어졌다. 도시에는 중국경제를 정체하게 만든 국유기업이 대거 몰려 있어서 이에 대한 개혁이 우선적인 대상으로 인식되었다. 하지만 급격한 개혁은 대규모의 실업에 사회 불안정을 불러올 수 있었기 때문에 섣불리 건드릴 수 없는 난제 가운데 하나였다. 이 때문에 도시에서 시장경제로의 변화를 실감할 수 있었던 것은 민간부문의 경제활동을 공식 허용한 일이었다. 개혁개방 초기 도시에는 문화대혁명 시기에 농촌이나 오지로 하방 당했다 돌아온 젊은이들로 넘쳐났다. 이들은 일자리가 없어 실업자 신세로 전락했는데 중국 정부는 이들에게 조그마한 점포를 열어 장사를 할 수 있도록 허락해 주었다. 이러한 사람들을 거티후(個體戶. 자영업자)라고 부르는데, 이후 거티후의 수가 폭발적으로 늘어나 도시의 새로운 활력이 되었다.

8 향진기업은 중국의 개혁개방운동에 따라 1978년부터 각 지역 특색에 맞게 육성되기 시작한 소규모 농촌기업으로, 우리의 읍면에 해당하는 향진(鄕鎭) 소속 주민들이 중소기업을 세워 경영과 생산 및 판매를 자율적으로 결정하였다. 이 향진기업은 마을 주민들이 공장을 공동소유하고 재투자액을 제외한 모든 이윤을 마을 주민들에게 분배하며, 균등임금을 지불하는 국영기업과는 달리 고급 기술 인력과 경영 관리자에게 더 많은 배당을 주고 기술자들도 능력에 따라 차등 임금을 받았다.

거티후 가운데 장사가 잘 되어 종업원을 고용하는 이들도 생겨나 종업원이 8명 이상인 거티후를 사영기업[9]이라고 불렀다. 이들은 당시 정보통신이 발달하지 않은 환경을 틈타 지역간의 상품 교역과 시세 차이를 통해 수익을 올리거나 직접 현대화된 생산 공장을 차려 물품을 공급하는 등 다양한 상술로 부를 축적하였다. 이러한 사회적 분위기 속에서 국유기업이나 정부기관 등 안정된 일자리에 종사하던 사람들이 오히려 직장을 그만두고 창업을 하거나 사영기업에 취직하는 '샤하이(下海)' 붐이 일어났다. 민간부문의 경제활동이 활발해지자 중국 정부는 거티후를 포함한 사영기업의 필요성을 승인하여 전국적으로 민영경제의 전성시대가 열리기 시작했다.[10] 이러한 정치경제적 분위기 속에서 중국인들은 부자의 꿈이 자신의 선택과 능력에 따라 실현 가능한 일이라는 점을 알게 되었다. 적극적으로 부자의 꿈을 추구하던 도시인들 가운데는 낙후한 대륙을 떠나 자본주의적 물질문명을 이룩한 국제도시 홍콩으로 이주하려는 이들이 있었다. 이른바 홍콩드림을 꿈꾸던 사람들로 〈첨밀밀〉의 주인공 리샤오쥔과 리챠오가 바로 그들이다.

톈진[11] 출신 리샤오쥔과 광저우 출신 리챠오가 같은 기차를 타고 홍

9 개혁개방 이후 중국의 기업형태는 소유 주체에 따라 국가가 소유하는 국유기업, 지방정부가 소유하는 집체기업, 개인이 소유하는 사영기업 그리고 외국인이 합작, 합자, 단독의 방식으로 소유에 관계하는 삼자(三資)기업으로 구성되어 있다.

10 이종민, 앞의 책, 89~92쪽.

11 영화 자막과 대본에서는 리샤오쥔의 출신지가 우시(無錫)로 나오지만 인물들의 대화를 들어 보면 톈진이라고 하고 있다. 우시와 톈진이 발음상 유사한 것도 아닌데 이런 착오가 생긴 것이 이상하여 조사해 보니, 원판인 홍콩판에는 톈진이라 되어 있고 대륙 상영판에 우시로 바뀌어 있음을 확인할 수 있었다. 그 이유는 다음과 같다. 영화의 장면이 1990년으로 넘어가기 직전 리샤오쥔이 애인인 샤오팅에게 쓴 편지 내용에 "듣자하니 올 여름에 너무 더워 베이징에서 사람이 죽었

콩에 도착하는 장면이 영화의 첫 머리에 등장하는 것도 이러한 시대상황의 반영이라 할 것이다. 지금은 톈진이나 광저우가 홍콩 수준에 근접한 대도시로 성장했지만, 당시에는 도시와 농촌만큼의 현격한 차이를 지닌 가난하고 낙후한 변방에 불과하였다. 리샤오쥔이 홍콩의 현대화된 도시생활을 접하며 대륙과의 문화충돌을 겪는 에피소드는 이러한 격차를 실감케 하는 장면들이다. 리챠오는 홍콩에 인접한 광저우 출신이라 광동어가 통하고 문화가 친숙하여 '대륙 촌놈'보다는 쉽게 적응할 수 있었지만, 그녀 역시 홍콩에서 할 수 있는 일은 하류 업종뿐이다. 이것은 홍콩의 대륙인이라면 누구나 직면해야 하는 격차였다. 그러나 그들에게는 이러한 시련을 기꺼이 견뎌 나갈 수 있는 있는 미래의 꿈이 있었다. 리샤오쥔은 고향에 있는 애인을 홍콩으로 데리고 와 행복한 가정을 만들려는 꿈이 있었고, 리챠오는 고향에 있는 어머니를 위해 집을 짓고 편안히 함께 살고 싶은 꿈이 있었다.

동일한 꿈을 가지고 있던 두 주인공이 낯선 홍콩에서 연인관계로 발전할 수 있었던 것도 개혁개방 세대로서의 동질적인 처지와 그 고충을 이해하는 마음이 서로 통했기 때문일 것이다. 그리고 덩리쥔의 노래는 그들의 이러한 공감 형성에 중요한 역할을 한다. 영화에서는 두 주인공이 홍콩에서 만났다 헤어지고 다시 뉴욕에서 극적으로 재회하는

다는데, 톈진은 어떤지 모르겠다."는 구절이 있다. 이것이 1989년 천안문사건을 빗대는 걸로 오인 받아 상영에 지장을 줄 수 있다고 판단하여, 영화 제작자들이 베이징을 항저우로 바꾸고 그에 따라 톈진을 항저우 근방의 우시로 바꾸었다. 정치적 사안으로 인해 리샤오쥔의 출신지가 톈진에서 우시로 바뀌었으니 명작에 숨겨진 오점이라고 하지 않을 수 없다. 이 조사에 도움을 준 푸단대학 차수경 선생께 감사드린다.

주요 장면마다 덩리쥔의 노래가 인연의 끈처럼 흐른다. 솜사탕처럼 감미로워 멜로영화의 분위기를 살리는 면도 있지만, 무엇보다 덩리쥔 노래가 개혁개방 세대의 동질감을 부여하는 문화적 코드라는 점이 주제가로 선택된 이유일 것이다. 개혁개방 이전에 중국인이 주로 부르던 노래는, 리샤오쥔이 자전거를 타고 다니며 불렀던 '둥팡훙(東方紅)'처럼 사회주의와 당을 찬양하는 규범화된 정치 가요였다. 개혁개방은 경제적 개방뿐만 아니라 문화적 개방으로도 이어져 과거의 정치문화와는 다른 외래 대중문화가 진입할 수 있었다. 80년대에 중국에서는 서구의 락음악, 홍콩의 무협드라마, 대만과 일본의 홈드라마, 미국의 드라마와 영화 등 다양한 대중문화를 즐겼는데, 대체로 정치적 색채가 배제된 소프트 오락문화의 특성을 지니고 있었다. 그 가운데 청년세대에 가장 커다란 영향력을 끼쳤던 것이 바로 덩리쥔의 노래였으며, 대학 캠퍼스나 공원에 모여 청년세대가 덩리쥔 노래를 듣는 모습은 당시의 일상적인 풍경이 될 정도였다. 그래서 홍콩에서 만난 낯선 대륙 청춘남녀가 문화적 동질성을 느끼며 감성을 공유하는 가장 효과적인 매개로 덩리쥔 노래가 선택되었던 것이다.[12]

두 주인공은 홍콩에서의 갖은 난관을 중국인 특유의 성실성과 인내로 극복하며, 마침내 부자의 꿈을 실현할 수 있는 물질적 기반을 이루게 된다. 그러나 아이러니하게도 그들은 물질적 부는 얻었지만 그것을 통해 진정으로 이루고자 했던 행복한 삶에는 실패하고 만다. 리샤오쥔은 홍콩에서 애인과 결혼하여 가정을 이루었지만, 떨어져 있는 동안

12 개혁개방 이후 중국 문화계의 변화에 대해서는 멍판화, 김태만·이종민 옮김, 『중국, 축제인가 혼돈인가』, 예담, 2002 참고.

감정이 소원해지고 오히려 리챠오에 대한 사랑이 자신의 진심임을 확인한 후 스스로 결혼생활을 청산하였다. 리챠오는 암흑계 보스의 도움으로 사업에 성공한 후 고향에 계신 어머니에게 집을 지어 드렸지만, 정작 어머니가 돌아가셔 함께 평온히 살려는 꿈을 이루지 못하였다. 집을 짓고 행복한 가정을 이루기 위해 고향을 떠나 홍콩으로 이주해 왔지만 결국 그들이 얻은 것은 무엇인가? 홍콩을 떠나기 전 두 주인공은 이 질문을 던지며 자신의 인생이 실패했다는 점을 고백한다. 홍콩 이주를 통해 이루려던 인생 목표가 실패하고 리챠오가 보스를 따라 홍콩을 떠나는 순간, 리샤오쥔은 더 이상 홍콩에 체류할 이유가 없어지게 된다.

여기서 두 주인공의 홍콩 드림은 실패를 고하게 되고, 홍콩에서 깨달은 인생의 참의미와 새로운 삶을 찾아 미국으로 이주하는데, 이것은 세속적인 의미의 아메리칸 드림이 아니다. 리샤오쥔은 친지가 운영하는 식당에서 일을 하며 운명적인 만남을 기다리고 있고, 리챠오는 보스가 살해당한 후 여행 가이드를 하며 영주권을 획득한다. 덩리쥔이 교통사고로 세상을 떠나던 날 애도 방송과 흐르는 노래를 따라 두 주인공은 극적인 재회를 한다. 부자의 꿈을 쫓아 대륙에서 홍콩으로 그리고 미국으로 이주한 10년의 시간, 그들은 우여곡절 끝에 사랑을 이루게 되었지만, 낯선 타국에서의 시련이 그들의 인생에 무슨 의미였는지의 문제는 덩리쥔의 감미로운 노래처럼 긴 여운을 남긴다.

3. 〈중국 동업자〉와 아메리칸 드림

부자의 꿈이라는 맥락에서 볼 때 〈첨밀밀〉의 홍콩 드림은 〈중국동업자〉에서 아메리칸 드림으로 이어진다. 그러나 〈첨밀밀〉 후반부에 등장하는 미국 이주가 홍콩 드림이 실패한 이후의 성찰의 이야기에 가깝다면, 〈중국동업자〉의 아메리칸 드림은 시종 부자의 꿈을 성취하기 위한 욕망과 의지를 드러낸 이야기라고 할 수 있다. 동일한 주제를 다룬 두 영화 사이에 이러한 시각 차이가 존재하는 것은, 그동안 세계 속의 중국의 위치가 확연히 달라진 점과 연관되어 있다. 〈첨밀밀〉이 제작된 1996년은 경제 후진국에서 세계의 공장으로 성장하던 시기이며, 〈중국동업자〉가 제작된 2013년은 세계의 공장을 넘어 글로벌 정치경제의 중심축인 G2로 부상한 시기였다. 이러한 중국의 지위 상승이 중국과 중국인에 대한 자부심으로 표출되면서, 90년대와는 다른 성공 이야기가 영화 속에 재현될 수 있었던 것이다.

〈중국동업자〉는 미국 비자를 취득하여 유학을 통해 아메리칸 드림을 이루려는 대학생들의 이야기를 다룬다. 실제로 개혁개방 초기부터 중국은 새로운 시대에 필요한 전문 인재를 양성하기 위하여 해외에 유학생들을 파견하였다. 정부 정책이 개혁개방 이전의 소련 중심에서 벗어남에 따라 미국과 유럽, 일본, 호주 등 선진 자본주의국가로의 유학의 길이 열리게 되었다. 우수한 명문대 학생일수록 입학 때부터 해외유학을 결정하여 대학 강의보다 어학시험 준비를 우선하는 현상이 벌어질 정도였다. 이러한 유학 열풍은 상대적으로 낮은 교육수준에서 비롯된 것이기도 하지만, 글로벌 국가로 성장하기 위한 중국의 장기적 인재

양성 정책이 투영된 현상이라고 할 수 있다.

〈중국동업자〉의 세 주인공은 명문대 학생으로, 청둥칭은 시골에서 올라와 순박한 이상주의적 성향을 지니고 있으며, 멍샤오쥔은 대대로 미국 유학을 한 엘리트 명문가 출신으로 입신양명의 야망이 강하고, 왕양은 자유분방하고 낭만적이면서도 현실 균형 감각을 지니고 있다. 세 주인공은 미국 유학을 꿈꾸며 비자 심사를 받는데 멍샤오쥔만이 비자를 취득하고 청둥칭과 왕양은 매번 거부되어 좌절하게 된다. 멍샤오쥔은 미국 유학의 길을 떠나고, 청둥칭은 대학 강사생활을 하다가 불미스러운 일로 파면되어 왕양과 함께 미국유학 준비생을 위한 영어학원을 차린다. 이른바 '샤하이' 열풍에 편승하여 민영경제에 뛰어든 것이다. 영어학원은 나날이 번창하여 성공가도를 달리는데, 미국으로 간 멍샤오쥔은 적응에 실패하여 좌절의 쓰라림을 안고 다시 중국으로 돌아온다. 멍샤오쥔이 사업에 합류하여 획기적인 아이디어를 내고 세 사람이 각기 장점을 발휘하여 만든 '신멍샹' 기업은 중국 최고 수준으로 성장하게 된다. 여기까지의 이야기만을 놓고 본다면 개인적 차원의 부자의 꿈이 우여곡절 끝에 이루어지는 훈훈한 성공담이라고 할 수 있다.

그러나 이후 그들에게 닥쳐온 세 가지 시련은 이야기의 성격을, 개인적 차원을 넘어 중국 백년의 꿈속으로 흘러들어가게 한다. 첫 번째 시련은 1999년 5월 8일 미군이 세르비아 베오그라드 주재 중국대사관을 폭격한 사건으로 빚어진 것이다. 세르비아 정부군이 분리 독립을 요구하는 알바니아계 코소보 주민을 유혈 진압하자 이를 응징하기 위해 나토군의 일원이었던 미군이 군사 작전을 수행하는 과정에서 중국 대사관을 오폭한다. 이 사건이 알려지자 중국 내에 극렬한 반미시위가 벌어지는데, 흥분한 군중은 신명샹으로 몰려와 '민족의 죄인', '매국노'라고 비난하며 공격을 가한다. 위기에 처한 청둥칭은 시위 군중을 향해 "30년 전과 다른 게 무어냐", "집에서만 제멋대로 군다", "중국인이 중국인을 때리는 겁쟁이"라고 항의하며, 군중의 분노 속에 내재한 문화대혁명 식의 폐쇄성을 비판한다. 그리고 "공격한 사람에게 배워 더 강해져야 한다"는 냉철한 현실주의적 국제관을 표출하며 군중의 폭력과 극단적 민족주의로부터 신명샹을 지켜 낸다.

두 번째 시련은 신명샹 내부에서 교육사업의 이상과 기업성장의 현실에 대한 의견 차이로 빚어진 갈등이다. 멍샤오쥔은 신명샹이 세계최대 교육기업이 되려면 하루빨리 나스닥에 상장하여 국제 경쟁력을 키워야 한다고 주장한다. 청둥칭은 교육과 자본은 상극이어서 상장할 경우 투자자의 이해관계가 반영되고 실패할 경우 학생들에게 피해가 간다는 입장에서 멍샤오쥔의 주장에 반대한다. 중국 내부에서 안전하게 교육사업을 운영하려는 청둥칭은 주주들의 상장 결정에도 불구하고 최대주주로서 거부권을 행사하여 세 주인공 사이에 내분이 일어난다. 이 과정에서 서로 간에 사업의 목표가 다르다는 점을 확인하고, 또 주인공 사이의 신뢰와 소통이 위기에 처하여 "절친한 친구와 사업하지 마라"는 감정대립으로 이어지면서 멍샤오쥔이 신명샹을 그만두고 떠나 버린다.

세 번째 시련은 신명샹이 미국 EES 교재를 무단 복제하여 지적 재산권 침해에 대한 배상 청구를 당한 사건이다. 이 사건을 해결하기 위해 미국으로 가야 하는데 정작 청둥칭은 미국에 가본 적이 없어 멍샤오쥔에게 도움을 청하려고 한다. 이때 멍샤오쥔이 청둥칭을 찾아와 세 주인공은 다시 의기투합하여 미국으로 가서 EES 관계자들과 담판을 벌인다. 담판 중간 휴식 시간에 멍샤오쥔이 안내한 뉴욕의 한 식당에 가서, 멍샤오쥔으로부터 미국에 체류할 당시 실패한 이야기와 이 식당이 바로 고생하며 아르바이트 하던 곳이라는 고백을 듣는다. 그리고 멍샤오쥔이 신멍샹을 나스닥에 상장하려는 것이 과거 실패한 자신의 자존심을 되찾으려는 마음에서 비롯된 일이며, 불공정한 국제관계에서 실력을 키우는 것이 바로 인정과 존중을 받는 길이라는 점을 이해하게 된다. 최종 담판에서 청둥칭은 EES의 지적 재산권 침해는 인정하면서도 중국인들이 시험 점수가 높은 것은 교재 무단 복제 때문이 아니라 꿈을 실현하려는 용기 있는 도전의 결과라고 변론을 펼친다. 또한 배상 금액이 지나치게 높은 것은 불공정한 처사라고 설득하며, 글로벌 협력을 통해 상호이익을 추구하는 결론을 이끌어 내어, 마침내 신멍샹을 나스닥에 상장하고 미래 세계최대 교육기업이 되기 위한 길에 들어선다.

〈중국동업자〉는 아메리칸 드림에 실패하고 돌아온 멍샤오쥔이 신멍샹에 합류하면서 닥친 세 가지 시련을 극복하는 과정에서, 90년대 중국 이야기에서 벗어나 대국굴기 이후 21세기 중국의 이야기로 전환된다. 첫 번째 시련은 중국 내부의 폐쇄적이고 극단적인 민족주의에 부딪친 사건이다. 미국의 중국대사관 오폭에 대해서는 당연히 엄중하게 항의하고 책임을 물어야 하지만, 이 때문에 미국과의 전반적인 협력관계를 깨트리거나 미국과 관련된 일에 종사하는 중국인을 공격하는 것은 대의를 그르치는 감정적인 태도이다. 청동칭은 이러한 행동이 일시적인 민족감정의 폭발에 불과하며, 장기적으로 볼 때 중국을 실패하게 만든 선진국의 우수한 점을 배워 스스로 강해지는 것이 중국이 세계의 인정을 받는 길이라고 인식한다. 이러한 시각은 루쉰의 민력론(民力論)과 상통하는 측면이 있다. "한 나라가 쇠퇴할 때가 되면 의견이 서로 다른 두 부류가 나타난다. 하나는 민기론자(民氣論者)로 국민의 기개를 중시하고, 또 하나는 민력론자로 국민의 실력을 중시한다. 전자가 많으면 국가가 끝내 쇠퇴하고 후자가 많으면 국가가 장차 강성해진다."[13] "중화 전통의 약삭빠른 재주는 모두 내던져 버리고 자존심을 굽힌 채, 우리에게 총격을 가하는 양놈들에게 배워야 한다. 그렇게 해야만 새로운 희망의 새싹이 돋기를 바랄 수 있다."[14] 이러한 시각은 아편전쟁 이후 중국의 역사를 제국주의 침략과 저항의 이야기로 규정하는 중국 내부의 보수적 경향과, 중국이 앞으로 세계대국이 된 후 보복하지 않을까 우려하는 서구의 중국위협론적 시선과는 상이한 것이다. 청둥칭의 이러한 개방적 부강론은 평화발전의 이념을 내세우고 있는 21세기 중국의 새로운 역사 서사와 닮아 있다.

첫 번째 시련이 민족적 차원에서 성찰해야 할 편향이라면, 두 번째 시련은 집단 내부 구성원 사이의 소통과 신뢰의 결핍에서 발생한 문제라 할 수 있다. 주지하듯이 중국은 개인의 이해관계가 사회활동의 중요한 매개 고리로 작용함에 따라 관시라 불리는 독특한 대인관계 방식이 형성되어 있다. 그래서 개인의 이해관계를 잘 조정하여 신뢰관계를 구축하는 것이 집단 운영에 있어서 무엇보다 중요하다. 신명샹은 대학 친구 사이의 관시에 기반하여 만든 기업으로 우정이 가장 중요한 장점으로 작용한다. 그러나 서로 잘 알고 있다는 생각에 개개인의 입장 차이

13 루쉰, 「화개집문득 생각나는 것 10」, 『루쉰전집』 제3권, 인민문학출판사, 1981, 96쪽.

14 루쉰, 「화개집문득 생각나는 것 11」, 『루쉰전집』 제3권, 인민문학출판사, 1981, 102쪽.

를 확인하지 않을 경우, 불신의 간극이 깊어져 자칫 위기를 맞이할 수 있다. 청둥칭은 중국 내부에서 안전하고 순수한 교육 사업을 운영하는 것이 목표였지만, 멍샤오쥔은 미국에서 상처받은 자존심을 회복하려는 동기에서 출발하여 신멍샹을 세계최대 교육기업으로 육성하려는 포부를 지니고 있었다. 신멍샹의 목표와 꿈이 서로 달랐음에도 불구하고 속마음을 털어놓거나 소통할 기회가 없어, 기업 상장 문제에 부딪쳐 내분이 일어나고 만 것이다. 내부 구성원 사이의 신뢰와 협력이 결핍된 상태에서 기업의 장기적 성장은 불가능한 일이다. 지속가능한 성장의 차원에서 볼 때, 이것은 선부론의 개인주의적 방식에서 벗어나 각자의 장점을 결합하여 함께 부유해지는 '공부론(共富論)'의 방식으로 전환해야 한다는 것을 뜻한다.

앞의 두 시련이 중국 내부에 잠재된 편향에서 비롯된 문제라면, 지적 재산권 침해와 관련된 세 번째 시련은 글로벌 경제관계의 문제라고 할 수 있다. 개혁개방 이후 중국의 급성장이 정부의 느슨한 규제와 기술모방에 힘입었다는 점은 부인할 수 없는 사실이다. WTO 가입 이후 중국은 국제 규범을 준수해야 하는 환경이 되었지만, 선진국을 따라잡아야 하는 첨단 기술 및 소프트 콘텐츠 등의 분야에서는 여전히 규제를 느슨하게 하고 있다. 중국이 세계 무역시장을 점유한 것은 세계의 공장으로서 조립생산 능력의 향상 덕분이며, 고부가가치 기술력은 선진국과 격차를 지니고 있어서 중국이 명실상부한 세계대국이 되기 위해선 이 문제를 해결해야 한다. 중국 정부 역시 단기간 내에 이 격차를 따라잡을 수 있다고 생각하지는 않으며, '저우추취(走出去)' 전략을 통해 글로벌 기업의 기술과 브랜드를 사들이거나 관련기업과의 협력 체제를 구축하여 격차를 좁혀 나가고 있다. 신명샹이 미국 EES 교재를 무단 복제하여 천문학적인 배상금 청구를 당한 것도 규제가 느슨한 중국의 시장 환경에서 비롯된 것이다. 청둥칭은 지적 재산권을 침해한 점은 시인하면서도 천문학적인 배상금은 부당한 일이라고 설파하며, EES와의 협력 체제를 구축하여 상호이익을 얻는 방식으로 위기를 극복해 나간다. 기업전략의 차원에서 볼 때 이것은 시장을 내주고 기술을 얻는 방식으로, 협력 체제를 통해 기술을 습득함으로써 향후 시장과 기술을 동시에 장악하려는 뜻이라고 할 수 있다. 신명샹의 방식이 바로 "공격한 사람에게 배워 더 강해져야 한다"는 전략을 구사한 것이며, 아편전쟁 이래 실패한 중국이 대국으로서의 자존심을 되찾고 세계의 존중을 받을 수 있는 천커신 감독의 해법인 셈이다.

그렇다고 〈중국동업자〉를 기업성장 이야기나 국가정책 이야기로 협소하게 볼 필요는 없다. 〈중국동업자〉가 신명샹의 기업 성장 및 중국 백년의 꿈과 연계되어 있지만, 기업성장이나 국가정책만을 부각시켜 인물의 삶과 감동이 결핍된 그런 이야기와는 차원을 달리 하기 때문이다. 가령, 청둥칭을 부당하게 해임한 중국 대학에 기부금을 내는 장면이나, 멍샤오쥔에게 좌절의 커다란 상처를 준 미국 대학에 그의 이름으로 실험실을 기증하는 장면은, 실패를 안겨 준 대상에게 명예롭게 자존심을 회복하는 화해의 길을 제시한 것이다. 〈중국동업자〉는 성공신화의 재현이 아니라 부자의 꿈, 기업성장, 백년의 꿈 등의 물질적 부를 통해 이루려 하는 삶의 가치가 무엇인지를 질문하고 있다. 실패와 시련을 딛고 일어선 용기 있는 도전과 스스로 존엄을 지키며 세계에 인정받는 길에 대해서 말이다.

부자의 꿈에 대해 질문하는 시각을 놓고 볼 때, 〈첨밀밀〉이 부자의 꿈에서 깨어나 인생의 참의미에 대해 성찰하려고 한다면, 〈중국동업자〉는 개인적인 부자의 꿈이 국가의 꿈과 접속하여 더 큰 차원의 가치를 향해 나아가려고 한다. 이러한 차이는 있지만 두 영화 모두 부자의 꿈을 통해 궁극적으로 실현하려는 가치를 망각한다면, 부자의 꿈은 물질적 욕망으로 전락하며 그 순간 인간으로서의 존엄을 상실할 수 있다는 점에 대해 똑같이 경고하고 있다. 개혁개방 이후 부자의 꿈을 쫓아 달려갔던 자본주의 현대화의 길에서 부자의 꿈이 가시화되는 순간, 〈중국동업자〉는 부자의 꿈을 통해 이루려고 한 삶의 가치가 무엇이었는지, 그것이 개인과 사회 그리고 국가의 존엄을 추구하는 길로 나아가고 있는지의 문제를 낙관적인 시각으로 반문하고 있는 것이다.

4. 행복의 권리

부자의 꿈에 대한 낙관적인 시각으로 인해 〈중국동업자〉는 중국이 직면하고 있는 실업과 복지문제에 대한 국가의 책임을 제기하지 않는다는 비판을 받는다.[15] 영화에서 청둥칭은 명문대학 강사에서 파면된

15 〈중국동업자〉가 청년세대가 직면한 현실을 외면하고 시진핑 정부의 입장을 반영한 영화라는 비판에 대해서는 고윤실, 「중국의 포스트 80세대의 '청춘 회고'와 공공담론으로서의 '중국몽'」, 『중국현대문학』 72호 참고. 그러나 이 논문의 〈중국동업자〉 비판은 중국몽의 허구성과 신자유주의적 성장정책에 대한 일반적인 비판을 영화에 적용한 것이어서 〈중국동업자〉가 제기하고 있는 부자의 꿈과 인간존엄의 문제 등에 대한 비평은 생략하고 있다.

후 창업을 통해 스스로 위기를 탈출하였고 멍샤오쥔은 미국에서의 좌절을 극복하고 나스닥 상장의 꿈을 이루었는데, 이러한 위기 극복과 성공의 이야기가 개인적인 분투와 열정을 통해 성취 가능한 것으로 부각되고 있기 때문이다. 특히 멍샤오쥔이 신명샹에 합류하면서 개인적 차원의 부자의 꿈이 국가적 차원의 중국의 꿈과 연계되고 또 미국 기업의 불공정을 극복하고 글로벌기업으로 도약하는 장면은, 중국인으로서의 자부심을 고취시키기에 충분한 설정이다. 중국 정부는 인터넷 플러스 정책으로 통해 창업을 적극 장려하고 있고 베이징, 선전 등의 창업 카페에서 분투하며 부자의 꿈을 꾸고 있는 청년들에게는 〈중국동업자〉가 바로 미래의 희망인 것이다.

그러나 현재 중국은 청둥칭이 샤하이를 통해 부자의 꿈을 이룰 수 있었던 개혁개방 초기 경제상승기의 중국이 아니다. 오히려 대다수 중국인들은 부자의 꿈에 대한 약속이 깨지고 사회적 불평등이 자신의 현실이 되고 있는 위험시대를 살고 있다. 선진자본주의 국가처럼 중국은 개혁개방 이후 산업화와 도시화를 성장 동력으로 삼아 성공신화를 이루었지만, 그 대가로 21세기 들어 사회적 불평등과 실업, 환경오염 등으로 인한 삶의 위기의 문제가 심각하게 대두되었다. 독일과 북유럽의 경험은, 산업화와 도시화 이후 새로운 성장 동력을 복지국가 건설과 연계할 때 지속 가능한 성장을 이룰 수 있고 국민 개개인의 행복의 질도 높아질 수 있다는 점을 보여 준다.

중국의 꿈의 주창자 시진핑은 "중화민족의 위대한 부흥이라는 중국의 꿈을 실현한다는 것은 바로 국가의 부강, 민족의 부흥, 인민의 행복을 완성하는 것"이라고 말한다. 복지국가 건설과 관련하여 시진핑의 중국의 꿈에서 주목할 점은 인민의 행복을 국가의 부강, 민족의 부흥과 같은 반열에 놓고 있다는 것이다. 그동안 중국은 국가와 민족이 중심이 되어 경제대국으로 성장할 수 있었지만, 내부에서는 사회적 불평등이 심화되고 인간성이 존중받지 못하는 등 인민의 삶의 질이 하락하는 문제에 직면하였다. '부자 중국, 가난한 중국인'이 상징하듯이 국가의 성장이 인민의 행복으로 나아가지 않는다면 중화민족의 위대한 부흥은 그야말로 백일몽에 불과해질 것이다. 이 점이 바로 시진핑의 중국의 꿈에서 인민의 행복과 권리가 우선되어야 하는 이유이다.

중국 헌법 제45조에서는 "중화인민공화국 국민은 연로하거나 질병이 있거나 노동력을 상실할 경우, 국가와 사회로부터 물질적 도움을 얻을 권리가 있다. 국가 발전은 국민이 이러한 권리가 필요로 하는 사회보험과 사회 구제 및 의료와 보건 서비스를 누릴 수 있게 하기 위한 것이다."라고 규정하고 있다. 즉 중국의 헌법에서도 인민 행복의 근간이 되는 사회보장을 국가가 제공해야 하고, 인민은 필요한 공공 서비스를 국가에 요구할 수 있는 권리가 있다는 점을 명시하고 있는 것이다. 그러나 이러한 헌법 규정을 알고 있는 사람은 소수이고 사회복지의 문제를 공론화해야 할 학계와 언론에는 작은 정부를 신봉하는 시장주의자들이 많아서, 사회보장이 인민 행복의 권리로 실현되기까지는 여전히 많은 정치경제적 장벽이 존재하고 있는 실정이다.[16]

16 가오롄쿠이, 앞의 책, 85쪽. 문화보수주의자나 자유주의 지식인은 물론이고 중국의 좌파 지식인 가운데서도 복지국가 건설을 자기 실천의 주요 목표로 설정하는 이들이 잘 보이지 않는다. 현재 중국 지식계에는 문명국가론이 화두가 되고 있지만 논의의 중점이 주로 그 문명 기초로서 유학을 얘기하고, 서구 중심의 패권질서를 어떻게 중국 중심의 문명질서로 전환할 것인가에 놓여 있어서, 인민의

이러한 장벽 때문에 중국 정부와 지식인들은 북유럽 복지국가와 사회민주주의(중국에서는 민주사회주의라고 부른다)에 대해 일정한 거리를 두고 있다. 북유럽의 경우 국가가 국민의 복지를 보편적으로 책임지는 사회이면서, 국민 개개인의 정치 참여를 바탕으로 한 민주적 복지정책을 시행하고 있다는 점과 관련되어 있을 것이다. 복지비용 면에서나 당-국가체제를 유지하고 있는 중국 정부에게 북유럽모델은 상당히 부담스러울 수밖에 없다. 중국에서는 복지국가를 주로 북유럽 복지모델로 지칭하면서, 복지국가보다는 복지사회라는 용어를 선호하고 있는데, 이는 사회보장을 국가가 주도하지 않고 지역사회와 기업, 개인 및 가족에게 맡기려는 뜻이다. 중국의 이러한 복지사회 구상은 시장자유주의적 성장을 지속하고 또 작은 정부의 틀 속에서 사회복지 문제를 해결하려는 소극적 정책의 산물이라고 할 수 있다.

이러한 상황에서 중국의 꿈을 추진할 정치적 주체와 복지 재원을 확립하는 문제가 제일 난제다. 현재 복지재정이 GDP의 약 10%를 차지하는 수준에서 20% 이상으로 확충해야 하는데, 복지사회를 추진할 인민의 정치적 참여가 제한되고 정부가 자본을 민주적으로 통제할 의지가 없다면 복지사회 구현에 소요되는 재정을 마련할 방안이 없기 때문이다. 이 점은 21세기 중국의 꿈이 국가 주도의 시혜가 아니라 인민이 주체가 되는 정치발전(20세기식 인민동원의 정치가 아닌 행복의 권리에 기반한 사회민주의 정치)과 공동체윤리를 통해야 실현 가능하다는 사실을 역설하고 있다. 이것이 바로 백년 중국의 꿈 앞에 놓여 있는 거대한

삶의 질 향상을 위한 방안을 복지국가 건설과 연계하여 논의하는 경우를 찾아보기 힘들다.

도전인 셈이다.

중국이 인민 행복의 권리를 인식하고 그것을 실현하기 위한 삶의 질 향상을 고민하고 있다는 것은 국제평화를 위해서도 매우 중요한 일이다. 중국의 정치 목표가 국가와 민족 단위의 패권 경쟁을 넘어 인민의 행복한 삶을 위한 문명정치 실현으로 나아간다면 동아시아는 물론이고 세계 평화를 위한 거대한 인식의 전환이 이루어질 수 있기 때문이다. 2차 세계대전 이후 서구 선진국들이 복지국가를 건설하는 과정에서 국민의 삶의 질을 우선한 것처럼, 중국이 진정한 의미의 문명국가가 되는 길은 현재 세계적으로 진행되고 있는 탈복지의 흐름을 다시 복지국가 건설로 전환시키는 역할을 얼마나 성공적으로 수행하느냐에 달려 있다. 그 전환점은 무엇보다 중국 내부의 사회적 불평등을 해소하고 인민의 행복을 증진시키는 일에서 시작되어야 할 것이다.

7장

농민공, 시민이 될 수 있는가

7장
농민공, 시민이 될 수 있는가

1. 구경꾼의 반란

중국경제가 세계의 공장으로 꽃을 피우던 1990년대는 눈앞에 펼쳐진 물질적 풍요에 매혹되어 삶의 의미에 대한 질문이 상대적으로 빈곤해진 시기였다. 세계를 놀라게 한 성장속도에도 불구하고 90년대 중국은 개혁개방의 주창자 덩샤오핑이 의도하던 모습에서 상당히 빗나가고 있었다. 본래 '선부론'은 '아랫목이 따뜻해지면 윗목도 자연스레 따뜻해질 것'이라는 확산효과를 기대한 것인데, 오히려 사회적 불평등이 그 어느 때보다도 심각해지기 시작했던 것이다. 1992년 1월 덩샤오핑의 남순강화는 천안문 사태로 인한 개혁개방의 위기를 잠재우면서 지속적인 시장경제 정책을 추진하겠다는 선언으로 평가되지만, 중국 사회주의의 목표가 이기적인 삶이 아니라 모든 사람이 공동으로 부유한 사회

건설이라는 점을 천명한 것이기도 했다.[1]

그러나 90년대 중국은 선부론이 지배한 물질주의의 시대가 되었으며, 21세기 들어 중국은 외형적 성장에 치중해 온 발전과정을 반성하며 질적인 성장을 이루어 나갈 수 있는 방안을 모색하기 시작하였다. 2006년부터 시작한 11차 5개년 계획에서, 후진타오 정부는 과학발전관을 통해 지속 가능한 질적인 성장을 하고, 계층간·지역간 불균형에서 벗어나 사회구성원 전체가 소외되지 않는 균형발전을 이루어, 인간이 중심이 된 조화사회로 나아가는 것을 새로운 목표로 설정하였다.

후진타오 시대의 이러한 방향 전환은 '성장의 위기'에 대한 정부 차원의 대응이라고 할 수 있다. 아울러 사회적 차원에서도 이러한 위기를 초래한 자본주의적 현대화에 대해 저항하기 시작했다. 2000년에는 농민 농촌 농업의 삼농 위기에 대한 대토론을 통해 농업세 감면과 신농촌 건설운동을 추진하였고, 2003년에는 사스를 계기로 의료보장체계에 관한 공개적인 토론을 통해 사회보장제도 수립을 위한 기반을 마련하였다. 또 2005년에는 국유기업에 관한 논쟁을 통해 국유기업 개혁에 긍정적인 역할을 수행했고, 의료주거교육의 세 가지 난제에 관한 토론을 통해 민생을 위한 여론이 형성되었다. 이러한 사회적 흐름 속에서 중국공산당의 정강이 조정되어 '효율을 우선하는' 90년대의 기조가 '사회적 공평을 더욱 중시하는' 기조로 바뀌었고, 민생을 중시하는 복지사회 건설이 중국공산당의 핵심 주장으로 점차 자리를 잡아갔다.[2] 후진타

1 덩샤오핑의 남순강화에 대해서는 鄧小平, 「在武昌, 深圳, 珠海, 上海等地的談話要點」, 『鄧小平文選』 3卷, 人民出版社, 1993 참고.

2 왕후이, 성근제 역, 「충칭사건-밀실정치와 신자유주의의 권토중래」, 『역사비평』

오의 정치개혁은 중국이 물질 빈곤의 시대에서 이제는 과잉된 물질의 공정분배 시대로 전환하고 있다는 사실을 알려 준다.

이러한 변화는 중국 문화계에도 나타나는데, 90년대의 물질만능주의에 대한 성찰이 주요 관심사가 되어 인간의 '존엄'이라는 말이 비평의 중심어로 부상하였다.[3] 〈중국동업자〉에서 스스로 존엄을 지키며 세계의 인정을 받는 길이 영화의 메시지가 된 것처럼, 배금주의를 넘어 인간의 존엄을 찾는 일이 21세기 중국 문화가 모색해야 하는 실천과제가 된 것이다. 존엄이란 말 속에는 두 가지 함의가 있다. 하나는 대외적 차원에서 잃어버린 중국인으로서의 자부심을 회복하는 것이고, 다른 하나는 중국 내부적 차원에서 인간으로서의 참된 삶과 행복을 찾는 것이다.

개혁개방에서 90년대에 이르는 짧은 시간 동안 중국인들은 자신의 경제적 능력을 확실하게 입증했지만, 20세기 전체로 볼 때는 낙후하고 무기력한 국민이라는 불명예를 안고 있었다. 제국주의 세력은 동아병부(東亞病夫), 황화론(黃禍論), 문명/야만의 시선으로 중국인을 비하하였고, 중국 내부에서도 국민성담론을 통해 국가를 이룰 자격이 결여된 국민이라고 비판하였다. 이로 인해 중국이 근대국가를 건설하기 위해선 무엇보다 중국인의 국민성을 개조하는 일이 급선무라고 인식되었다. 이러한 시각은 경제발전 및 민주주의에 적합한 국민성과 문화가 있다고 전제하며 이를 위해선 먼저 국민성과 문화를 개조해야 한다고 주

여름호, 역사비평사, 2012, 169쪽.

3 21세기 들어 존엄이 중국 대륙에서 유행어가 된 문화적 배경에 대해서는 주홍하이 「'때맞추어 나타난' 보양」(김영수 옮김, 『추악한 중국인』, 창해, 2005) 참고.

장하는 문화주의적 관점과 상통하는 것이다.[4] 서구사회에 널리 퍼진 문화주의적 관점과 결합된 국민성담론이 20세기 중국을 지배하면서, 권력을 소유한 자들이 자신의 정치적 이해관계에 따라 국민의 자질을 임의적으로 재단하는 결과를 초래하였다. 가령 신해혁명 이후 수립된 공화정에서 선거인 자격에 미달한 국민에게 선거권을 부여하지 않았고, 사회주의 시기에는 출신 성분과 혈통에 따라 정치적 차별을 가하였으며, 개혁개방 이후 당-국가 체제에서는 국민의 소질 부족을 이유로 인민의 정치참여를 제한하고 있다. 이는 국민성담론이 본래 의도하던 바와 달리, 국민의 정치적 권리를 제한하고 이를 정당화하는 논리로 작동하고 있다는 점을 보여 준다. 오히려 현실 속의 중국인들은 국민성담론 속의 상상과 달리, 개혁개방의 변화된 세계에 신속하게 적응하며 그동안 억눌려 있던 물질적 욕망을 분출하고 있었다. 그들은 더 이상 시대의 구경꾼이 아니라 부자의 꿈을 향해 질주하는 '반란' 세력으로 변모해 가고 있었던 것이다.[5] 이에 따라 경제발전을 하려면 먼저 그에 적합한 국민성과 문화를 개조해야 한다는 관점이 효력을 상실하였고, 그동안 부정적으로 간주되던 중국인의 특성이 경제발전이 성공한 주요 요인으로 재평가되었다.

중국인의 반란의 질주가 시작되면서 제도적 장벽이 허물어짐에 따라, 기존의 농민 중심의 단순한 사회계층이 다양한 사회계층으로 분화

4 문화주의적 관점에 대한 비판은 장하준, 「게으른 일본인과 도둑질 잘하는 독일인: 경제발전에 유리한 민족성이 있는가?」, 『나쁜 사마리아인들』, 부키, 2007 참고.

5 이 점에 대해서는 이종민, 『흩어진 모래: 현대 중국인의 고뇌와 꿈』, 산지니, 2013. 8장 사회주의, 평등과 권력의 불협화음 참고.

되는 현상이 출현하게 되었다. 이러한 사회분화는 90년대 말에 일정한 단계에 이르는데, 중국 사회과학원의 「당대 중국 사회계층 연구보고」(2001.12)[6]에서는 개혁개방 이후 중국인을 10대 사회계층으로 구분한다. 상층인 국가 및 사회 관리층(2.1%)과 기업 관리층(1.5%), 중상층인 민간 기업주(0.6%)와 전문직(5.1%), 중중층인 사무직(4.8%)과 자영업자(4.2%), 중하층인 상업 서비스업 종사자(12%)와 산업 노동자(22.6%), 하층인 농업 노동자(44%)와 실업자(3.1%). 이 보고에서 주목할 점은 상위 20%와 하위 80% 사이의 양극화가 뚜렷하고, 민간 기업주, 전문직, 사무직, 자영업자 등의 '중간층'이 새로운 계층을 형성하여, 하층 노동자와 농민에 비해 높은 소득을 올리며 문화생활을 향유하고 있다는 점이다.

2. 〈인재경도〉와 신뢰의 힘

21세기 들어 중국인의 삶에 관한 논의에 존엄이 중심어로 부상하게 된 것도 양극화된 사회분화와 불평등 문제와 밀접하게 연관되어 있는데, 이 점을 이해하기 위해 우리가 보아야할 영화가 예웨이민[7] 감독의 〈인재경도(人在囧途)〉(2010)이다. 〈인재경도〉는 완구회사 사장 리청꿍이 설을 쇠러 귀향하는 길에서 우유공장 농민공 뉴껑을 만나 겪게 되

6 중국사회과학원의 이 보고서는 루쉐이(陸學藝)가 주도적 역할을 수행한 것이다. 중국 사회 계층의 변화에 관한 자세한 분석은 루쉐이 『21세기 중국 사회의 전망』(김성희 옮김, 주류성, 2001) 참고.

7 葉偉民은 홍콩의 감독이다. 대표작으로 〈홍콩마스크〉, 〈마궁매영〉, 〈결전식신〉 등이 있다.

는 황당하고 코믹한 사건을 통해 인생의 의미를 성찰하는 영화다. 리청꿍은 가족을 떠나 대도시에서 사업에 성공한 인물로 물질만능적인 삶을 추구하는 전형적인 사영기업가이다. 그는 부자의 꿈을 성취하여 가족의 부유한 생활을 위한 물적 기반은 제공해 주지만, 가족과 떨어져 함께 살지 않는다. 오히려 대도시에서 애인을 두고 생활하는 이중적인 면모를 지니며, 이번 귀성길에 아내와 이혼하고 애인을 선택하려는 생각을 한다. 리청꿍 역시 물질적 부는 이루었지만 그 대가로 가족과의 행복한 삶에서 멀어지고 있었던 것이다. 농민공인 뉴껑은 사장이 밀린 월급을 주지 않아 귀향하지 못하는데, 월급 대신으로 사장이 돈을 빌려주었다는 사람을 찾아 창사로 가는 길에 리청꿍을 만난다.

창사로 가는 길은 귀성 인파로 인해 혼잡할 뿐 아니라 갖가지 사고가 벌어져 고생스런 여정이 된다. 비행기는 창사 공항에 안개가 끼여 회항을 하고, 기차는 철교가 붕괴되어 중도에 운행이 중단되고, 버스는 도로가 무너져 우회하다가 마을에서 소동이 벌어지고, 자동차는 졸음운전으로 전복되는 사고가 일어난다. 연이은 사고 속에서 리청꿍은 평소 겪어보지 못한 고달픈 체험을 하고, 그 과정에서 만난 뉴껑이 내뱉는 말대로 불운한 사고가 일어나는 것을 보고 골치 아파 한다.[8] 뉴껑은 학업이 짧고 가난한 일반적인 농민공이지만, '인간 세상에는 본래 참된 정이 있다(人間自有眞情在)'는 마음을 깊이 지니고 있다. 물질만능 시

---

8 인재경도(人在囧道)의 '경(囧)'은 본래 빛나다는 뜻을 지니고 있었으나, 사람의 표정을 연상시키는 독특한 모양으로 인해 인터넷 상에서는 난감하다, 괴롭다, 답답하다는 뜻의 이모티콘으로 사용된다. 인터넷 유행어인 '경'자를 주인공의 연속되는 불운한 사건을 이미지화하기 위해 끌어들인 것으로 볼 때, 인재경도는 '고달픈 귀성길'이라는 의미로 번역할 수 있을 것이다.

대에 인간의 참된 마음을 믿는 낙관적 에너지가 뉴껑이 가진 비범한 능력이다. 뉴껑이 귀성길에 나선 것은 사장이 빌려준 돈을 받기 위해서인데, 동료 농민공들은 월급보다 많은 액수의 돈을 받고 싶어 하지만 뉴껑은 딱 월급 액수에 해당하는 돈을 받는 것이 인정에 맞는 일이라고 생각한다. 기차를 탈 때 리청꿍이 가짜 표를 구하여 같은 좌석에 앉게 되는데, 오히려 그에게 자리를 양보하고 자신은 불편을 감수한다. 버스를 타고 가다가 마을에서 할머니를 치는 사고가 일어나 마을 사람들과 싸우는데, 뉴껑이 나서서 할머니를 구하고 마을 사람들과 화해를 한다. 그리고 길거리에서 아이의 병원비를 구걸하는 여인을 만났을 때 돈을 갚겠다는 그녀의 말을 믿고 자신의 모든 돈을 건네준다. 돈을 갚겠다고 한 시간에 여인이 나타나지 않아 낙담하게 되지만, 우여곡절 끝에 다시 만나 고아를 돌보는 그녀의 딱한 사정과 착한 마음을 알게 되면서, 리청꿍은 감동하여 자신이 가진 돈을 그녀의 집에 남겨 둔다. 뉴껑과의 이러한 일련의 사건을 겪으면서 리청꿍은 뉴껑의 순박하고 선량한 마음에 감화되어 물질만을 추구하는 자신의 이기적인 삶을 되돌아보게 된다. 그리고 부자의 꿈에 빠져 망각해버린 참된 삶의 가치에 대해 생각하며, 창사의 아내에게 돌아가 이중적인 생활을 청산하고 가족의 행복의 중요성을 깨닫는다.

영화의 메시지를 놓고 보면 〈인재경도〉 역시 부자의 꿈에 대한 성찰의 이야기로 볼 수 있지만, 하위계층인 농민공이 성찰의 계기로 작용한다는 점은 주목할 만한 설정이다. 중국의 풍부한 저임 노동력의 주인공은 대부분 농촌에서 도시로 이주한 농민들이다. 개혁개방 초기 농촌은 잉여 농산물을 시장에 내다 팔 수 있게 됨으로써 빈곤 해소에 상당한 활력이 되었지만, 이후 농산물이 과잉 생산되어 가격이 급락하면서 농민들은 다시 빈곤상태에 빠져들었다. 게다가 90년대에 도시의 산업화가 가속화되면서 농촌과의 소득격차가 벌어지자 돈을 벌기 위해 도시로 이주하는 농민들의 수가 급증하기 시작했다. 농민공은 도시에 거주할 수 있는 후커우가 없어 도시민에 비해 불공평한 임금을 받고 타지역 출신이라는 불신과 차별을 겪으며, 무엇보다 가족과 헤어져 지내야 하는 고통을 감수하였다. 이들이 최저 생활비에도 못 미치는 저임금을 받으면서도 도시로 몰려드는 이유는 그나마도 농촌의 소득수준에 비하면 훨씬 나은 편이기 때문이다. 농민공 역시 소박하기는 하지만 부자의 꿈을 꾸며 도시로 이주한 것이라는 점은 다른 계층의 중국인이나 마찬가지다. 농민공은 대부분 돈을 벌면 고향으로 돌아가 좋은 집을 짓고 농사를 짓거나 가게를 열어 가족과 함께 행복하게 살려는 미래의 꿈을 간직하고 있다.[9] 농민공이 현재의 고달픈 생활을 견뎌 나가고 있는 것은 미래의 행복한 삶에 대한 꿈이 있기 때문이다. 〈인재경도〉의 뉴껑도 밀린 월급을 받으면 케이크 가게를 열겠다는 꿈을 지니고 있으며, 그 덕분에 귀성길 대신 창사로 가는 고달픈 여정을 감내할 수 있었던 것이다.

그런데 참된 마음 이외에 비범한 특성이 없는 농민공 뉴껑이 성공한 사업가 리청꿍의 배금주의를 극복케 하는 전도사가 된 점은 돌출적인 설정이라고 하지 않을 수 없다. 뉴껑은 중국 국민성담론 및 문화콘텐츠 속에서 흔히 보이는 부정적인 농민 이미지와 상이하기 때문이다.

9 이종민, 『글로벌차이나』, 산지니, 2007, 101~102쪽.

국민성담론이 비판하는 자기 기만적이고 이기적인 중국인의 속성이나 아큐의 정신승리법과 같은 특성은 소농경제 하의 농민을 대상으로 상징화한 것이다. 또 중국혁명 및 사회주의 시기에 농민은 정치주체로 포함되어 있지만 당과 노동자계급의 지도하에 계급의식이 각성되어야 할 즉자적 존재로 간주되었다. 개혁개방 이후 농민은 〈황토지〉나 〈하상〉에서처럼 낙후한 농촌의 몽매한 존재로 인식되어 시장경제를 통해 현대화되어야 할 대상으로 전락하였다. 90년대 들어 농민공이 중국 경제성장의 동력인 저임 노동자로 주목받으면서 그들의 존재와 고달픈 삶이 알려지기 시작하였다. 소외계층의 이야기를 다루는 저층서사 속의 농민공의 삶도 대체로 암울한 생존조건 속에서 경제적 착취와 정신적 고통을 받는 인물로 그려져 있어서, 타인을 감화시킬 만한 정신적 가치를 소유한 존재는 아니었다.

20세기 중국의 농민과 농민공에 대한 이러한 시선을 고려한다면 〈인재경도〉의 뉴껑은 특이한 인물이라고 해야 할 것이다. 중국을 낙후하게 만든 주범이거나 다른 계급의 지도를 받아야 각성할 수 있는 존재에서, 참된 윤리의식을 소유하여 타락한 정신을 각성케 하는 존재로 변신했기 때문이다. 게다가 부자의 꿈을 위한 생존경쟁에서 가장 열악한 처지에 있고 또 사회적 불평등이 심화되는 시점에서, 뉴껑이라는 정신주의적 캐릭터가 출현했다는 것은 새로운 문화현상이라고 볼 수 있다. 이러한 맥락에서 〈인재경도〉를 '댜오쓰(屌絲)' 현상과 연계하여 살펴본다면 그 시대적 의미를 한층 이해할 수 있을 것이라 생각된다.

3. 하위계층과 댜오쓰 현상

댜오쓰는 2012년 중국 미디어 선정 10대 인터넷 유행어로 선정될 정도로 큰 주목을 받은 말로 루저, 찌질이, 잉여인간 등의 의미를 지닌다. 본래 댜오쓰는 중국 축구선수 리이의 팬들을 경멸조로 부르던 말에서 유래한 것인데, 리이의 팬들이 이 비속적인 표현을 수용하여 자신들을 지칭하기 시작하면서 인터넷뿐만 아니라 주류 미디어 등에서도 광범위하게 쓰이게 되었다. 이러한 과정에서 댜오쓰는 특정 운동선수 팬을 조롱하는 말을 넘어, 가난하고 외모도 보잘 것 없는 사람을 뜻하게 되고, 부유하고 외모가 출중한 가오푸솨이(高富帥), 바이푸메이(白福美)의 반대말로 사용되었다. 대다수의 중국 젊은이들이 이 말을 자기 스스로를 칭하는 데 사용하여, 댜오쓰는 가난하고 못난 사람을 향한 공격이 아니라 오히려 그런 사람들이 스스로를 자조적으로 칭할 때 사용하는 용어가 되었다.[10] 2013년의 한 통계에 따르면, 중국에서 스스로를 댜오쓰로 간주하는 사람의 수는 5.26억 명에 달한다고 한다. 특히 주목할 점은 월수입이 6천~8천 위안에 달하는 남성, 3천~6천 위안에 달하는 여성이 스스로를 댜오쓰로 간주할 확률이 가장 높다는 점이다.[11] 이는 댜오쓰 범주가 개인의 수입이나 연령 등의 상황과 필연적인 관계가 없으며 일종의 생활 태도로 인식하고 있다는 것을 의미한다. 댜오쓰라

10 최재용, 「저층서사에서 '땨오쓰'로-영화 『맹정』과 『인재경도』 시리즈를 중심으로」, 『중국현대문학』 66집, 2013. 9, 186~187쪽.

11 이 점에 대해서는 易觀國際에서 발표한 「中國互聯网"屌絲"用戶游戲行爲調研報告」참조. 관련 기사는 http://www.chinanews.com/sh/2013/04-01/4692133.shtml에서 찾아볼 수 있다.

는 용어가 이 시대의 문화현상이 된 것은 구체적인 계층이나 경제적 조건을 넘어, 사회적 불평등과 현실의 압박감을 느끼는 사람이라면 누구나 스스로를 칭하고 공감한 데서 기인한 것으로 보인다.

개혁개방 이후 부자의 꿈이 가시화되던 90년대에 완위안후(萬元戶)나 바오파후(暴發戶)처럼 졸부를 풍자하는 현상이 출현했다면, 사회적 불평등과 취업난이 심각해진 21세기 들어서는 청년을 비롯한 빈곤 계층을 상징화하는 현상들이 늘어나고 있다. 이는 성장의 후폭풍으로 집값과 물가가 급등하고 취업난이 가중되는 등 생활여건이 악화됨에 따라, 실질적인 빈곤계층에 속하거나 상대적으로 빈곤감을 느끼는 사람들이 급증한 데서 비롯된 것이다. 댜오쓰 현상은 한국의 88만원세대나 삼포세대처럼 청년세대들이 자신의 경제적 여건을 조소하는 경향이 강하지만, 스스로 댜오쓰라고 칭하는 수가 5.26억 명에 달한다는 통계를 고려하면 상대적 빈곤감을 느끼는 계층이 훨씬 폭넓게 존재한다고 볼 수 있다. 댜오쓰 현상에 내재한 문화적 의미를 이해하기 위해선 빈곤감에 대한 자조를 넘어 정신적 초월의 계기가 존재하는지의 문제를 주목해야 한다. 즉 자조가 사회적 불평등에 대한 자기경멸적 순응이 아니라 세속화된 물질적 환상에 대한 거부이며 새로운 삶을 모색하려는 의지로 작용하고 있는지, 이 점이 중요하다는 것이다. 정신적 초월의 계기(윤리성) 없이, 자기경멸을 통해 현실의 빈곤(패배)을 거부하고 정신적 만족감을 얻는 데 그친다면, 댜오쓰 현상은 아큐의 정신승리법[12]으로

12 아큐의 정신승리법의 부정적 측면에 대해서는 현실 속의 패배를 승리로 뒤바꾼 뒤 자신을 억압하는 체제 속에 순응하는 자기합리화이자, 자기보다 약한 사람에게는 강자로 군림하여 지배질서를 재생산하는 정신적 기제라고 비판된다. 그러나 인생에서 실패나 역경을 겪은 뒤에 그것을 극복하고 다시 일어서는 힘인 '회

이어질 가능성도 있기 때문이다.

〈인재경도〉의 뉴껑은 가난하고 못생긴 하위계층이라는 점에서 댜오쓰라 칭할 수 있지만, 자신의 처지에 대해 자조나 경멸을 하기보다는 우스꽝스러울 정도로 낙관적이라는 점에서는 댜오쓰의 범주를 넘어선다. 특히 사람의 참된 마음을 신뢰하고 순박하게 이를 행동에 옮기는 장면에서는 다소 과장되어 보이기도 한다. 하지만 이러한 설정은 현실세계의 부정의와 불공평이 극에 달한 시점에서 터져 나온, 인간적인 삶에 대한 윤리적 질문이라 보아도 무방할 정도의 과장이다. 가령, 딱 월급에 맞는 액수의 차용증을 선택한 것은 자기가 받아야 할 돈 이상을 탐내지 않는 소박한 결정이다. 또 기차에서 자리를 양보하거나 마을 할머니의 아픈 곳을 헤아려 구하는 행동은 타인에 대한 배려의식을 지니고 있다면 어려운 일이 아니다. 다만 아이의 병원비를 빌리려는 낯선 여인에게 신분증을 받고 자신의 모든 돈을 주는 행동은, 유사한 사기가 만연한 현실에서 일반인에게는 비상식적으로 여겨지더라도, 사람의 참된 마음을 믿는 뉴껑에게는 자신의 소신에 따른 우직한 판단이라고 할 수 있다. 약속한 시간에 그녀가 나타나지 않아 낙담하면서도, 사기를 당하기는 했지만 그래도 아픈 사람이 없는 건 다행이라고 스스로 위로하는 장면에서는 뉴껑의 행동이 억지스러운 과장이 아니라 진심에서 우러나온 것임을 느끼게 한다. 세속적인 눈으로 보면 비상식적인 행위로 여겨질 수 있지만 윤리적인 눈으로 보면 처지를 이해하고 도와주려는 공감인 것이다. 결국 이 여인이 돈을 갚지 못한 사정이 밝혀지고

복탄력성'의 차원에 볼 때는 아큐의 생이 절망으로 빠지지 않고 희망의 가능성을 찾아가는 긍정적인 동력으로 해석할 수 있다.

리청꿍이 감동받을 정도의 반전이 일어나면서 뉴껑의 낙관적 에너지는 절정에 오르며, 그 순간 리청꿍의 배금주의적 세계관이 균열되기 시작한다. 그리고 타고가던 자동차가 전복되어 들판에서 밤을 지새울 때 리청꿍은 뉴껑에게, 자신은 물질적인 성공은 이루었지만 그 대가로 인간적인 신뢰를 잃어버려 실패한 인생이 되었다고 고백하며, 삶의 참된 가치에 대해 성찰을 한다.

뉴껑의 이러한 행동은 하위계층이거나 댜오쓰라고 하여 다 가능한 일이 아니다. 뉴껑의 동료 농민공들은 월급보다 많은 액수의 차용증을 선택하지 않는다고 뉴껑을 질책하였다. 아이의 병원비를 빌리기 위해 여성이 뉴껑과 비슷한 처지의 사람들에게 호소하지만 구경만 할 뿐 아무도 동정하지 않았다. 또 뉴껑의 공장 사장은 월급을 주지 않으려고 효력이 없는 차용증을 뉴껑에게 주었지만, 리청꿍은 뉴껑의 상황을 알고 돈을 대신 지불하는 선의를 베풀었다. 리청꿍 역시 뉴껑을 만나기 전에 직원들을 무시하고 실적을 우선하는 독종 사장이었던 점을 감안하면, 뉴껑과의 만남이 인생관이 전환되는 윤리적 계기로 작용했다고 보아야 할 것이다. 이런 맥락에서 뉴껑의 낙관적 에너지 속에는 경제적 여건에 대한 자조를 넘어 현세 초월적인 윤리적 계기가 내재되어 있다고 할 수 있다.

4. 소생산자 협동경제

그렇지만 문제는 생존여건이 날로 각박해지는 현실에서 개인의 윤리적 힘만으론 이 세상을 살아가기가 어렵다는 점이다. 윤리적 힘이 세상의 변화로 이어지지 않고 정신적 만족만을 추구한다면 현실 속의 생활근거를 구축하지 못하기 때문이다. 이 문제와 관련하여, 뉴껑이 말쑥한 정장차림으로 비행기에 탑승하는 장면이 〈인재경도〉 엔딩으로 설정된 점을 주목할 필요가 있다. 순박한 표정에 명랑한 말투는 여전하지만 차림새로 볼 때 뉴껑은 농민공에서 자신이 꿈꾸던 케이크 가게 사장이 된 것으로 보인다. 예상지 못한 뉴껑의 성공적인 모습에 대해 '댜오쓰의 역습'[13]이라 긍정할 수도 있고, 현실 순응적인 동화적인 결말이라고 비판할 수도 있다. 뉴껑의 성공을 보는 입장은 다르지만 역습과 동화라는 말 속에는 현실에서 일어나기 힘든 일이 영화적 상상 속에서 실현되었다는 공통된 생각이 내재되어 있다. 사회적 불평등과 농민공의 생활여건이 악화되는 상황에서 당연히 뉴껑과 같은 성공 이야기를 찾아보기가 힘들어졌기 때문이다.

그러나 뉴껑의 성공이 단순히 동화 같은 행운이 아니라 그의 낙관적 에너지가 세상을 감화(변화)시킨 결과라고 생각해 볼 수 있다. 뉴껑이 자신의 꿈대로 케이크 가게를 열었다면 그동안 근면하게 모아둔 돈과 리청꿍이 선의로 제공해 준 돈[14]이 사업자금이 되고, 아울러 평소 선행으로 주변 사람들로부터 얻은 신뢰관계를 통해 보이지 않는 제반 도움을 받아 창업이 가능했을 것이라는 생각이다. 가령, 자동차 사고로

13 '屌絲的逆襲'란 별 볼일 없는 인물이 노력 끝에 성공을 거두는 이야기를 뜻한다. 댜오쓰라는 용어의 기원이 되었던 리이가 출연한 영화의 제목이기도 하다.

14 리청꿍의 선의는 사회복지적으로 볼 때 자선에 해당하지만, 중국이 복지사회를 건설하기 위한 재정 확보를 위해선 자선보다는 기업세나 부유세를 제도화하는 것이 바람직한 방법이다.

들판에서 음식을 먹을 때 뉴껑은 가방에서 술을 꺼내며, 세차를 해준 적이 있는데 그 차가 양조공장 사장 차여서 보답으로 받은 술이라고 얘기한다. 리청꿍의 돈 역시 뉴껑에게 감화되어 제공해 준 것이듯이, 뉴껑이 평소 형성한 신뢰관계가 보이지 않는 사업기반이 되어 창업에 필요한 실질적인 도움을 주었을 것이다. 중국인 특유의 관시는 상호간의 신뢰로 이어져 있는 인적 네트워크이며, 관시가 형성된 사이에서는 필요한 도움을 인정처럼 주고받는 것을 감안한다면, 뉴껑은 그 누구보다도 폭넓은 관시를 가지고 있는 셈이며 이것이 보이지 않는 커다란 힘으로 작용했을 수 있다.

뉴껑의 성공이 요행이 아니라 이러한 신뢰관계를 기반으로 한 것이라면, 이는 윤리적 계기가 정신적 만족을 넘어 세상을 변화시킬 힘으로 작용할 수 있다는 점을 뜻한다. 참된 삶에 대해 성찰한 리청꿍이 행복한 가정을 이루고 아울러 인색한 사장에서 따스한 가슴을 지닌 경영자로 변신했다면, 노사관계가 상호 존중의 관계로 변하여 사원의 급여와 복지를 우선하는 회사를 만들어갈 것이다. 사원들은 그러한 회사에서 일의 만족감을 느끼며 생산성을 향상시키고 또 유능한 소비자가 되어 내수경제를 활성화하는 동력이 될 것이다. 뉴껑의 경우도 개인적인 성공을 넘어 자신의 경험을 확장하여 하위계층들이 소생산자(소상인)로 자립할 수 있는 사회적 기반을 만들어 간다면, 현재 중국경제를 주도하고 있는 국가-시장 경제와 구별되는 소생산자 협동경제 영역을 새롭게 확립할 수 있다. 중국에서 처음으로 삼농문제를 제기한 원톄쥔은 농민공을 포함한 하위계층이 자신의 불안한 신분에서 벗어날 수 있는 주요한 방법이 소생산자가 되거나 자립 소농이 되는 길이라고 주장한다.[15] 실제로 농민공들의 미래의 꿈이 이 두 가지 길과 연계되어 있으며, 하위계층 스스로도 이것이 자신의 노력으로 이룰 수 있는 현실적인 길이라고 생각한다.

뉴껑의 경우 연령대로 보아 80~90년대에 출생한 신세대 농민공에 해당한다. 기성세대 농민공이 도시에서 돈을 벌어 고향으로 돌아가려는 농민의 생각을 가졌다면, 신세대 농민공은 교육수준이 높고 권리의식이 강한 도시의 젊은 세대들이다. 최근 중국의 노동 파업을 주도하는 세력이 바로 이들이며, 기성세대 농민공들과 달리 도시에 잔류하여 도시 시민으로 살아가기를 희망한다. 현재 16~30세 연령의 신세대 농민공이 전체 농민공의 40% 이상을 차지하고 있는데, 시진핑 정부도 "도시에 장기간 거주하고 고정적인 일을 하는 농민공을 점차 도시의 '신시민'으로 융합해야 한다"고 인식한다. 농민공이 도시 시민이 되는데 가장 장애가 되는 것이 호구제도인데, 2014년 7월 30일 중국국무원은 도시와 농촌 간에 통일된 호구제도 건립을 제안하는 〈호구제도개혁에 관한 의견〉을 발표하였다. 이 제도는 사실상 50년간 지속되어온 호구제도를 폐지하는 것인데, 실질적으로 시행된다면 농민공이 도시시민과 동일한 임금과 사회보장 서비스를 받을 수 있게 된다. 현재 중소도시에서 먼저 시행되고 있고 대도시에 시행되기까지 여러 장벽을 넘어야겠지만, 제도가 정착된다면 취업, 임금, 의료, 교육, 주택 등에서 차별을

15 소농경제를 포함한 소생산자경제가 중국 사회를 안정화시키는 길이라는 시각에 대해서는 원테쥔 「삼농으로 돌아가자: '오바마-김정일 딜레마'를 풀기 위한 토론」 참고.

받아온 농민공의 처우가 개선되어 도시 시민이 될 수 있는 길이 열리게 되는 셈이다.[16]

그동안 농민공들은 생활방식이나 가치관, 사회교류에 있어서 도시 주민들과 분리된 채 외곽지역의 빈민촌이나 기업 숙소 등의 열악한 환경에서 고립되어 살았으며, 인적 방면에 있어서도 주로 동향출신과 교류하여 도시 주민들과는 심리적 문화적 장벽이 존재하고 있었다. 도시 주민들 역시 농민공으로 인해 질서가 문란해지거나 도시 이미지가 낮아진다고 여겨 농민공을 직간접으로 차별하거나 고립화시키는 성향들이 강했다. 이런 상황에서 농민공이 도시주민과 신뢰관계를 구축하여 소생산자가 되기는 쉽지 않으며, 오히려 동향들과의 관시를 통해 도움을 주고받는 일이 빈번했던 것이다. 그런데 뉴껑의 경우는 출신을 가리지 않고 인적 네트워크를 형성하여 소생산자로 독립할 수 있는 사회적 기반을 구축한 것이라고 보아야 한다. 뉴껑의 윤리적 심성이 바로 도시 시민으로 정착할 수 있는 물질적 힘을 선사해 준 것이다.[17]

개혁개방 이후 반란의 질주를 시작한 중국 인민들의 부자의 꿈은 대체로 이러한 소생산자 협동경제와 맞닿아 있지만, 현실 경제는 국가-자본의 힘이 지배하는 시장경제가 압도적이어서, 소생산자 협동경제를 육성할 수 있는 제도적 장치를 마련해야 한다.[18] 중국의 사회적 불

16 신동윤, 『중국의 민낯』, 어문학사, 2015, 286쪽.

17 중국 농민공이 도시 시민이 되기 위해 개혁되어야 제도와 사회보장의 문제에 대해서는 얀신핑, 백계문 옮김, 『중국의 도시화와 농민공: 1억 3,000만 인구의 대이동』, 한울, 2014 참고.

18 중국 정부도 인터넷 플러스 정책을 통해 농촌과 도시에 인터넷 네트워크를 형성하여 농민과 소생산자들이 이를 활용해 창업할 수 있는 방안을 제시하고 있다. 이 점에 대해서는 마화텅장샤오펑 외, 강영희김근정 옮김, 『인터넷플러스혁명』,

평등은 신자유주의적 시장경제가 소생산자 협동경제가 기반하는 신뢰와 호혜의 공동체를 급속히 해체한 결과라고 할 수 있다. 이러한 공동체의 뿌리와 사회적 네트워크를 다시 형성하는 것이 사회적 불평등을 해소하는 주요한 길이며, 소생산자경제는 참여자 개개인이 스스로 재화와 서비스의 생산자가 되고 통화 발행자가 되어 자기 조직적인 안정성을 갖게 된다. 소생산자 네트워크의 범위가 확대되면 성원 간 연대감과 신뢰가 증가하여 시장경제의 불황, 공황과 같은 급격한 위기에서 상대적으로 자유로워질 수 있을 뿐 아니라, 국가-시장 경제라는 거대 경제가 인간의 얼굴을 한 경제가 될 수 있도록 부단히 견제하고 자극하고 추동하는 역할을 수행할 수 있다.[19]

최근 중국 사회주의의 핵심적 가치를 공동부유사회 건설로 인식하는 정책 및 그와 직간접적으로 연계된 이론들을 보면, 생산수단의 국유화를 사회주의의 기본전제로 인식하는 전통적 이론의 틀에서 벗어나 있다. 이들은 소자산 계층과 그 재산권의 인정확대를 통해 인민의 기본적 생계와 사회 안정의 근간을 마련하고, 국유자산의 수익을 사회복지 및 공공서비스의 재원으로 활용하려는 공통점을 지닌다. 과거 사회주의 중국이 무산자혁명론에 기대고 있었다면, 지금은 부유하고 자유로운 개인들의 연합체 건설을 꿈꾸는 이른바 유산자혁명으로 나아가고 있는데, 이는 소생산자 협동경제와 밀접히 연계된 사유라고 할 수 있다.

비즈니스북스, 2016 참고. 그러나 이것은 온라인 유통망의 용이한 접근성을 말하는 것일 뿐이다. 창업을 위해선 소생산자들간의 연대와 협력의 공간으로서 협동조합이 구성되어, 생산 · 유통 · 자본 등 창업에 필요한 실질적인 문제를 해결해주는 플랫폼의 역할을 수행해야 한다.

19 김상준, 『미지의 민주주의』, 아카넷, 2009, 185쪽.

중국의 진보적 지식인 추이즈위안은 이러한 변화가 소자산계급 사회주의로 전환하는 과정이라고 인식하며, 사회주의가 노동자 계급을 영원히 프롤레타리아 계급에 머물게 해서는 안 되기 때문에 소자산 계급의 보편화가 미래의 희망이 될 가능성이 있다고 주장한다.[20] 원톄쥔의 신농촌건설 운동도 소자산계급 사회주의와 맥이 닿아 있다. 자본주의사회에서 소생산자 협동경제가 국가경제와 시장경제 사이의 완충지대가 되거나 나아가 신자유주의를 극복하는 대안경제로 육성해야 한다는 시각도 동질적인 문제의식에서 출발한 것이라고 할 수 있다.

추이즈위안은 소자산계급 사회주의의 이론적 근거를 근대의 프루동(Proudhon), 푸리에(Fourier), 라셀레(Lasalle)에서 현대의 제임스 미드(James Meade), 로베르토 웅거(Roberto Unger) 등에서 찾고 있는데, 이들은 정통 맑스주의로부터 공상적 사회주의나 사회민주주의(혹은 수정자본주의)라고 비판받는 사상가들이다. 그래서 사회주의를 생산수단의 국유화 테제와 연계지어 생각하던 사람들에게는 소자산계급 사회주의라는 말 자체가 이론적인 모순처럼 느껴진다. 특히 현대 사상가들의 이론은 공산사회와 같은 이상세계보다는 불평등한 사회에 대한 제도혁신과 공정분배, 공생협력 등을 통해 개인 누구나 자유롭게 생산하고 소비하고 창조할 수 있는 정치사회적 여건 구축에 관심을 지닌다. 그리고 그 실천도 혁명과 같은 급진적인 방식이 아니라 구성원의 참여와 연대를 통해 점진적이면서 장기적으로 이뤄나가는 방식이어서, 탈자본주의 혁명과 같은 미래비전을 제시하지 않는다. 그래서 이런 이론들은 맑스적

20 추이즈위안, 김진공 옮김, 『프티부르조아 사회주의 선언』, 돌베개, 2014. '프티부르조아 사회주의 선언: 자유사회주의와 중국의 미래' 참고.

의미의 사회주의보다는 공동부유사회 건설을 위한 수정자본주의에 가까운 것으로 인식된다. 자본주의가 필연적으로 부가 소수에게 독점되어 불평등이 심화되는 체제라면, 자본주의 내에서 공동 부유사회를 만든다는 것 자체가 역설일 수 있기 때문이다.[21]

개혁개방 이후 선부론을 따라 상당수의 중국인들이 부자의 꿈을 이루었으나, 리청꿍처럼 참된 삶의 가치를 잃어버린 사람이 많고 또 사회적 불평등이 극심해진 것은 바로 이러한 역설에 해당한다. 이러한 역설을 극복하기 위해선 무엇보다 자본주의적 시장경제가 파괴한 공동체적 신뢰관계를 재형성하여 뉴껑과 같은 사람들이 소생산자로 독립할 수 있는 사회경제적 여건이 마련되어야 한다. 협동조합, 사회적 기업, 사회적 경제 등이 중심이 되는 소생산자 협동경제가 추이즈위안이 말하는 소자산계급 사회주의의 수준으로 발전하여 인류가 직면한 자본주의 위기 너머의 새로운 대안적 삶을 찾아갈 수 있을지는 아직 알 수 없다. 그러나 '소생산자들의 자유로운 연대'가 성장-자원 임계점을 날카롭게 느끼고 있는 현재의 전 지구적 위기 상황에서 인간적 삶을 보존하고, 위기로부터의 탈로를 모색하는 의미심장한 중간고리가 될 수 있는지에 대해서는 깊이 생각할 필요가 있다. 소생산자적 삶의 방식이란 과잉소비를 지양하고 적정한 자급적 삶의 양식을 모색하는 것이며, 공동으로 구축한 신뢰관계를 바탕으로 가까운 삶의 현장에서 실천할 수 있

21 조반니 아리기나 추이즈위안과 같은 입장에서는 중국의 소생산자 협동경제는 국가권력과 자본이 결탁한 자본주의와 구별되는 비자본주의적 발전노선에 해당하는 것이라고 인식한다.

는 경제적 공간을 찾고 만들어 가는 일이다.[22] 뉴껑과 같은 독립 소생산자의 길이 댜오쓰의 역습이 아니라 국가-시장 경제와 공존할 수 있는 제3의 경제영역으로 확장될 수 있을 때, 중국의 불평등 문제를 해소해 나갈 수 있는 유력한 대안세계가 열리게 될 것이라고 생각한다.[23]

22 김상준, 『맹자의 땀 성왕의 피: 중층근대와 동아시아 유교문명』, 아카넷, 2011, 395~396쪽.

23 정태인은 소생산자 협동경제를 포함한 제3의 경제영역을 창조하는 원리를 협동의 경제학이라고 부르며, 그 주요 영역을 협동조합 중심의 사회적 경제, 보편적 복지국가와 평등 달성을 목표하는 공공경제, 지속 가능한 사회를 위한 생태경제로 정의한다. 이에 대해서는 정태인·이수인, 『정태인의 협동의 경제학』, 레디앙, 2013 참고.

8장

청년, 꿈을 꿀 수 있는가

8장

청년, 꿈을 꿀 수 있는가

1. 노동 과잉의 시대

1990년대 들어 개혁개방의 성공을 이끈 숨은 주역으로서 농민공의 존재와 불평등한 삶이 조명되었다면, 21세기 들어 자본/노동의 관계가 불평등한 사회는 국가가 국민을 보호하지 않은 결과라는 사실을 심각하게 느끼게 된 이들이 바로 청년세대이다. 중국의 두 번째 백년의 꿈인 대동사회의 모습에 대해 공자는 "젊은이들은 일할 곳이 있었고", "남자에게는 직업이 있었으며, 여자는 결혼할 사람이 있었다"고 상상한다. 이는 대동사회 가운데 청년세대에 관한 모습인데, 누구나 일자리가 있고 결혼할 대상이 있다는 것은 어느 시대나 희망하는 지극히 보편적인 일이다. 그런데 역사상 최고의 기술시대를 꿈꾸는 21세기에, 아이러니하게도 인류는 청년실업과 저출산이라는 역사상 최대의 위기를 맞이하고 있다. 이 문제는 대동사회를 추구하는 중국도 예외가 아니어서, 중국의 청년들 역시 이 시대 청년으로서의 고통을 동일하게 겪고 있다.

현재 세계 각국에 만연한 실업 문제는 비단 청년세대만의 고통이 아니며 자본주의의 변화와 기술 발전에 따른 전 지구적 노동 문제에 해당한다. 대동사회의 모습에서 보이듯이 모든 사람에게 각자의 할 일이 있는 공동체 사회의 건설은 인류의 오랜 이상이다. 그러나 어느 사회든 일자리가 없거나 보호해 줄 가족이 없어 생계의 위험에 빠진 사람들이 있기 마련이며, 이때 국가 및 공동체사회는 재분배, 호혜, 증여 등의 방식을 통해 이들의 생존을 보호하는 역할(복지)을 수행한다. 이러한 완전노동과 보편적 복지가 구현된 세상을 공자는 대동사회라고 상상했지만, 현실세계는 자본주의적 근대화 이후 공동체사회가 파괴되어 개인화되었고, 자본/노동의 계약관계에 의해 실업이 상시화된 사회체제가 형성되었다. 또 기술 발전으로 생산의 기계화가 이루어지면서 실직한 노동자들이 기계를 파괴했던 영국의 러다이트 운동(Luddite Movement)[1] 처럼, 실업을 기술 발전으로 인한 필연적 결과라고 생각하는 시각도 출현하게 되었다.

맑스는 노동을 절감해 주는 기계장치가 노동자들을 대신함에 따라 실업이 증대하고 소비수요가 하락할 것이라고 인식하였다. 그리고 과학기술은 풍요를 약속하지만 기술적 실업으로 인해 생산품을 구매할 충분한 수입을 가진 사람들이 그만큼 줄어들었기 때문에, 결국 수익률

1 1811년부터 1817년까지 산업혁명으로 일자리를 잃은 영국의 노동자들이 벌인 사회운동으로, 실업의 원인이 기계에 있다고 간주하여 기계를 파괴하는 운동을 벌였다.

하락으로 자본주의가 몰락하고 사회주의가 출현할 것이라고 예언하였다. 그러나 현대 자본주의는 러다이트 운동의 분노나 맑스의 예언대로 향하지는 않았다. 러다이트 운동에 참여한 직공들이 향후 노동자의 수를 증가시킬 공장 생산체제가 출현하는 상황을 예상치 못한 것처럼, 맑스 역시 화이트칼라, 관리직 및 사무직 노동자, 전문직 종사자 등으로 이루어진 거대한 중간계급의 등장을 예견치 못했던 것이다.[2]

존 메이너드 케인스(John Maynard Keynes)는 기술적 실업에 대한 비관주의적 시각과 달리, 기술 발전으로 시간당 생산량이 증가하여 백년 후인 2030년이 되면 1주에 15시간만 일하고 나머지 시간은 여가시간으로 활용할 수 있을 것이라는 낙관적인 전망을 내놓았다. 케인스의 이러한 희망은 1차 세계대전이 지나고 대공황이 심각한 상태로 접어든 시기인 1930년, 「우리 손자 세대의 경제적 가능성(Economic Possibilities for Our Grandchildren)」[3]이란 글에 발표한 것이다. 케인스는 당시 만연한 경제적 비관주의를 비판하며 자본 축적과 기술 발전으로 인해 급속한 변화가 일어나고 있는데, 이러한 변화를 이해하지 못한 사람들이 기술적 실업의 공포에 시달리고 있다고 생각한다. 케인스에게 기술적 실업은 자본주의 몰락의 원인이 아니라, 노동력을 효율적으로 활용할 기술을 발견하는 속도가 노동력을 동원할 용도를 발견할 속도보다 더 빨라 일어나는 문제다. 그래서 기술적 실업은 일시적인 조정 실패로 빚어진

2 이매뉴얼 월러스틴 외, 성백용 옮김, 『자본주의는 미래가 있는가』, 창비, 2014, 78~79쪽.

3 이 글의 번역은 「손자세대에는 경제가 어떻게 전개될까?」(존 메이드 케인스, 정명진 옮김, 『설득의 경제학』, 부글북스, 2009) 참고.

현상일 뿐이며 결국 인류가 경제 문제를 해결해 가는 과정에서 해소될 수 있는 것이다. 케인스는 기술적 실업에 대한 이러한 정의를 바탕으로 기술 발전을 지속하는 국가의 생활수준은 백년 후에 지금보다 4배에서 8배까지 높아질 것이라고 예측하였다. 이러한 케인스의 예측 이후 인류는 2차 세계대전을 겪었음에도 불구하고, 기술 발전의 면에서 케인스의 예상을 훨씬 뛰어넘는 진보를 이룩하였다. 그리고 기술 발전과 더불어 이를 활용하는 새로운 일자리가 충분히 창출되어 생산력이 향상되고 소득이 늘어나 전후 25년간 자본주의의 황금기를 구가하였다. 케인스의 예측대로 기술적 실업의 공포는 일어나지 않았으며, 물질 생산성과 노동 우위를 바탕으로 고용안정을 추구하는 복지국가가 건설되었다. 기술 발전과 인간노동 그리고 사회복지가 결합된 안정적인 성장과정에서 생산노동자뿐만 아니라, 맑스가 예상치 못한 거대한 중간계급이 형성되어 물질적 풍요와 여가를 향유하게 되었다. 이러한 광범위한 중산층의 형성은 기술 발전으로 '경제적 궁핍이라는 문제에서 사실상 해방된 사람들의 그룹은 훨씬 확대될 것'이라고 케인스가 예측했던 점이다.

그러나 케인스의 희망적 예측은 1970년대 들어 방향이 틀어지기 시작한다. 베트남전쟁과 석유파동으로 인해 세계경제가 침체에 빠지면서 생산성이 하락하고 고용과 복지가 불안정한 시대로 접어들게 되었던 것이다. 전후 자본주의 황금기를 이끌던 제조업의 수익률이 하락하자 세계경제는 금융 중심의 신자유주의로 전환하기 시작했다.[4] 이른바

4 자본주의 황금기에서 1970년대 석유파동을 거쳐 영국과 미국에서 신자유주의가 태동하는 과정에 대해서는 가오롄쿠이, 앞의 책, 141~145쪽 참고.

신자유주의는 기업의 이익을 위해 노동자를 자유롭게 해고하고(노동유연성), 국가가 개입하여 기업의 활동을 제약하는 각종 규제를 철폐하고(탈규제), 주식을 소유한 주주들이 기업을 지배하는(주주자본주의) 특징을 지닌다. 특히 신자유주의의 노동유연성으로 인해 고용 불안정과 실업의 위협 그리고 이에 따른 소득 하락이 이어지면서 자본주의적 물질풍요의 상징이었던 거대한 중간계급이 서서히 감소하기 시작했다. 케인스가 낙관한 기술 발전과 자본 축적은 예전보다 빠른 속도로 향상되고 있었지만, 자본주의 황금기와 달리 기술 발전이 충분한 일자리 창출로 이어지지 않아 노동과잉의 국면이 형성되고, 자본수익의 향상이 노동소득의 향상으로 이어지지 않아 사회적 불평등이 심화되었다. 이러한 상황은 케인스의 예측에서 벗어난 일로, 맑스가 예언한 실업증대와 자본주의 위기가 잠복되어 있다.

선진자본주의 국가의 고용불안정은 중국의 세계자본주의 편입과도 연관되어 있는 일이다. 중국의 등장으로 노동경쟁이 글로벌 차원에서 진행되고 생산기지를 중국으로 이전함에 따라 관련 분야의 일자리가 그만큼 감소되었기 때문이다. 하지만 세계경제의 노동과잉과 고용불안정은 중국이 등장하기 이전에 이미 시작되었던 현상이며,[5] 향후 4차 산업혁명으로 인한 광범위한 기술적 실업이 대두되면서 이 문제는 더욱 곤혹스러운 인류사회의 난제로 다가오고 있다.

5 중국의 세계자본주의 편입과 세계 노동시장 및 노동운동과의 관계에 대해서는 스테파니 루스&에드나 보나시치, 「중국과 미국의 노동 운동」(홍호평 · 조반니 아리기 외, 하남석 외 옮김, 『중국, 자본주의를 바꾸다』, 미지북스, 2012) 참고.

2. 〈두라라승진기〉와 중산층의 꿈

케인스는 기술 발전과 자본 축적이 지속된다면 기술적 실업은 조정 가능한 일시적인 문제라고 예측했는데, 현재 세계경제에서 그 희망의 복음을 국가적으로 전파하고 있는 곳이 중국이며, 중국 청년들 가운데는 창업을 통해 부자의 꿈을 이루려는 이들이 열정을 쏟아내고 있다. 시진핑 정부는 '대중창업, 만인혁신' 정책을 통해 3년 만에 1059만 개의 인터넷과 서비스 기업을 탄생시켰다. 중관춘의 처쿠카페, 3W, 빙고카페 등 3대 창업카페 스타일의 창업이 전국으로 확산되고 있고, 크라우드펀딩과 신삼판, 커창판, 창업판 시장을 통해 창업자들에게 필요한 자금을 지원하고 있다.[6] 중국은 지금 전 세계에서 청년 창업이 가장 활발하게 이루어지고 있는 나라다. 글로벌기업가정신연구(GEM)의 보고서에 따르면 54개 회원국 중 창업자 지수가 가장 높은 나라는 중국이었다. 또 최근 5년 동안 우리나라를 포함한 5개국 젊은이들의 가치관을 조사한 결과, 중국의 20대들은 과반 이상이 더 나은 미래가 올 것이라고 생각하고 있었지만, 한국, 독일, 미국, 일본 등 어느 나라도 자신의 미래를 긍정하는 젊은이들이 50%를 넘지 못했다.[7]

청년 창업의 핵심에는 쥬링허우(90년) 세대가 있는데 이들은 안정된 큰 회사에 취직하기보다는 자신의 아이디어를 현실로 만들고 싶은 열정과 패기를 지니고 있다. 청년들의 창업 열기는 정부의 창업 지원정

6 전병서, 앞의 책, 282쪽.

7 KBS 〈명견만리〉 제작팀, 『명견만리: 윤리, 기술, 중국, 교육 편』, 인플루엔셜, 2016, 8장 '무엇도 두렵지 않은 2억 명의 젊은이들' 참고.

책뿐만 아니라, 성공한 선배 창업가가 창업을 시작하는 후배에게 수많은 기회를 주고 투자하는 중국 특유의 창업문화를 통해 형성된 것이다. 아울러 풀뿌리에서 중국 최고 부자가 된 마윈이나, 레이쥔, 마화텅 같은 롤모델의 성공스토리가 청년세대에게 자신감과 희망을 던져 주고 있다.

지금의 창업 열기는 개혁개방 초기 민영경제의 전성시대가 열리면서, 안정된 정부기관이나 국영기업을 그만두고 창업을 하거나 사영기업에 취직하던 샤하이(下海) 열풍을 연상시킨다. 하지만 샤하이 열풍이 시장경제의 호황 위에 올라탄 부자의 길이었다면, 지금의 창업 열기는 고성장의 둔화와 고용불안정 시대에 새로운 일자리 창출을 위한 도전의 길이라고 할 수 있다. 정부의 대대적인 장려에도 불구하고 창업은 미래가 불투명한 모험적인 선택이기 때문에, 상당수의 청년들은 여전히 안정적인 직장에 취업하여 일과 사랑을 성취하는 이른바 중산층의 삶을 선호하고 있다.

이 시대 중국 청년들이 희망하는 성공적인 삶을 이해하기 위해 우리가 보아야할 영화가 쉬징레이[8] 감독의 〈두라라승진기(杜拉拉升職記)〉(2010)이다. 이 영화는 중국의 조앤 롤링이라고 불리는 청년작가 리커의 동명 소설[9]을 바탕으로 연출한 것이다. 리커의 소설은 빠링허우 세대로 대변되는 두라라의 꿈과 욕망, 직장에서의 성공과 사랑, 자유로운 개성과 세련된 소비취향 등을 감각적으로 표현하여 베스트셀러가

8 徐靜蕾는 중국의 영화감독 겸 배우이다. 대표작으로 〈방가자〉, 〈대 기억술사〉 등이 있다.

9 李可, 『杜拉拉升職記』, 南海出版公司, 2007.

된 작품이다. 그리고 영화로 제작되기 전에 드라마와 연극으로 상연되어 청년 세대가 추구하는 새로운 개성과 가치관을 진솔하게 반영함으로써 '두라라 신드롬'이 일어날 정도로 인기를 얻었다. 이 영화의 감독인 쉬징레이 역시 빠링허우 세대로서 대중문화 트렌드를 선도하는 청춘우상으로 불리는 인물인데, 감독과 아울러 주인공 두라라 역을 맡았다.

영화는 베이징의 27세 여성 두라라가 선망하는 외국계 기업에 취직하면서 벌어지는 두 가지 이야기를 중심으로 전개된다. 하나는 직장에서 실력을 인정받고 고속 승진하여 화이트칼라 여성으로 성공하는 이야기이고, 다른 하나는 직장 상사와의 달콤한 사랑을 우여곡절 끝에 성취하는 이야기이다. 즉 특별한 배경이 없는 젊은 여성이 베이징의 외국계기업에 취업하여 자신의 실력만으로 일과 사랑을 동시에 성취하는 이야기라고 할 수 있다. 영화에는 감동을 자아내는 영웅도 없고 흥미진진한 추리나 반전, 스팩터클한 액션도 없으며, 이 시대 청년이라면 누구나 욕망하는 친근한 이야기가 대도시의 화려하고 세속적인 문화 속에서 펼쳐진다. 두라라 이야기는 거대한 사회적 장벽을 뛰어넘어 성공신화를 이루는 이야기에 비하면 지극히 평범한 중산층의 욕망이지만, 이 평범함이 미래가 불안정한 청년세대에게는 가까운 듯 멀리 느껴지는 신데렐라 이야기로 다가온다.

영화의 첫 장면은 두라라가 다니던 직장을 그만두고 다른 여러 회사에 원서를 내고 면접을 보는 장면에서 시작한다. 두라라는 미국계 글로벌 기업의 3개월 인턴 사원으로 채용되는데, 설레는 마음으로 출근한 첫날 직장 선배에게 월급에 따라 사원 내부의 등급이 구별된다는 사실을 알게 된다. 징리(經理) 이하는 가난한 사람을 뜻하는 '샤오쯔(小資)'로 월급이 4천 위안 이하이고, 징리급은 연봉 20만 위안 이상으로 자가용을 몰고 다니고, 중젠(總監)은 '가오찬(高産)' 계급으로 연봉 50만 위안 이상이며 해외여행을 다닐 수 있고, 중자이(總裁)는 연봉 백만 위안 이상으로 부자라고 부를 수 있다. 밖에서는 글로벌 기업에 다닌다고 부러워하지만 3개월 인턴 사원인 두라라는 샤오쯔의 초라한 신분일 뿐이다. 정식사원이 된 두라라는 3,500위안의 월급을 받게 되고 회사 인테리어 업무를 수행하는 과정에서 실력을 인정받는다.

두라라는 출근 첫날 승강기 사고로 상사 왕웨이를 알게 되는데, 인테리어 업무 과정에서 두라라를 위로해 주어 친한 사이가 되고 회사의 태국 파타야 야유회에서 뜨거운 밤을 보낸다. 회사 내규에 사내 연애를 하면 한 명은 퇴사해야 한다는 규정 때문에 갈등하다가, '성공을 위해 회사를 그만 둘 수 없다'고 생각하며 일에 매진한다. 1년 후 승진하여 월급이 6,000위안으로 오르고 왕웨이의 비서가 되면서 연인관계로 발전하며, 다시 1년 후 30세가 된 두라라는 HR부서로 승진하여 월급이 12,000위안으로 오른다. 이때 왕웨이의 전 연인인 직장 상사 메이구이가 두라라와 왕웨이의 관계를 알게 되면서 두 사람 가운데 한 명이 퇴사해야 하는 상황에 처하게 된다. 마침 회사의 구조조정으로 인해 왕웨이의 해고 결정이 나고, 메이구이는 자신이 사직서를 내고 왕웨이를 회사에 남게 한다. 이 과정에서 두라라는 두 사람의 관계를 오해하여 왕웨이와 이별하는데, 후에 자신이 오해한 사실을 알고 왕웨이에게 연락해 보지만 종적을 찾을 수가 없다. 2년 후 33세가 된 두라라는 HR 징리로 승진하여 월급이 25,000위안으로 오르는데, 3개월 인턴 사원에서 출발한 지 6년 만에 고속 승진을 하여 상층 직위에 오름으로써 직장에서의 성공을 이룬 것이다.

동생 결혼식을 마치고 나온 두라라는 허전한 마음에 회사 야유회로 갔던 태국 파타야에 홀로 여행을 가는데, 그곳에서 왕웨이가 까페를 운영하며 여행 가이드를 하고 있다. 왕웨이는 외국인 여행객을 '사랑의 나무'로 안내하여 소망을 담은 꽃을 달게 하는데, 나뭇가지에 자신의 옛 회사 신분증이 걸려 있는 걸 보고 두라라가 근처에 있음을 알게 된다. 왕웨이는 두라라의 이름을 부르며 찾아다니다가 운명처럼 재회하게 되고, 두 사람은 옛 추억을 되새기며 파타야에서 달콤한 사랑을 나눈다.

일과 사랑의 성취라는 면에서 볼 때 이 영화는 두라라가 화이트칼라로서 중산층의 꿈을 실현하는 이야기로 볼 수 있다. 평범한 여성이 분투하여 글로벌 기업의 고위 간부가 되고, 일과 사랑이 갈등하는 순간에 당당히 일을 선택하고, 또 운명처럼 재회한 연인에게 마음을 털어놓고 사랑을 이루는, 청년세대 누구나 꿈꾸는 성공 이야기인 것이다. 그런데 영화 속 다른 인물들의 삶과 두라라의 이야기를 전체적으로 살펴본다면, 성공 이야기를 넘어 그 속에 내재된 이 시대의 삶에 관한 질문을 들을 수 있다. 그것은 고용불안정과 삶의 참된 가치에 대한 문제이다.

영화 첫 장면에서 두라라가 여러 회사의 면접을 보는데 이전 직장의 상사가 성적으로 치근덕거렸기 때문이며, 또 이직한 글로벌 기업에서도 계약직 인턴 사원으로 시작하는데, 이는 노동과잉과 자본우위의 세계경제에서 노동유연성이 일상적인 제도로 정착되었기 때문이다. 두라라가 이직한 글로벌 기업은 효율과 생산성을 중시하는 미국계 기업으로, 직원 모두가 왕웨이의 일상적인 말처럼 '빨리빨리(馬上, 立刻)' 문화가 생활화 되어 있다. 밖에서 보면 글로벌 기업은 선망의 대상이지만 안에서는 철저히 성과 중심으로 승진과 월급이 결정되는 정글세계다. 이 세계의 철칙은 고급 간부라고 예외가 아니다. 메이구이는 승진 때문에 몸이 아파도 수술 일정을 미루고 있었고, 왕웨이는 회사 구조조정으로 인한 해고 통지를 받는다. 그리고 사내 연예에 관한 불합리한 내규처럼 사원에 불리한 규정이 도사리고 있어 누구나 실직의 위협에서 자유롭지 않다. 왕웨이는 해고 통지를 받는 날 세계여행을 하겠다고 애써 위안하지만 실직에 대한 준비가 되어 있지 않은 상태다. 그나마 고급간부를 하면서 모아놓은 재산이 있어 새로운 인생 설계를 할 수 있었지만, 불안정한 삶에서 빠져 나오는 동안 상당한 고통을 감내했을 것이다. 두라라의 성공 이야기를 회사 내부의 이러한 사정과 연계지어 생각해본다면 두라라의 성공은 변함없이 지속되는 게 아니라, 왕웨이와 같은 불시의 해고의 위협이 잠재한 일시적인 상태라고 해야 한다.

이러한 고용불안정이 지속되는 상황에서는 사랑도 순수하기가 힘들다. 두라라와 왕웨이가 헤어진 이유를 두라라의 입장에서 보면 왕웨이와 메이구이의 관계를 오해했기 때문이지만, 왕웨이의 입장에서 보면 두라라가 자신의 일과 자신에 대한 회사의 평가에만 신경을 써 연인으로서의 진정한 사랑의 감정을 느끼지 못했기 때문이다. 왕웨이가 헤어진 후 연락을 끊고 자신의 길을 걸어간 것도 이러한 마음에서 기인한 것이며, 두라라는 헤어지고 나서야 비로소 자신의 실수를 깨닫지만 왕웨이와 연락이 되지 않아 일에 몰두하게 된 것이다. 일과 사랑이 양립할 수 없는 상황에서 두라라는 삶의 참된 가치에 대한 고민보다는 실리적인 선택으로 마음이 기울어져 있었던 셈이다. 실리를 선택한 후의 마음의 상처는 고스란히 두라라가 감당해야 하는 것이었으며, 동생 결혼식을 보면서 일이 그 상처를 치유해 주지 못한다는 후회의 감정이 추억처럼 밀려들어 왔을 것이다.

두라라는 헤어진 후에도 왕웨이의 회사 신분증을 사랑의 징표처럼 간직하고 있었고, 왕웨이와의 뜨거운 추억이 있는 태국 타파야로 가서 사랑의 나무에 신분증을 걸어 놓았다. 〈첨밀밀〉에서 리밍과 장만위의 운명적인 재회를 가능케 한 매개가 개혁개방세대로서의 문화적 정체성을 상징하는 덩리쥔의 노래였다면, 두라라와 왕웨이의 매개는 바로 회사 신분증이었다. 사랑의 나무에 걸린 회사 신분증과 두 사람의 운명적 재회는 〈첨밀밀〉에 비해 깊은 감동은 덜하지만, 도시적 감수성을 통해 일과 사랑의 참된 가치에 대한 질문을 청년세대에게 던지고 있다.

3. 1%만의 세상

〈두라라승진기〉에 대해 중국의 문화비평가 딩야핑(丁亞平)은 화이트칼라가 직면하고 있는 주거문제, 생활문제가 결핍되어 있다고 비평한다. 또 강내영은 청년세대의 꿈, 사랑, 욕망 등을 솔직하게 담고 있다는 점에서 미덕이 있으나, 그들이 직면하고 있는 실업이나 주거문제 등의 사실적 요소가 은폐되어 있다고 비평한다.[10] 이러한 비평은 영화에 내재한 고용불안정성과 삶의 참된 가치에 대한 질문을 읽어내지 못한

10 강내영, 『중국 영화의 오늘』, 산지니, 2015, 293~294쪽.

평가이지만, 〈두라라승진기〉의 초점이 중국의 청년세대가 직면하고 있는 실업과 주거문제에 있지 않다는 점은 분명한 사실이다. 중국 청년세대의 현실을 상징하는 문화는 영화에 등장하는 화려한 고층건물보다는 개미집과 취업모텔과 같은 궁핍한 공간이다.

개미집은 대도시의 살인적인 집값과 임대료를 피해 가격이 저렴한 도시 외곽지역에 형성된 허름한 집이나 단칸방을 지칭하며, 이곳에 개미처럼 모여 사는 사람들을 개미족(蟻族)이라고 부른다. 취업모텔은 좋은 직장의 취업이나 창업을 하기 위해 대도시로 온 외지 청년들이 불법 개조한 아파트에 저렴한 방값을 주고 모여 사는 곳이다. 이곳에 거주하는 이들은 대부분 교육이나 취업을 위해 대도시로 온 외지 출신의 청년들로 안정된 직장의 화이트칼라나 창업의 꿈을 꾸고 있다. 이들은 궁핍한 생활을 살면서도 마윈과 같은 대박 창업이나 두라라와 같은 중산층 성공 이야기를 들으며 자신의 미래를 긍정적으로 생각한다. 중국 정부도 전 국민이 중산층의 삶을 향유하는 전면적 소강사회를 추진하고 있고, 또 인터넷 공유 경제를 활용한 '대중창업, 만인혁신'의 슬로건을 통해 신 부자의 꿈을 펼치고 있다. 그러나 현실은 매년 약 7백만 명의 대학 졸업생이 배출되어 고학력 실업자 수가 날로 증가하는 추세에 있고, 경제는 고속 성장의 둔화로 일자리가 줄어들어 노동과잉의 위험이 높아지고 있으며, 4차 산업혁명시대로 들어서면서 기술적 실업의 우려가 심각하게 대두되고 있는 실정이다.

안정된 직장을 잡아 두라라와 같은 성공적인 화이트칼라가 되더라도 대도시의 집값은 이들을 주택 대출금의 노예(房奴)로 만든다. 중국의 이러한 생활조건은 사회적 불평등을 악화시켜 계층 간의 이동이 갈수록 어려워짐에 따라 불평등의 세습화가 한층 두드러지고 있다. 중국 사회에 회자되고 있는 빈곤층 2세대(窮二代), 부유층 2세대(富二代), 관료 2세대(官二代), 직장 대물림(職二代) 등은 이러한 현상을 반영하는 용어이다.[11] 2013년의 한 통계에 따르면, 월수입이 6천~8천 위안에 달하는 남성, 3천~6천 위안에 달하는 여성이 스스로를 가난하고 못난 사람을 뜻하는 댜오쓰로 간주하는데 그러한 사람의 수가 5.26억 명에 달한다고 한다.[12] 월급의 액수로 보면 중등의 수준은 되지만 집값과 물가가 폭등하여 이 정도의 소득으로는 중산층의 삶을 향유할 수 없는 이들이 자신을 댜오쓰라고 비하함으로써 중국의 사회적 불평등을 비꼬고 있는 것이다. 정부는 중산층 사회를 추진하고 있지만 현실은 중산층의 몰락과 1% 중심의 양극화 사회로 나아가고 있다.

4. 노동 없는 미래

이러한 흐름은 중국뿐만이 아닌 전 세계적인 자본주의 현상으로 중산층의 몰락에 대한 맑스의 예언을 떠올리게 한다. 맑스는 기술적 실업으로 인한 수익률 저하로 자본주의 위기가 올 것이라고 예언했으나,

---

11 중국에서 일어나는 사회이동의 제한성에 대해서는 김옥, 『중산사회: 중국의 계층분화와 중산계급의 형성』, 역락, 2015, 제4장 중국 중산계급의 생활양식 제3절 사회의식과 사회이동 참고.

12 이 점에 대해서는 易觀國際에서 발표한 「中國互聯网"屌絲"用戶游戲行爲調研報告」 참조. 관련 기사는 http://www.chinanews.com/sh/2013/04-01/4692133.shtml에서 찾아볼 수 있다.

기술 발전으로 거대한 중산계급이 출현하여 자본주의 황금기가 도래할 것을 예상치 못했다. 1970년대에 세계경제가 침체되어 신자유주의가 지배하기 전까지 세계는, 기술이 발전할수록 그것을 활용하는 새로운 생산적인 일자리가 창출되어 전 국민이 부유하고 여가를 즐기게 될 것이라는 케인스의 예측이 적중하는 것으로 보였다. 그러나 세계는 중산층의 몰락과 실업의 위기가 가중되는 현재의 상황을 직면하게 되었고, 이에 대해 미국의 사회학자 랜들 콜린스(Randall Collins)는 맑스의 예언을 계승하여 중간계급 노동의 종말이라고 인식한다.

> 1980년대나 90년대까지만 해도 기계화는 주로 육체노동을 대체했다. 그런데 최근의 과학기술의 물결 속에서 이제 우리는 관리노동의 대체와 그에 따른 중간계급의 축소 현상을 목격하고 있다. 정보기술은 곧 커뮤니케이션 기술이다. 그로써 중간계급 고용인들의 업무인 커뮤니케이션 노동이 대체되고 대규모 노동 축소의 두 번째 시대가 시작된 것이다. 지금은 기계화에 로봇화와 전자화—우리의 장기적 미래를 지시하는 꺼림직한 용어 목록에 추가해야 할 또 하나의 불쾌하고 흉측한 용어—까지 가세했다. 노동계급이 기계화를 통해 위축되었을 때 자본주의는 중간계급의 등장에 의해 구조되었다. 지금은 컴퓨터화와 인터넷, 새로운 초소형 전자기술이 물결이 중간계급을 궁지로 내몰고 있다. 자본주의가 기술적 대체의 이 두 번째 물결을 헤치고 살아남을 수 있을 것인가?[13]

랜들 콜린스는 지난날 자본주의가 다섯 가지 탈출로를 통해 기술적 대체의 위기를 벗어날 수 있었다고 인식한다. 새로운 과학기술의 새

---

13 랜들 콜린스, 앞의 글, 79쪽.

로운 일자리 창출, 시장의 지리적 확산, 금융의 메타시장들, 정부 고용 및 투자, 학력 인플레 등이 다섯 가지 탈출로로 작용했는데, 지금은 모두 봉쇄되어 있는 상태다. 우리는 앞으로 50년도 채 안 되어 소수의 인간 기술자와 수리 인력을 두고서 거의 모든 노동이 컴퓨터와 로봇에 의해 수행될 미래를 그려볼 수 있다. 미래의 진정한 위협은 어떤 프랑켄슈타인 유의 로봇들의 반란이 아니라 로봇을 소유한 극소수 자본가계급을 위한 노동의 기술적 대체의 마지막 단계이다. 실업률이 노동 가능인구의 50% 또는 70%에 이르면 자본주의 체제는 존속할 수 없을 정도로 대단한 압박 아래 놓일 수밖에 없는데, 2040년까지 실업률이 50%에 이르게 되고 이때 자본주의 세계체제의 위기가 도래할 것이다. 랜들 콜린스는 이러한 위기를 해결할 유일한 방도는 자본주의를 사회주의적 소유와 강력한 중앙의 규제 및 계획을 의미하는 어떤 비자본주의적 체제로 전환하는 일이라고 주장한다.[14]

그러나 랜들 콜린스의 주장과 달리, 4차 산업혁명을 선도하는 독일에서는 기술 발전과 새로운 일자리 창출을 연동시키는 기업문화 및 정부정책을 통해 기술적 실업의 우려를 해소하고 있다.[15] 에릭 브린욜프슨(Erik Brynjolfsson), 앤드루 맥아피(Andrew McAfee) 등 미국의 경영학자들은 기술 발전과 일의 미래에 대한 연구를 통해 사라질 일자리와 새

14 랜들 콜린스, 앞의 글, 138~139쪽.

15 독일은 국가의 역할을 강조하는 사회적 시장경제 체제를 지니고 있는데, 이는 시장경쟁과 사회 이익의 균형을 서로 결합하고, 개인의 진취성과 사회적 진보를 조화롭게 하며, 국민 복지제도의 관철을 시장경제 체제의 기초로 삼는 시스템이다. 사회 진보와 복지 제도의 집행은 정부의 임무이기 때문에 정부는 경제에 있어 거시적인 조정을 할 권리를 갖는다.

롭게 창출될 일자리를 구별하며, 대체로 과거 기계화단계에서 기술 발전이 새로운 일자리 창출로 이어진 경험에 근거하여 4차 산업혁명 단계에서도 인간의 새로운 수요와 노동이 생겨날 것이라고 긍정적인 예측을 한다.[16] 하지만 이러한 예측은 과거의 경험과 인간의 무한한 욕망에 기댄 낙관일 뿐이며, 기술적 실업의 우려를 해소할 만큼의 새로운 일자리가 창출된다고 확신할 수 있는 근거는 없다. 오히려 새로운 일자리가 창출되는 것보다는 기존의 일자리가 사라지는 속도가 현저히 빨라, 실제 현실에서는 노동과잉과 기술적 실업의 문제가 갈수록 심각해지고 있다. 가령 산업용 로봇의 수를 볼 때 현재 로봇의 총량은 중국이 가장 높고 노동인구 비율로 보면 한국이 가장 높다.[17] 그러나 한국과 중국에는 독일과 같이 기술 발전과 노동을 연동시키는 기업문화와 정부정책이 결여되어 있어서, 로봇 도입은 가격경쟁을 통한 자본수익 향상의 차원에서 진행된다. 시장논리에 따라 기술적 실업이 진행되는 상황에서는 실업을 방지할 방법이 없으며, 이러한 상황이 육체노동뿐만 아니라 중간계급의 노동 분야에 이르기까지 무한히 지속된다면 랜들 콜린스가 예측한 노동의 종말에 도달할 수도 있다.

구글, 애플, MS 등 4차 산업혁명을 선도하는 글로벌 기업들은 기술 발전은 거부할 수 없는 경제적 흐름이며 이에 따르지 않을 경우 도태될 것이라고 한 목소리로 주장한다. 이는 광범위한 기술적 실업을 노

16 에릭 브린욜프슨 · 앤드루 맥아피, 이한음 옮김, 『제2의 기계시대: 인간과 기계의 공생이 시작된다』, 청림출판, 2014.

17 2015년 노동자 1만 명당 로봇 보유량을 보면 글로벌 평균은 58대인데, 한국은 437대, 일본은 323대, 독일은 282대, 미국은 152대, 중국은 30대이다.

동유연성의 차원에서 수용하라는 주장이면서 동시에 기존의 산업을 보호하는 정부의 규제를 풀고 4차 산업발전에 유리한 정책을 개정하려는 목적으로 보인다. 이러한 목소리는 중국의 인터넷기업의 경우도 마찬가지다. 알리바바의 마윈은 자동화와 인터넷 경제로 수십 년 간 일자리가 감소되어 사회적 갈등을 겪게 될 것이며, 유일한 해법은 사람이 못하는 일만 기계가 하는 것이라고 주장한다.[18] 중국의 인터넷 플러스 정책을 구상한 텐센트의 마화텅은 인터넷 플래폼을 기반으로 한 정보통신기술을 통해 모든 산업과 경계를 융합하여 연결한 새로운 생태계를 창출해야 그 과정에서 새로운 상품과 일, 모델이 끊임없이 생겨날 것이라고 주장한다.[19] 이러한 주장은 인터넷경제와 기술 발전을 통한 사회혁신의 역할을 강조하면서도, 서구 글로벌 기업과 마찬가지로 기술적 실업의 불가피성과 규제개혁의 필요성을 역설하는 것이다. 인터넷경제를 활용하여 사업 기회를 창출하는 것(창업)을 기술적 실업의 대안으로 제시하고 있으나, 인터넷 경제가 플랫폼과 뛰어난 기술을 소유한 자가 수익을 독점하는 구조임을 감안한다면, 인터넷경제가 기술적 실업을 해소할 만한 새로운 일자리를 창출할 수 있을지는 미지수다.

18 마윈은 2017년 4월 24일 허난성 정저우에서 열린 한 콘퍼런스에서 자동화와 인터넷이 몰고 온 충격을 누그러뜨리기 위해 로봇과 어떤 식으로 일할지에 대해 고민해야 한다고 조언하고, 인터넷이 경제에 몰고 온 파장을 놓고 전통산업들이 불만을 토로하는 행위도 이제 그만둬야 한다고 지적했다.

19 최근 중국 정부가 제시한 인터넷 플러스 정책은 2015년 전국 양회에서 텐센트의 마화텅이 적극 건의한 것이며 이에 호응하여 리커창 총리가 '정부업무보고'에서 처음으로 인터넷 플러스 개념을 들고 나와 인터넷 플러스 행동 계획을 정식으로 제정해야 한다고 주장했다. 마화텅이 주도한 인터넷 플러스 정책의 구체적인 내용에 대해서는 마화텅·장샤오펑 외, 강영희·김근정 옮김, 『인터넷 플러스 혁명』, 비즈니스북스, 2015 참고.

세계는 지금 4차 산업혁명은 저항할 수 없는 필연적인 추세이며 이에 따르는 기술적 실업의 고통은 개개인이 감내해야 한다는 흐름이 형성되고 있다. 서구 비평가들은 대체로 2008년 세계 금융위기 이후 신자유주의가 따스한 자본주의, 포용적 자본주의, 자본주의 4.0 등의 새로운 경제체제로 전환하고 있다고 인식한다. 하지만 기술 발전이 노동과 결합하지 않고 4차 산업혁명의 이름하에 더욱 세련된 시장자유주의로 나아간다면, 케인스가 기대한 기술 발전이 인간의 노동시간을 단축하여 여가시간이 늘어나는 미래의 삶에서 멀어질 수밖에 없을 것이다. 물론 2040년까지 실업률이 50%에 이르러 자본주의 위기가 도래할 것이라는 랜들 콜린스의 예측 및 세계체제의 위기를 대략 2030~45년 시기로 예측하는 월러스틴, 아리기 등의 시각은, 기술 발전이 충분히 새로운 일자리를 창출할 것이라는 낙관론만큼이나 실제적 근거가 불확실하다. 하지만 기술적 실업이 지속되는 시장자유주의로 무한히 흘러간다면 인류의 미래는 알 수 없는 상황이 될 것이다. 중국의 경우 2050년까지 두 번째 백년의 꿈인 대동사회를 추진하려는 목표에 따라 성장을 지속하고 있기 때문에 기술적 실업 문제로 체제의 위기에 직면할 가능성은 상대적으로 적다. 하지만 현재 중국의 성장 동력이 4차 산업혁명과 연계된 시장자유주의에서 생성되고 있는 점을 고려한다면 장기적으로 볼 때 중국 역시 이러한 위기에서 예외가 될 수는 없다.

기술 발전의 목적을 인간의 삶의 질 향상과 연계하지 않고 자본수익으로 접근하여 기술적 실업을 불가피한 문제라고 간주한다면, 인류는 케인스가 말한 '결국 우리는 다 죽는다'는 결말로 향하게 될지도 모른다. 맑스는 이러한 상황을 실업이 증대하고 소비수요가 하락하여 생산품이 판매되지 않는 자본주의 몰락의 시기라고 예언하였다. 즉 기술적 실업으로 소비 주체가 사라지면 결국 생산품 판매를 통한 자본수익의 길이 붕괴되기 때문이다. 맑스와 달리 케인스는 이러한 딜레마를 국가의 역할을 통해 조정 가능한 문제라고 인식하며, 기술 발전이 새로운 노동을 창출하고 생산성 향상으로 노동시간이 단축되고 여가활동이 증가하는 미래의 삶을 꿈꾸었다. 불행하게도 케인스의 예측이 빗나간 부분이 바로 이자 소득자가 안락사할 것이라는 점인데, 이자 소득자들이 금융자본 중심의 신자유주의를 형성하여 국가를 자신의 통제 하에 두게 되는 상황은 예상하지 못했다. 이 때문에 케인스가 기대한 미래의 삶은 지금 금융자본의 초과이윤 독점 및 기술적 실업의 위협을 받는 불안정한 삶으로 변질되고 있다.

기술 발전과 삶의 질의 문제를 논의하는 데 있어 한나 아렌트(Hannah Arendt)는 경제적 측면을 넘어서는 중요한 시각을 제기한다. 생산 자동화를 통해 노동생산성이 향상되고 여가활동이 늘어나는 것은 물질적 소비욕망을 구현하는 것이며, 공적인 인간으로서의 삶의 질을 높이는 행위라고 할 수 없다. 아렌트에게 생산 자동화의 함의는 인간이 생계를 위해 노동[20]하는 동물로부터 해방되어, 자신의 자유로운 삶을 발견하고 공적인 가치 창조활동에 참여하는 인간조건을 만드는 것이다. 그런데 근대 이후 노동은 인간의 절대적 가치가 되어 생산 자동화는 인간을 노동으로부터 해방하기보다는 오히려 의미 있는 작업과 행

20 아렌트는 인간의 행위를 노동(labor), 작업(work), 행위(action)로 구분하는데, 노동은 생존과 욕망 충족을 위해 하는 행동, 작업은 자신의 재능을 발휘해 일의 재미와 명예를 바라는 행동, 행위는 공동체 속에서는 어떤 대의를 위해 하는 행동을 뜻한다.

위조차 노동의 차원으로 전락시킨다. 기술 발전으로 인간은 노동의 속박으로부터 해방되기 시작했지만 이 사회는 노동으로부터의 자유가 목표로 해야 할 보다 고차원적이고 가치 있는 인간 활동을 더 이상 생각하지 않게 된 것이다. 아렌트는 우리의 실존과 운명을 자연뿐만 아니라 기술 발전에 내맡기지 않으려면, '악의 평범성'이 지배하는 세계에 저항하고 공적인 삶을 추구하는 인간조건과 행위의 가능성에 대해 진지하게 사유해야 한다고 주장한다.[21]

아렌트 시대에 생산자동화는 여가활동을 즐기는 중산층을 양성하는 기술 발전이었기 때문에, 지금과 같은 기술적 실업에 관한 문제는 아렌트의 주요 고민이 아니었다. 그러나 생산자동화와 노동해방에 관한 아렌트의 문제의식은 4차 산업혁명과 기술적 실업의 문제를 사유하는 데 중요한 시사점을 던져 준다. 팀 던럽(Tim Dunlop)은 4차 산업혁명 시대에도 과거처럼 새로운 노동이 충분히 창출될 것이라는 불확실한 낙관보다는, 기술적 실업을 노동해방의 계기로 수용하여 인류 역사상 가장 인간답게 살 수 있는 '노동 없는 미래'를 구상하자고 주장한다. 즉 지금까지 생계를 위해 수행한 노동은 생산자동화와 로봇으로 대체하여 인간의 노동시간을 단축하고, 아렌트가 말한 자신의 가치를 창조하는 작업이나 공적인 삶을 위한 행위를 하는 미래를 만들자는 것이다. 이러한 탈노동 사회는 케인스가 기대한 풍요로운 삶과 아렌트의 공적인 시민으로서의 인간조건을 구현한 미래라고 할 수 있다. 문제는 노동으로부터 해방된 인간이 기본 생활을 할 수 있는 소득을 마련하는 것인

21 한나 아렌트, 이진우·태정호 옮김, 『인간조건』, 한길사, 1996.

데, 이는 기본소득제를 통해 해결 가능한 일이며 이러한 인간조건을 확립하는 것이 바로 정치의 역할이 되어야 한다.

기본소득은 정부가 국민에게 매달 조건 없이 기본적인 생활을 하는 데 충분한 돈을 지급하는 제도이다. 기술적 실업에 대한 우려가 커지고 있는 데다 장기적으로 청년실업이 계속 문제가 되고 있고 또 불안정한 고용 형태가 늘어나고 있는 상황에서, 보편적 기본소득의 아이디어는 일반적인 노동시장 시스템 밖에서 국민소득을 재분배하는 방법이라고 생각하고 있다. 현재 핀란드, 스위스, 인도, 캐나다, 뉴질랜드, 네덜란드 등에서 기본소득제를 시험적으로 시행하고 있거나 도입 가능성을 공개적으로 논의 중이다. 우파 성향의 사람들도 기본소득이 복지 급여를 단순화해 예산을 절약하고 정부 관료 조직의 필요성도 줄이는 제도로 보아 지지하는데, 이는 시장효율을 중시하는 생각으로 탈노동 사회의 구상과는 거리가 멀다. 탈노동 미래를 만드는 일은 사회가 근본적으로 어떻게 조직되어야 하는지를 재고할 수 있게 해주는 장기적인 정치 프로젝트로 인식되어야 한다. 이것은 자본우위의 세계에서 노동이 구상할 수 있는 유토피아적 미래이다. 일자리가 자꾸 불안정해져 가고 개인과 그 가족이 평생 적절한 생활수준을 유지하며 사는 게 점점 힘들어져 가고 있는 상황에선 사람들이 임금 노예처럼 일하며 살 수밖에 없다. 탈노동 미래를 위한 추진력은 사람들이 기술적 실업의 두려움에서 벗어나 일에서 해방될 사회를 만들려는 적극적이고 긍정적인 자세에서 나와야 할 것이다.[22]

22 팀 던럽, 엄성수 옮김, 『노동 없는 미래』, 비즈니스맵, 2016, 241~242쪽.

중국은 현재 고속성장세가 둔화되기는 했지만 여전히 다방면의 성장 동력을 보유하고 있고 4차 산업혁명도 가장 선도적으로 준비하고 있다. 그러나 이러한 개혁이 개혁개방 이후 어느 때보다 강력한 시장자유주의의 힘으로 추진되고 있고, 기술적 실업은 시장자유를 촉진하는 정책과 개개인의 분투를 통해 극복하라는 메시지를 보내고 있다. 중국이 포용적 성장에 기반한 대동사회를 추구하고 있음에도 불구하고 청년세대의 미래는 세계 여느 국가처럼 불평등과 고용불안정의 위협에서 자유롭지 못하다. 이러한 상황은 청년세대가 미래를 설계할 수 있는 희망보다는 불안감을 증폭시킨다. 하지만 분명한 것은 지금의 삶의 위기가 개개인의 분투나 실력이 부족해서가 아니라 자본/노동의 불평등한 관계와 이로 인한 소득의 불평등한 분배에서 비롯된 것이며, 이는 적극적인 정치 참여를 통해 인간의 삶의 질을 고민하고 실천하는 사회를 만들 때 개혁될 수 있다는 사실이다. 경제성장은 누구나 일자리가 있고 결혼할 수 있는 인간조건, 인류사의 지극히 평범하면서 지극히 도달하기 어려운 이 목표를 실현하기 위해 필요한 것이어야 한다. 2050년 중국의 대동사회가 인류의 오랜 숙원을 풀어나가려면, 무엇보다 비인간적인 자본시장이 아니라 보편적 복지사회의 길 속에서 그 실현방안을 찾아야 할 것이다.

9장
고령화, 축복이 되고 있는가

9장
고령화, 축복이 되고 있는가

1. 노인의 슬픔

청년세대가 느끼는 사회적 불평등이 저출산의 문제로 나타나고 있다면, 인간의 기대수명이 늘어나는 추세에 대한 사회적 준비가 결핍되어 나타난 문제가 바로 고령화이다. UN을 비롯한 여러 기관의 인구통계를 보면 2050년이 세계 인구학사의 중요한 해가 될 것이라고 예측한다. 중국에서 2050년은 대동사회가 실현될 것으로 기대되는 해이지만, 세계 인구문제로 볼 때는 저출산 고령화가 인구 쇼크로 나타나는 시점이다. 미국은 2015년에 65세 이상 노인인구가 4천 8백만 명으로 전체 인구의 14.9%인데 2050년에는 8천 8백만 명으로 늘어나 22.1%를 차지하게 된다. 급격한 고령화 추세에 직면한 일본은 2050년에 전체 인구가 2천 5백만 명 감소하지만 65세 이상의 인구는 가파르게 증가하여 전체 인구의 40%에 육박한다. 유럽은 지금 인구가 늘고 있지만 2050년에는 감소추세로 접어들고 10명 중 3명이 65세 이상이 되는데 지금과 비교하면 3배가 넘는 수치이다.[1]

이러한 상황은 중국도 예외가 아니다. 중국 국가통계국에 따르면, 2030년에 인구규모가 14억 5천만 명으로 정점에 이른 뒤 감소 추세로 돌아서며, 법정 은퇴연령인 60세 이상 노인인구는 2015년 2.2억 명인 16.1%에서 2030년에 25%까지 늘어나고 2050년에 이르면 전체 인구의 1/3을 넘어설 것으로 추정된다. 이에 반해 생산가능연령(노인부양연령)인 15~59세 인구는 2011년 이후 줄어들기 시작하여 2015년에 9.1억 명으로 66.3%를 자치했으나 2030년에는 8천만 명이 감소한다. UN은 65세 이상 노인인구 비율이 전체 인구의 7% 이상인 사회를 고령화 사회, 14% 이상인 사회를 고령사회, 20% 이상인 사회를 초고령 사회라고 정의한다. 중국은 통상 법정 은퇴연령인 60세를 기준으로 노인인구를 정의하는데, 현재 이미 고령사회에 진입한 상태다. UN의 기준인 65세 이상을 적용하더라도, 2016년에 1.49억 명인 10.6%에서 2025년에는 14%로 증가하고 2035년에 20.9%로 증가하여 초고령 사회로 진입하게 된다.

지금 새로운 고령화 사회의 중심에 중국이 서 있다. 일본과 남부 유럽 국가는 급속도로 초고령 사회를 향해 가고 있고, 미국 중심부의 제조업 부문 고령 노동력은 일자리를 해외로 보낸 상태이고, 복지국가들의 고령인구 부양비 부담이 갈수록 가중되는 상황에서, 고령화의 혜

1 테드 C 피시먼, 안세민 옮김, 『회색 쇼크』, 반비, 2011, 25~26쪽.

택과 도전을 중국만큼 강하게 느끼는 국가는 없을 것이다. 중국은 고령화하는 세계에 글로벌 비즈니스가 갈망하는 젊은 노동력과 소비자를 공급하면서 동시에 세계 어느 지역보다 빠르게 늙어가고 있다.[2] 이로 인해 중국 내외에서 중국이 부유하기도 전에 늙어가고 있다는 우려의 목소리가 나오고 있는 것이다.

이러한 우려의 목소리는 주로 경제성장과 복지비용의 측면에서 접근한 것인데, 조지 매그너스(George Magnus)는 중국, 인도를 포함한 개발도상국은 중위 연령이 높아지고 노인 인구는 급속도로 늘어나며 소득과 경제 발전 수준이 훨씬 낮은 상태에서 노년층 부양비가 급격히 높아지게 된다고 인식한다. 개발도상국은 대부분 사회보장 제도나 연금 제도가 제대로 갖추어지지 않았고 초보적인 수준의 의료보험 제도만 있을 뿐이다. 앞으로 30여 년에 걸쳐 빠른 경제 성장을 이룩하면 고령 인구를 돌보고 의료보험을 제공할 수 있는 제도를 빠른 시일 안에 구축할 수 있다는 희망이 있다. 그러나 현재로서는 "경제 수준이 향상되기 전에 고령화"할 가능성이 높아 보인다. 저소득, 사회적 갈등, 빈곤으로 인해 고령화 문제에 대해 대처하지 못하면 고령화 자체가 경제 발전의 발목을 잡을 것이다.[3]

중국 정부도 이미 고령화 문제의 심각성에 대해 인식하고 해결방안을 모색하고 있는데, 2011년 사회보험법[4]을 수립하여 노인 부양을

2 테드 C 피시먼, 앞의 책, 393쪽.

3 조지 매그너스, 홍지수 옮김, 『고령화시대의 경제학』, 부키, 2010, 206~207쪽.

4 중국의 사회보험법 제정 배경과 경과 및 주요 내용에 대해서는 김동하, 「중국 사회보험법 제정과 그 정책적 함의」, 『중국학』 제37집, 2010 참고.

위한 양로보험과 의료보험 등의 제도를 정비하였고, 2015년에는 1979년부터 시행된 한 가구 한 자녀 정책을 폐지하고 두 자녀 정책으로 전환하였다. 그리고 고령화 및 산업고도화 등에 따라 로봇산업을 강력히 추진하고 있다. 중국공업정보화부는 2020년까지 산업용 로봇 벨류체인을 완성하고 노동자 1만 명당 로봇 보유량을 100대 이상으로 확대한다는 내용의 로봇산업 집중 육성 방침을 발표했고, 상하이, 장수, 저장, 광둥, 충칭 등에서는 30여 개의 로봇 산업공단을 조성 중이다.[5] 아울러 고령화를 제2의 보너스 삶으로 긍정하면서 실버타운, 건강, 의료, 보험 등의 실버산업을 새로운 성장 동력으로 육성하고 있다.

그러나 사회보험이 대도시의 공무원, 국영기업 등의 은퇴자에게 유리한 방향으로 구축되어 있고, 농촌 노인들에게도 의료보험 가입이 확대되어 있으나 실질적인 혜택은 여전히 미미한 상황이다.[6] 노인계층 내에서도 경제적 불평등이 극심하여 농촌의 노인들 가운데 고통스런 노후생활을 하는 이들이 많으며, 생활고를 비롯한 여러 가지 이유로 부모 부양을 소홀히 하는 자녀들이 적지 않아 2013년 7월에 일명 '효도법'이라고 불리는 노인인권보장법이 새로 반포되었다. 이 법은 본래 1996년에 제정되어 부모공경과 노인복지 향상이라는 원론적인 법규였다. 그런데 효도법은 '부모를 오랫동안 방문하지 않거나 괄시하면 처벌된다'는 등의 조항이 새로 추가되면서 의무와 법적 제재에 관한 내용

5 이용철, 『그래도 중국이 답이다』, 책들의정원, 2016, 233쪽.

6 2002년 이후 중국 사회보장제도의 재편 및 사회보장 현황에 대해서는 이이지마 와타루 · 사와다 유카리, 이용빈 옮김, 『중국의 사회보장과 의료』, 한울, 2014, 제6장 조화로운 사회의 사회보장 참고.

이 강조되었다. 개정된 법은 자녀가 부모에게 금전적인 지원뿐만 아니라 자주 부모의 안부를 묻는 등의 교류 유지 부분에 중점을 두고 있고, 부모 부양을 피하기 위해 유산 상속권을 포기하는 것도 금지되었다. 이를 어길시 법원이 벌금을 부과하거나 구류 결정도 내릴 수 있다.[7] 그러나 부모를 부양하지 않는 것은 도덕적으로 지탄받아 마땅하지만 이를 법으로 강제해야 하는지의 문제, 부모 역시 국가의 보호를 받아야 하는 국민인데 국가의 복지 책임을 자식에게 전가하는 문제 등은 논란의 여지가 있다고 할 것이다.

2. 〈20세여 다시 한 번〉과 실존적 삶

고령화 사회 중국의 이러한 모습을 이해하기 위해 우리가 보아야 할 영화가 천정다오 감독의 〈20세여 다시 한 번(重返二十歲)〉(2015)이다. 이 영화는 한국 황동혁 감독의 〈수상한 그녀〉(2014)의 이야기를 중국 배경으로 리메이크한 작품으로 한중합작영화 가운데 최고의 흥행을 기록하였다.[8] '수상한 그녀' 이야기는 이후 일본과 동남아시아에도 합작

7 신동윤, 『중국의 민낯』, 어문학사, 2015, 253~254쪽.

8 CJ E&M은 '수상한 그녀'의 이야기를 한중일 삼국의 영화로 만들어 상연하는 공동 기획 프로젝트를 추진했는데 삼국에서 모두 흥행에 성공하였다. 일본에서는 미즈타 노부오 감독 연출, 타베 미카코, 바이쇼 미츠코 주연으로 제작되었으며, 이후 태국, 베트남, 인도네시아 등에서도 동일한 방식으로 제작되었다. 수상한 그녀'의 베트남판 '내가 니 할매다'는 베트남 영화사상 최고 매출을 기록했다. 또 2018년 개봉 예정으로 영어와 스페인어 버전 제작도 확정됐다. 이로써 '수상한 그녀'는 한국어뿐만 아니라 중국어, 일본어 등 총 8개 언어로 제작되는 세계 최초 영화라는 진기록을 세우게 됐다.

방식으로 제작되어 흥행에 성공했는데, 그만큼 고령화 사회의 노인과 가족의 이야기가 지역을 초월하여 널리 공감되는 문제라는 점을 반증한다.

'수상한 그녀'는 가족과의 갈등으로 요양원에 가게 된 할머니가 영정사진을 찍으러 들어간 신비한 사진관에서 젊은 시절의 아름다운 여성으로 변신하고 난 후, 손자의 음악 밴드에서 가수가 되어 젊은 시절의 꿈을 이루고 멋진 남성과의 사랑이 싹트려는 순간, 교통사고가 난 손자를 살리기 위해 수혈을 해주고 다시 할머니의 모습으로 돌아가게 된다는 이야기이다. 〈20세여 다시 한 번〉은 '수상한 그녀' 이야기의 기본 틀을 유지하면서 영화의 정서를 느낄 수 있는 인간관계, 생활문화, 대사, 노래 등의 디테일한 부분은 중국적 맥락에 따라 각색하여 한국영화 〈수상한 그녀〉와 친숙한 듯 낯선 느낌을 자아낸다. 한중간의 사회문화적 차이는 동일한 노인문제를 다루면서도 그 출로에 미묘한 차이를 보여 주는데, 〈수상한 그녀〉가 가족 간의 소통에 기반한 실존적이고 자유로운 삶을 지향한다면, 〈20세여 다시 한 번〉은 가족 간의 소통을 통한 애정관계의 회복에 중점을 두고 있다.

두 영화 모두 첫 장면은 노인문제 전문 교수인 아들이 강의실에서 노인에 대한 편견에 관해 학생들과 토론하는 장면에서 시작한다. 하지만 그 초점은 〈수상한 그녀〉가 인기 많던 젊은 여성에서 점차 노화되어 좋은 시절이 지나간 노인으로서의 실존 문제에 있다면, 〈20세여 다시 한 번〉은 가족사진 속의 어머니에게서 태어난 아들이 성장하여 결혼하고 손자를 낳는 과정에서 일어난 부모의 문제에 다가가 있다. 이 점은 젊은 시절로 변신하여 꿈을 펼치다가 다시 할머니의 모습으로 돌아간

후의 엔딩 장면에서 확연한 차이를 드러낸다. 〈수상한 그녀〉의 엔딩이 할머니의 절친 할아버지가 할머니처럼 신비한 사진관에 가서 청춘으로 변신한 후 할머니를 오토바이에 태우고 호쾌하게 달리는 장면으로 처리된 데 반해, 〈20세여 다시 한 번〉은 다시 가족의 품으로 돌아간 할머니가 손자들이 밴드로 활약하는 장면을 아들 내외와 즐겁게 바라보는 장면으로 마무리된다. 이러한 이야기 결말은 현재 중국의 고령화 문제가 노인의 실존적 자유보다는 효도법으로 상징되는 자식의 부모부양의 문제로 이해되는 점을 반영한 것으로 보인다. 그러나 노인문제를 바라보는 맥락의 차이가 있기는 하지만 영화에서 감동을 주는 부분은 동일하다. 즉 자식만을 바라보며 희생적으로 살아온 어머니가 젊은 여성으로 변신하여 잃어버린 꿈과 사랑을 실현하는 환상적인 시간 속에서 자신의 인생과 가족의 의미를 성찰하는 이야기가 영화에서 감동을 주는 동일한 포인트라는 것이다. 청춘으로의 환상적인 변신과 세대가 어울려 꿈을 이루는 재미 그리고 가족에 대한 사랑 등은 국가와 민족을 넘어 보편적인 감동을 전하기에 충분한 이야기라고 할 것이다.

이 영화가 주는 보편적인 감동은 역설적으로 노인에 대한 사회적 편견이 일상화된 현실에서 기인한다. 영화 첫 장면으로 설정된 노인 편견 문제에 대한 대학 강의에서 학생들은 이 문제에 대해 기본적으로 관심이 없을 뿐 아니라, 노인에 대한 인상도 주름진 얼굴, 허약한 신체, 느린 행동, 지나친 간섭, 치매, 의존성 등 부정적인 이미지가 압도적이다. 또 노인과 잘 지내보려 하거나 자신도 나이 들면 늙는다는 생각은 하지 않으며, 운동이나 화장품, 성형을 통해 노화를 방지하려 하고 늙는다는 것 자체를 매우 혐오스럽게 생각한다. 학생들의 의견 가운데는 노인부양의 사회적 필요나 복지에 관한 얘기는 없으며 오히려 버스에서 자리를 양보하는 최소한의 예의도 귀찮아한다. 영화 속의 설정이기는 하지만, 노인에 대한 이러한 편견과 혐오감을 보면 효도법을 새로 반포한 사회적 배경을 이해할 수 있을 듯하다. 그러나 이 문제는 지금 젊은 세대만의 감정을 넘어 20세기 중국의 사회문제 속에서 배태되어 나온 오랜 문제로 보아야 한다.

본래 노인부양은 유교 경로사상의 핵심적인 덕목으로, 공자는 "노인들이 편안히 생을 마칠 수 있는" 것을 대동사회의 모습이라고 상상하였다. 공자는 자식이 부모에게 효도하고 부양하는 일은 자신을 낳아주고 길러준 것에 대한 보답으로, 자연의 이치이자 인간의 도리라고 인식했던 것이다. 그러나 부모자식 간의 자연스런 관계와 도리를 중심으로 하는 유교가 한대 이후 관방이데올로기가 되면서, 부모에 대한 자식의 효를 강조하고 이를 국가통치에 유비하여 군권의 절대성을 확립하는 이념으로 작동하였다. 나아가 효의 윤리는 중국 사회의 위계질서와 등급관계를 정당화하는 규범이 되고 중국인을 일상적으로 지배하는 가부장제 문화가 되었다. 5.4시기 청년들이 중국을 정체하게 만든 근원으로 유교를 지목하고 개인의 자유와 민주를 위해 가족의 굴레로부터 해방되고자 했을 때, 그것은 효에 대한 거부이자 부모(노인)세대에 대한 저항이었다. 이러한 반가부장 반노인의 생각은 마오쩌둥에게로 이어지는데, 신중국시기에 그는 중국 봉건문화의 해체를 가족의 해체로 이해하여 가족 개개인을 단위와 인민공사를 중심으로 하는 집체에 편입시켜 국가가 개인을 직접 관리하는 사회체제를 형성하였다. 문화대혁명이 극으로 치달리던 시기에는 혁명의 대의를 위해 '육친도 봐줘서는 안

된다(六親不認)'는 생각으로 영화 〈5일의 마중〉처럼 자식이 부모를 반동으로 고발하거나 노인을 비하하는 일들이 흔하게 벌어질 정도였다.[9]

개혁개방 이후에도 노인에 대한 생각은 개선되지 않았다. 신중국 시기가 평등의 이름으로 노인을 비하했다면 개혁개방 시기에는 생산 효율성의 시장논리로 노인을 폄하하였다. 도시와 농촌의 청년 노동력도 과잉 공급된 시장경제에서 노인이 설 자리는 없었다. 게다가 신중국 시기 사회안전망 역할을 하던 단위와 인민공사가 해체되면서 노인의 부양을 책임질 주체가 모호해지기 시작했다. 1996년 중국 정부는 개혁개방과 현대화 건설 과정에서 공동체의식, 공중도덕, 가정예절 등을 강조하는데, 윤리적 차원에서 볼 때 이는 경로사상과 효도 등의 전통문화를 회복하자는 것이지만, 복지의 차원에서 볼 때는 부모부양과 노인부양의 책임을 국가가 아닌 가족과 지역사회로 돌리는 것이라고 할 수 있

9 중국의 이러한 사례는 한국의 가족과 부모 존중문화와 대비되어 중국인의 이기적 본성에서 기인하는 것이라고 오해하는 경향이 있다. 그러나 이 문제는 중국인의 이기심보다는 사회주의시기에 가족이 해체되어 단위나 인민공사에 편입되는 과정에서 국가가 가족 구성원의 복지를 책임지는 사회체제가 확립된 점과 연계하여 고찰되어야 한다. 한국의 경우 근대화 과정에서 사회가 아닌 가족이 삶의 단위가 되어 생계를 해결했고 이 과정에서 자식의 양육은 부모의 책임 하에 있었다. 즉 가족이 복지가 되는 전통적인 삶의 양식이 유지되어 부모는 자식에게 절대적인 권위를 지닌 존재였다. 중국의 경우는 사회주의시기에 자식의 복지를 국가가 책임지고 또 평등 정치의 이데올로기가 급진화됨에 따라 〈오일의 마중〉처럼 자식이 부모의 정치적 잘못을 고발하는 사건이 벌어지게 된 것이다. 그러나 전통 중국 사회에서 자식이 아버지를 고발하는 일은 사회적으로나 인정적으로나 쉽게 공감 받을 수 있는 사건이 아니었다. 가령 『논어』에 자기 아버지가 양을 훔쳤다고 고발한 직궁의 이야기가 나오는데, 이 사건은 가족의 사랑과 사회의 의무가 양립할 수 있는가에 관한 문제로 중국 역사상 가장 뜨거운 논쟁 가운데 하나가 되었다.

다.[10] 효도법의 반포 역시 가족의 부양책임의 강화라는 맥락에서 이해되어야 한다.[11]

3. 가족의 의미

중국의 노인문제는 20세기 이래 이러한 악순환을 겪어 왔기 때문에, 영화 속 젊은 대학생들의 노인에 대한 편견과 혐오감은 지금 그들만의 문제라고 볼 수는 없다. 게다가 지금의 대학생들은 경제 호황기의 산업예비군이 아니라 취업난에 직면한 잠재적 실업자군에 가깝다. 연령으로 볼 때 이들은 쥬링허우 세대로 부모와 양가 조부모의 지원과 간섭을 받으면서 또 혼자 6인의 부모를 부양해야 하는 무게를 짊어지고 있다. 이러한 상황을 감안한다면 대학생들의 의견 가운데 육체적인 노화나 쇠약에 대한 혐오감은 경로사상이 약화되고 효율성과 미모가 지

10 1996년에 노인권익보장법이 제정되어 '노인이 국가와 사회로부터 물질적인 도움을 받을 권리와 노인권익보호가 사회 전체의 책임임'을 명시하고 있지만, 실제에서는 정부의 고령화정책 부재 및 자녀들은 떠나고 노인만 남은 '빈둥지 가정'이 증가하여, 사회와 가족으로부터 소외된 노인의 수가 지속적으로 증가하고 있다.

11 피시먼은 이 문제에 대해 다음과 같이 설명한다. 시장개혁기 시작되었을 때, 전통적인 가정은 다시 존중되었다. 즉 인민의 생활을 지원하는 데 가정이 구심점 역할을 해야 한다는 원칙이 재차 강조되었다. 중국은 도시와 농촌의 노인들을 부양하기 위한 종합적이고 튼튼한 사회보장 시스템이 여전히 부족하다. 또 가정이 자녀를 키우고 학교를 보내는 데 시간과 돈을 들여야 한다. 중국에는 생활비를 송금하는 노동자에 의존하는 가정이 많다. 또 급변하는 시대에 가족 간의 유대가 흔들릴 수 있기 때문에 국가가 나서서 자녀와 부모가 전통적인 의무를 충실히 이행할 것을 일깨울 필요도 있다. 수억 명의 노인들이 젊은 인구에 의지해야 하는 고령화 사회에서, 전통적인 부양의무를 포기하게 되면 수많은 노인들의 생계가 위험해진다.

배하는 시장경제 시대의 현상이고, 간섭과 의존성은 세대 간의 관계에서 비롯된 갈등 현상에 해당한다. 대학생들은 노인과의 관계에서 한 세대 떨어진 손자세대에 해당하기 때문에 직접적인 세대 갈등보다는 대체로 시장경제의 시각으로 노인을 혐오하고 있다. 그들은 복지 차원에서 노인부양의 문제나 인생론의 시각에서 노인세대의 경륜과 지혜의 필요성에 대한 생각은 하지 않는다.

영화의 주인공 멍쥔과 가족의 갈등은 아들에 대한 집착(의존)과 며느리에 대한 지나친 간섭에서 기인하는 일반적인 세대갈등의 성격을 지닌다. 멍쥔은 아들을 임신하고 있을 때 남편이 죽어 온갖 고생을 하면서도 아들을 대학교수로 키운 홀어머니다. 그래서 멍쥔에게 아들은 그의 인생에 다름 아니다. 아들만을 바라보고 살아온 상황에서 멍쥔의 아들 사랑은 집착으로 흐르고 며느리에게는 지나친 간섭으로 작용한다. 멍쥔의 간섭에 시달리던 며느리는 신경쇠약으로 쓰러져 병원에 입원하고, 아들은 멍쥔을 요양원으로 보낼 것을 결심한다. 멍쥔은 인생이 무너지는 듯한 절망감을 느끼며 길을 걷다가 청춘사진관을 발견하고 영정사진을 찍으러 들어간다. 사진관 주인은 젊은 시절 가장 예뻤던 모습을 생각하라고 하며 사진을 찍는데 그 순간 멍쥔은 20세의 젊고 아름다운 여성으로 변신한다. 아들을 키우느라 지나가버린 청춘이 다시 돌아온 것이다.

멍쥔은 가장 예뻤던 청춘의 몸이 된 것을 실감한 후 그 시절 우상이었던 오드리 햅번의 헤어스타일로 머리를 바꾸고 당시 유행하던 의상을 세련되게 입고 평소 신고 싶던 새 신발을 신는다. 멍쥔은 절망한 할머니에서 환상적인 청춘으로 몸과 마음의 완벽한 변신을 이룬다. 절친 할아버지 집에 방을 얻어 거처를 마련한 후 다음 날 노인센터에서 노래를 할 기회가 생기는데 덩리쥔의 〈상환(償還)〉을 애절하면서도 상큼한 목소리로 불러 관객들의 환호를 받는다. 밴드를 하는 손자와 참신한 새 가수를 찾아다니는 방송국 PD가 멍쥔의 노래를 듣고 감동하게 되고, 손자는 멍쥔에게 밴드의 보컬이 되어달라고 부탁한다. 멍쥔은 젊은 시절 가수의 꿈을 손자의 밴드에서 이루어보려고 하지만, 손자가 작곡한 곡은 자기세계에 갇혀 사람들과 소통이 되지 못하는 딱딱한 노래들이다. 멍쥔은 밴드의 음악을 비평하고, 그 대신 사랑의 설렘이 담긴 흥겨운 노래를 길거리 공연에서 불러 대중들의 갈채를 받게 되고, 그 덕분에 방송국 오디션에 합격하여 가요제에 참여할 기회를 갖는다. 가요제 당일 리허설에서 손자의 자작곡이 악평을 받아 가요제 참여를 포기하려고 하는데, 멍쥔은 손자에게 후회되는 일이 생기지 않도록 자작곡 대신 〈아름다운 추억〉이란 노래로 곡을 바꾸어 부른다. 경쾌한 락음악이 아닌 복고풍의 발라드 곡에 PD와 관객들이 술렁이지만 멍쥔의 진정성이 담긴 노래가 전해지면서 차분해진다. 멍쥔은 홀로 고생하며 살아온 자신의 고단한 인생이 떠오르면서, '절망한 순간에도 아름다운 추억과 함께 하고', '영원한 행복은 당신이 아니라 당신이란 추억을 갖는 것'이란 대목을 부를 때 자신도 모르게 주르륵 눈물을 흘린다. 성공적으로 노래를 마친 뒤 PD는 더 큰 규모의 가요제에 참여하도록 주선하고 이번에는 반드시 자작곡을 불러야 한다고 못을 박는다. 손자는 좋은 곡을 쓰려고 하지만 기존의 밴드 음악을 답습한 개성 없는 곡이라는 PD의 혹평을 받고 자리를 박차고 나간다. 손자의 행동은 PD의 뜻을 오해하고 또 멍쥔이 자신을 사랑하지 않는다는 생각에서 그렇게 한 것이다. 멍쥔은 손자가 착하고 재능이 있기 때문에 서로 사랑하는 사람을 만나게 될 것이라는 위안과 믿음의 말을 건넨다. 이에 마음이 풀린 손자는 용기를 내고 정진하여 자신의 진정성이 담긴 자작곡 〈우리의 내일〉[12]을 만들어 마침내 가요제 참가의 꿈을 이룬다.

그런데 가요제 당일 공연 순서가 다가오는 순간 손자가 교통사고가 나 PD가 공연 취소를 결정하는데, 멍췬은 무대에 올라 손자의 노래를 부르는 것이 손자의 꿈을 실현하는 일이라고 생각하여 밴드를 이끌고 노래를 불러 관객들의 폭발적인 환호를 받는다. 멍췬의 청춘의 꿈이 이루어지고 손자의 밴드의 꿈이 이루어지는 순간이다. 처음에 멍췬이 밴드 보컬의 제안을 받았을 때는 손자의 도움을 받아 잃어버린 청춘의 꿈을 찾는 과정이었다. 그러나 멍췬이 밴드에 참여하면서 손자는 자신의 음악세계가 협소하여 대중과 폭넓게 소통하지 못하고, 타인의 비평에 쉽게 좌절하여 도전적이지 못한 문제를 발견하게 된다. 손자는 멍췬을 통해 마음의 진정성에서 우러나오는 노래여야 대중에게 감동을 줄 수 있다는 점을 깨닫고, 미래의 꿈과 사랑을 위해 좌절과 고난을 극복해나가는 용기를 얻는다. 이러한 깨달음과 용기를 통해 손자가 얻은 결실이 바로 〈우리의 내일〉인 것이다. 멍췬이 청춘의 꿈을 이뤄 나가는 환상의 시간이 손자에게는 자신의 음악세계를 발견하고 대중과 소통하

---

12 〈우리의 내일〉의 가사에 영화의 메시지가 함축되어 있다. "한 사람이 종점까지 걸어갔다가/조심하지 않아 원점으로 돌아왔네/새로운 세계/지금 비로소 발견했지/시간은 절대적이지 않아/어느 한 사람이/내 감정을 느낄 수 있을 때까지/말하지도 물어볼 필요도 없어/곧 알게 될거야/매 순간 영원한 것처럼/난 얼마남지 않은 시간을 보고 소원을 빌어/하루 더 늘어나 있기를 우리의 내일/난 시간이 얼마나 있는지 물어봐 지금/하루가 더 늘어나 우리의 예언이 실현될 수 있을 거라고/사실/시공간을 거스른 전설이 있어/꿈에서 나에게 알려줬기 때문이지/사랑은 간직할 수 없기에/비로소 나를 용감하게 만들었어/영원한 기억으로 쌓이도록 말이야."

는 법을 알게 되는 성숙의 시간이었다. 손자가 멍쥔의 인생경험과 지혜를 배우지 못하고 밴드 내부에만 갇혀 있었다면 진정한 음악인으로 발전하기는 어려웠을 것이다. 손자의 성장 과정은 영화 첫 장면에서 드러난 대학생들의 노인 혐오감은 자본주의문화의 편견에 불과하며, 젊은 세대가 성숙해지는 과정에서 노인세대의 인생경험과 지혜가 필요하다는 사실을 보여 준다.

꿈의 무대에 서지 못하고 교통사고로 병원에 실려 간 손자는 응급수술을 해야 하는데, 혈액형이 RH-AB형의 희귀형이라 피가 부족하여 수술을 하지 못한다. 이 혈핵형을 가진 사람이 바로 멍쥔인데, 멍쥔은 피를 뽑을 경우 청춘이 시들어 다시 할머니의 모습으로 돌아가게 되는 비밀이 있다. 멍쥔은 손자를 살리기 위해 수혈할 것을 결심하지만, 절친 할아버지는 멍쥔이 평생 고생하며 살다가 이제 청춘의 꿈을 이루며 행복하게 살 수 있는 기회를 잃어버리는 게 안타까워 멍쥔을 만류한다. 그리고 멍쥔의 아들도, 어머니는 온갖 고생을 하며 아들을 키웠는데 그 아들은 어머니를 요양원에 보내려는 불효자이고, 새로운 삶을 살 수 있다면 다시는 고생스럽게 살지 말라고 하며, 자신의 아들은 자신이 구하겠으니 그냥 가시라고 눈물을 흘린다. 멍쥔은 새 삶을 살게 되더라도 똑같이 살 것이며 그래야 자신이 아들의 어머니가 되는 것이라고 눈물을 흘린다. 멍쥔의 수혈로 손자는 생명을 구하게 되고 멍쥔은 환상의 시간을 끝내고 다시 할머니의 자리로 돌아간다. 영화는 1년 후 멍쥔이 손자 밴드의 보컬에서 쌍둥이 손녀[13]가 노래하는 모습을, 아들 내외

13 감독에 따르면 중국의 1가구 1자녀 정책 때문에 손자 손녀를 쌍둥이로 설정했다고 한다.

와 화목하게 TV로 시청하는 장면으로 엔딩을 맺는다. 멍쥔은 손자의 생명을 이어줬을 뿐 아니라 손주들의 꿈을 이뤄 주는 매개가 됨으로써, 노인은 혐오의 대상이 아니라 젊은 세대의 성숙과 가족의 행복을 실현하는 소중한 존재라는 점을 보여 준다.

〈수상한 그녀〉의 엔딩이 손자 밴드의 성공적인 공연을 본 후 청춘으로 변신한 절친 할아버지의 오토바이를 타고 달리는 장면인 것과 비교해본다면, 〈20세여 다시 한 번〉은 화목한 가족관계의 회복에 초점이 맞춰져 있다고 할 수 있다. 즉 〈수상한 그녀〉가 화목한 가족관계의 회복과 아울러 자유로운 인간으로서의 실존적인 삶을 동시에 추구한 것이라면, 〈20세여 다시 한 번〉은 가족 안에서의 안정적인 삶을 선택한 것이라고 할 수 있다. 이는 앞서 살펴보았던, 노인문제를 바라보는 한중간의 사회문화적 맥락의 차이에서 기인한 문제라고 할 것이다.

4. 저출산 고령화의 행복

2015년 중국 정부는 저출산 고령화 문제의 심각성을 인정하고 1979년부터 시행되어온 한 가구 한 자녀 정책을 두 자녀 정책으로 전환하였다. 저출산 고령화는 현재 중국뿐만 아니라 전 지구적 차원에서 벌어지는 인류의 위기라고 인식되고 있는 문제다. 그런데 4차 산업혁명이 진행되면서 전 세계적으로 노동과잉과 기술적 실업의 위기가 가중되고 있는 상황에서 저출산 고령화가 왜 이렇게 심각한 문제로 부각되고 있는가에 대해서는 질문을 던질 필요가 있다. 인구 감소의 우려와 달리 현재 세계 인구는 70억 명을 넘어 여전히 가파른 증가 추세에 있다. 1804년 10억 명이었던 세계 인구는 123년 후인 1927년에 20억 명에 이르고, 33년 후인 1960년에 30억 명, 14년 후인 1974년에 40억 명, 13년 후인 1987년에 50억 명, 12년 후인 1999년에 60억 명에 이르러, 이런 추세라면 2050년에 90억 명을 돌파할 것이라고 예측된다. 1798년 멜더스는 식량 증산 속도가 인구 증가 속도를 따르지 못한다는 이유로 인구 증가를 경고한 바 있지만, 멜더스의 예측과 달리 식량 생산의 발전이 이루어져 세계 인구는 여전히 가파른 증가세를 보이고 있다. 기술 발전을 통한 인간의 미래를 낙관적으로 기대한 케인스는 그러한 미래를 위해 방지해야 할 문제 가운데 하나가 인구급증이라고 언급한 바 있다. 기술생산 능력을 초과하는 인구급증으로 인해 인간의 삶의 질에 위협이 되는 상황이 올 수 있음을 경고한 것이다. 그런데 케인스는 기술 발전에 따라 새로운 노동이 창출될 것이라고 낙관했기 때문에, 노동과잉과 실업의 문제가 인간의 삶의 질에 심각한 위협이 되는 현재와 같은 상황을 예측하지 못했다.

대체로 우리는 저출산 고령화를 하나로 연결된 용어처럼 사용하여 저출산과 고령화를 동일한 인구 쇼크의 문제라고 인식하는 경향이 있다. 그러나 두 가지는 완전히 상이한 맥락을 지닌 문제다. 고령화는 인간의 수명이 연장되어 장수하는 인구가 늘어나는 현상이며, 저출산은 한 사회의 출산률이 하락하는 현상을 뜻한다. 고령화는 건강하게 오래 살고 싶은 인간의 소망이 실현되는 것이지만, 늘어나는 수명만큼 행복하게 살 수 있는 사회안전망이 구축되지 않는다면 장수가 축복이 되지 못하는 문제에 직면하게 된다. 현재 고령화가 심각한 문제로 인식되는 것은 장수에 필요한 사회안전망이 구축되지 못하고, 또 저출산 문제와 연계되어 고령화가 생산 가능인구가 감소하는 원인인 것처럼 오해한 데서 기인하는 것이다. 이러한 오해는 인구가 경제력의 원천이며 지속적인 성장을 위해 인구를 늘려야 한다는 전통적인 인구경제학적 시각이 전제되어 있다.

미국의 경제학자 게리 베커(Gary Becker)는 출산률을 가족의 삶에 필요한 비용계산에 따른 선택의 결과로 보아, 소득수준이 증가할수록 부모들은 자녀를 더 낳기보다는 교육비 지출 등 자녀에 대한 투자를 늘리게 되고, 여성의 교육과 사회진출이 활발한 선진국일수록 출산률이 감소하는 것은 당연한 현상이라고 주장한다. 저출산은 여성의 사회활동과 자녀양육 비용 계산에 따른 결과이지 인구 쇼크로 볼 수 없다는 것이다. 오히려 노동과잉과 일자리 부족, 환경문제, 자원고갈, 지구온난화 등이 심각해지는 전 지구적 상황에서, 저출산을 유지하는 것이 지속가능한 미래를 위한 인류의 길이 될 수 있다.[14]

저출산 고령화의 인구 쇼크 담론을 주장하는 시각에는, 세계 인구를 늘이기(줄이기) 이전에 현재의 인간이 누리고 있는 삶의 질과 그 궤도에서 이탈한 인간들의 생존문제를 먼저 해결하는 것이 우선이라는 생각이 결여되어 있다.[15] 고령화로 인해 생산가능 인구가 감소하고 부양인구가 늘어나는 상황을 우려하지만 이는 기술 발전과 복지정책을 통해 충분히 해결 가능한 문제이며, 저출산 역시 삶의 조건 개선에 따라 얼마든지 변화될 수 있는 사회적 현상이다. 저출산 고령화 속에 내

---

14 이 점에 대해서는 앨런 와이즈먼, 『인구 쇼크』, 알에이치코리아, 2015 참고.

15 허병도, 『저출산 고령화의 행복』, 생각나눔, 2012, 127~128쪽.

재된 문제와 해결방안에 대해 고민하지 않고, 인구경제론에 따른 쇼크로만 바라본다면 인류의 삶의 질이 개선될 수 있는 방안을 찾아내기가 쉽지 않을 것이다.

중국의 경우도 저출산 고령화를 인구경제론의 시각으로 접근하는 것은 마찬가지라고 생각된다. 20세기 이후 중국의 인구통계를 보면 1900년 4억 명, 1910년 4억 2300만 명, 1930년 4억 8900만 명, 1950년 5억 4681만 명, 1970년 8억 1831만 명, 1990년 11억 3518만 명, 2000년 12억 6264만 명, 2014년 13억 5500만 명을 기록하고 있다. 중국 정부가 인구정책에 개입하기 시작한 것은 마오쩌둥 시절인데, 당시 아이를 10명이나 둔 어머니는 국가의 영웅 대접을 받았다. 1950~1960년대의 출산 운동은 베이비붐 세대를 만들었으며 이를 통해 1970년 중국인구가 1950년의 5억 4681만 명에서 8억 1831만 명으로 증가하였다.[16] 마오의 출산 장려는 인구대국이 세계강국이라는 인구경제론의 시각에서 비롯된 것이며, 1979년에 덩샤오핑이 산아 제한 정책을 추진하기는 했지만 인구수가 중국의 국가발전에 영향을 끼친다는 생각은 마오와 마찬가지였다. 덩의 정책은 '경제발전을 위해 가족계획을 실천하자'는 구호에 잘 나타나 있는데, 서구에서는 1979년 한 자녀 정책을 채택했을 때 중국은 인간의 가장 친밀하고 개인적인 행위보다 국가의 지

16 인구가 급증하는 추세 속에서 인구학자 마인추는 1957년 『신인구론』에서 인구억제의 필요성을 주장했는데 마오쩌둥이 마인추를 신맬서스주의자로 비판하면서 인구문제는 정치적으로 논의가 금지되었다. 그러나 중국 정부가 인구 증가를 자각하지 못했던 것은 아니다. 1964년에는 산아제한을 지도하는 계획생육위원회를 조직하여 인구 억제 캠페인을 진행했으나 1966년부터 시작된 문화대혁명에 의해 좌절되었다.

배권을, 생명을 생산하는 행위보다는 국가의 주권을 우선시했다고 비판하였다.

중국 정부는 한 자녀 정책이 중국 가정과 국가가 부양해야 할 자녀 수를 크게 줄이는 데 성공했다고 평가한다. 1963년 중국에서는 1천 명당 43명이 태어났으나 1982년에는 22명으로 줄었고, 2003년에는 12명에 불과했다. 이렇게 40년이라는 기간 동안, 중국 여성 1명당 출산율은 6명에서 1.4~1.9명으로 줄었다. 중국 정부는 한 자녀 정책을 추진하고 나서 30년 동안 중국 인구가 4억 명이 증가하는 것을 막았다고 추산한다.[17] 그렇지만 전체 인구수로 볼 때 2014년 인구가 1970년 8억 1831만 명에서 13억 5500만 명으로 급증한 것이라는 점은 부정할 수 없는 사실이다. 2015년 중국은 한 자녀 정책을 폐지하고 두 자녀 정책으로 전환했는데, 이는 마오나 덩과 마찬가지로 중국의 인구수가 국가발전에 영향을 끼칠 것이라는 우려에서 비롯된 것이다. 대도시에서 결혼을 포기하는 청년세대가 늘어나고 양육비용 문제로 저출산이 정착되어 가는 상황에서, 삶의 질 문제를 해결하지 않고 두 자녀 정책으로 전환한다고 하여 얼마나 실질적인 효과가 나타날지는 미지수다.[18]

---

17 테드 C 피시먼, 앞의 책, 406~407쪽.

18 아서 크뢰버는 중국 정부의 평가와 달리 한 자녀 정책은 개혁개방 시대에 시행된 주요 정책 중 최악의 정책이었다고 주장한다. 중국에서는 1970년대에 이미 출산율이 크게 떨어졌다. 1980년 한 자녀 정책이 도입되기 전의 일이다. 1980년대 새 정책을 시행하는 과정은 혼란스러웠고 사람들은 동요했다. 때로는 잔인하게 집행되어 강제 낙태나 불임 시술이 행해졌다는 보고가 널리 알려졌고, 때로는 느슨해서 농촌 지역에서는 출산이 급등하기도 했다. 한 자녀 정책이 끼친 영향은 확실하지 않다. 1980년의 출산율은 2.4명이었고 1990년의 출산율은 거의 2.1명 정도로 인구대체 출산율 수준이었다. 2000년이 되자 출산율은 1.4명을 감소하고 이후의 출산율은 1.4~1.5명 사이에서 움직였다. 이 같은 출산율 감소에

중국 정부의 우려와 달리 중국 인구는 과잉 상태이며, 더군다나 4차 산업혁명으로 인한 노동과잉과 기술적 실업의 위험을 어느 국가보다 크게 직면하고 있는 중국에서, 이에 대한 장기적인 대비 없이 출산장려 정책으로 전환한 것은, 중국 정부가 인구경제론의 편견에서 벗어나지 못하고 있다는 점을 반영한다. 저출산 고령화는 출산장려 정책만으로 해결될 수 있는 성질의 문제가 아니다. 고령화는 고령인구의 건강한 활동과 생존에 필요한 노동정책과 복지정책이 구비되어야 하고, 저출산 역시 젊은 세대의 결혼과 출산을 가로막고 있는 사회적 원인을 제거해야 해결 가능한 문제다. 영화 속의 멍쥔처럼 노인은 혐오의 대상이 아니라 젊은 세대의 성숙에 필요한 인생경험과 지혜를 제공하는 의미 있는 존재로 살아가고, 젊은 세대는 자신의 꿈을 실현할 수 있는 기회를 얻고 서로 사랑하는 사람을 만나 미래의 설계가 가능한 인간조건이 형성될 때, 저출산 고령화의 문제는 해결의 실마리를 찾을 수 있을 것이다.

중국 정부는 1가구 2자녀 정책으로 전환하여 인구증가를 장려하고 있지만 중국의 인구가 왜 부족한 것인지 그리고 수용 가능한 인구가 얼마인지에 관한 자료는 제시하지 않는다. 또 로봇산업을 육성하여 부족한 노동력을 대체하겠다는 계획을 가지고 있지만 지금 중국의 노동력

한 자녀 정책이 어느 정도 영향을 주었는지 알기는 불가능하다. 다른 동아시아 국가들은 중국의 한 자녀 정책과 유사한 산아제한 정책을 실시하지 않았지만 출산율은 최근 몇십 년간 더 빠르게 떨어져 거의 중국 수준에 이르렀다. 이는 동아시아 국가들이 산업화 도시화 시대로 진입하면서 동시에 인구감소 추세에 접어들었다는 점을 의미한다. 아서 크뢰버, 도지영 옮김, 『127가지 질문으로 알아보는 중국경제』, 시그마북스, 2017. 9장 인구와 노동시장 참고.

이 부족한 것인지 그리고 로봇이 대체한 일자리를 어떻게 새로운 부문에서 만들 것인지에 관한 계획은 명료하지 않다. 세계의 대표적 인구대국인 중국과 인도가 인구 경쟁을 벌이는 듯 한 비상식적인 상황, 저출산 고령화를 인구 쇼크로 몰아가는 인구경제학적 편향이 지배하는 세계에서, 인구증가로 이익을 볼 수 있는 세력은 누구인가? 자본가의 수익은 생산-소비 인구의 증가에서 올 수 있지만, 유능한 생산-소비의 인구를 양성해야 가능한 일이다. 인구경제학적 차원에서 인구증가가 성장으로 이어지는 시대는 이미 끝이 났다. 대도시에 광범위하게 형성된 도시 빈민과 소득이 생계에 허덕이는 수준의 생산자는 유능한 소비자의 역할을 수행할 수 없기 때문이다. 지금 세계가 관심을 가져야 할 문제는 인구 쇼크의 공포가 아니라 현재의 인구가 누리고 있는 삶의 질과 생존조건의 불평등이다. 이 불평등을 해결하는 과정에서 인구 쇼크 문제는 자연스레 해소될 수 있으며, 불평등 문제가 해결되지 않는 상태에서의 인구증가는 경제성장이나 인류 전체의 생태환경에 역행하는 결과를 초래할 수 있다. 세계 최대 인구국가인 중국은 어느 국가보다 이 문제를 심각하게 고민해야 할 책임이 있으며, 이 문제를 선진적으로 해결하는 과정에서 중국이 문명국가로 공감 받을 수 있는 길이 열리게 될 것이다.

10장
사회주의,
살고 싶은 세상이 되고 있는가

10장

사회주의, 살고 싶은 세상이 되고 있는가

1. 자본주의의 승리

4차 산업혁명이 만들어갈 기술유토피아 이야기를 들어보면 안전하고 살기 좋은 세상이 도래할 것이라는 기대감을 주지만, 뉴욕, 런던, 파리 등 글로벌 도시에서 벌어진 테러사태는 그 연유를 막론하고 세상을 불안과 공포에 떨게 한다. 생계의 벼랑 끝에 내몰린 하위 계층들의 시위가 끊이지 않고 또 불특정 다수에게 가하는 묻지마 폭력이 사회의 심각한 병리 현상이 되고 있다. 이러한 폭력과 불안은 전 지구적 차원에서 누적된 불평등과 수탈, 일상적으로 만연한 부자혐오와 자기 모멸감 등이 연계되어 일어난 현상이다. 4차 산업혁명의 기술유토피아는 기술적 실업의 불안을 내재하고 있고, 전 세계적인 탈복지 흐름은 불안에서 국민을 보호해 줄 국가의 책임과 역할을 후퇴시키고 있다.

2차 세계대전 이후 인류는 전쟁으로 인한 끔찍한 살상과 파시스트 전제 통치의 공포를 겪으며 다시는 이런 일들이 인류사에서 벌어져서는 안 된다는 공감대를 형성하였다. 이러한 성찰의 결과로 나타난 것이 국민의 삶의 질을 우선하는 복지국가 건설의 흐름이었다. 자본주의 진영과 사회주의 진영 사이에 냉전이라 불리는 체제경쟁이 있었지만, 그것은 전쟁을 위한 것이 아니라 어느 체제가 더 살기 좋은 곳인지 선전하고 갈등하는 양상을 띠고 있었다. 자본주의 진영은 19세기 말 독일 비스마르크(Bismarck)가 사회보험을 도입한 이래 정착되기 시작한 사회보장제도를 더욱 보장성 높은 시스템으로 정비하였고, 사회주의 진영은 계획경제를 통해 불평등을 해소하고 국민의 평등한 삶을 위한 보편적 복지를 시행하였다. 이러한 체제경쟁은 1970년대 석유파동으로 인한 세계경제 위기와 신자유주의로의 전환이 시작되기 전까지 이어져, 자본주의 진영은 경제호황에 기반한 복지국가 시대를 열었고 사회주의 진영은 자본주의 못지않은 경제성장과 평등의 시대를 만들었다. 에릭 홉스봄(Eric Hobsbawm)은 이 시기를 자본주의/사회주의의 대립 서사로 보는 통념과 달리, 인류 공공의 적인 파시즘에 맞서 자본주의와 사회주의가 일시적인 연대를 하여 경제 황금시대를 이룩하고, 인류사회가 직면한 위기를 두 체제의 경쟁과 협력으로 해결해나간 시간이라는 관점을 제기한 바 있다.[1]

그러나 20여 년 간의 짧은 황금기가 지나고 1980년대에 영국과 미

1 에릭 홉스봄, 이용우 옮김, 『극단의 시대: 20세기 역사』, 까치, 1997.

국에서 신자유주의 시대가 열려 금융자본주의와 탈복지의 흐름이 형성되고, 1990년에는 사회주의 진영의 핵인 소련이 몰락하는 사태가 벌어졌다. 프란시스 후쿠야마는 현실 사회주의의 몰락을 자본주의의 승리를 의미하는 '역사의 종언'이라고 명명했지만, 1990년대 이후 자본주의적 불평등이 더욱 극심해져 도대체 자본주의 승리로 무엇이 좋아진 것인지 혼란스럽게 만들었다. 1917년 러시아 혁명에서 출발한 20세기 사회혁명은 무엇보다 불평등과 빈부격차에 분노하여 일어난 것인데, 자본주의 승리 이후 불평등이 더 극심해졌음에도 불구하고 사회혁명 자체가 실패한 역사로 규정되어 버렸다. 20세기 항해지도로 작동하던 자유, 민주, 평등, 정의 등의 근대문명의 가치는 실종되었고, 사회주의의 몰락으로 자본주의를 견제하던 '대안세계'가 부재한 현실은 미래를 더욱 불투명하게 만들었다. 홉스봄은 20세기의 종점에서 근대 문명세계를 꿈꾸던 인류의 이상이 폭력과 불평등으로 치달아온 우울한 역사를 성찰하며 이를 극단의 시대라고 불렀다.

이러한 20세기 역사의 전환기에 중국의 역사도 중요한 흐름으로 동참하고 있었다. 2008년 미국 금융위기 직후 중국 인터넷에서 "사회주의만이 중국을 구원할 수 있다"는 중국 공산당의 표어를 변조하여, "1949년에는 사회주의만이 중국을 구원할 수 있었고, 1979년에는 자본주의만이 중국을 구원할 수 있었고, 1989년에는 중국만이 사회주의를 구할 수 있었고, 2008년에는 중국만이 자본주의를 구할 수 있다"라는 말이 유행하였다.[2] 이 말에서 언급한 해는 세계 역사와 중국 역사가 겹

2 이남주, 「자본주의 세계체제 속의 중국 '사회주의', 수사인가 가능성인가」, 『창작과비평』 167호, 2015, 15쪽.

쳐지는 중요한 전환기에 해당한다. 2차 세계대전 직후인 1949년에 중국은 사회주의 진영에 참여하여 보편적 복지국가 건설의 길을 선택했고, 자본주의 황금기가 지나고 신자유주의로의 전환을 시작하는 1979년에 중국은 시장경제를 도입하여 자본주의 진영에 편입했다. 소련과 동유럽의 현실 사회주의가 몰락한 1989년에 중국은 사회주의를 견지하여 자본주의의 승리를 유보시켰고, 미국발 세계 금융위기가 벌어진 2008년에 중국은 보유하고 있던 막대한 달러를 풀어 위기에 빠진 자본주의 진영의 활로를 터주었다. 현재 중국은 사회주의와 자본주의가 혼합된 발전의 길을 통해 중산층사회 및 중진국 복지사회의 꿈을 향해 나아가고 있다.

자본주의의 승리를 주창했던 프란시스 후쿠야마는 미국 금융위기 이후 워싱턴 컨센서스에 대한 비판과 아울러 중국식 발전모델에 대한 우수성을 승인하며, '역사의 미래'가 과연 어디로 갈 것인지에 대해 자기반성의 입장을 표출하였다.[3] 신자유주의에 대한 반성적 흐름 속에서 세계는 1929년 대공황 이후 금융규제, 뉴딜정책, 미국식 복지시스템을 통해 수정자본주의체제를 구축한 것과 같이 신자유주의를 극복할 새로운 체제가 출현하기를 기대하였다. 또 일부 진보진영에서는 영미식 신자유주의의 대안으로 중국굴기의 경험을 중시하고 그 가운데서 정부주도의 성장정책과 민생정책을 통해 괄목할 만한 성과를 거두었던 충칭모델에 주목하지만. 하지만 이러한 기대와 달리 금융위기 이후 세계

3 프란시스 후쿠야마(Franciso Fukuyama)의 이러한 입장 변화에 대해서는 "Democracy in America has less than ever to teach China", The Financial Times, 2011.1.17과 "The Post-Washington Consensusa", Foreign Affairs, Mar/Apr 2011, Vol. 90, Issue 2 참고.

는 새로운 체제가 형성되지 않았으며, 오히려 신자유주의의 부활이라고 부를 만한 현상들이 지속되고 있다. 신자유주의 대표 이데올로그들의 자기반성[4]에도 불구하고 대공황 이후와 비교해 볼 때 미국은 뚜렷한 성과를 거두지 못하였다. 대공황의 주범이었던 고도금융과 투기성 위험 관리를 위한 글래스-스티걸법과 같은 금융 규제체제를 정립하지 못했고, 일자리와 유효수효 창출을 위한 루즈벨트의 뉴딜정책과 달리 천문학적인 긴급규제금융을 풀어 월가의 고장 난 금융체제를 되살려 주었다. 그리고 사회적 약자 보호정책을 통해 미국식 사회복지시스템을 구축했던 1930년대와 달리 국민건강보험 개혁조차 후퇴하고 말았기 때문이다.[5]

---

4 금융규제 완화를 주도한 연준 의장 앨런 그린스펀은 2008년 10월 미 의회 청문회 증언대에서 "은행을 비롯한 다른 여러 기관들의 사익 추구가 그들의 주주와 자기자본 보호를 가능케 해줄 것이라 지레짐작해버리는 실수를 저질렀습니다."라고 자백했고, 청문회 의장이 "그렇다면 당신은 그간 세상을 바라보던 당신의 눈과 이데올로기가 틀렸음을 알아챈 것이군요."라고 어르자, 이 거장은 "바로 그렇습니다"라고 대답했다. 또 신자유주의 경제이론을 선도한 시카고학파의 노벨 경제학 수상자인 로버트 루카스는 은행 규제 완화에 대해 그동안 자신이 갖고 있던 믿음에 의심이 싹텄다고 이야기 했으며, 또 다른 노벨 경제학 수상자인 게리 베커는 "수많은 것들이 사람들, 나 그리고 시카고가 여태 그릇된 생각을 가지고 있었음을 보여 준다"고 고백했다. 리처드 포스너는『자본주의의 실패』를 통해 대재앙에 대한 책임은 규제 완화 운동을 함께했던 자신의 동료들에게 있다고 이야기 했다. 그는 붕괴가 "경제적 자유방임주의자들의 심장부를 사정없이 내리쳤다"고 했는데, 왜냐하면 그것은 그들의 자유시장 철학을 말 그대로 철저하게 몰락시켜 버렸기 때문이다. 2010년 포스너는 1930년대식 은행 규제 법안의 부활을 요청하면서, 예전의 그였다면 상상할 수조차 없을 법한 글을 썼다. 바로 존 메이너드 케인스를 적자지출 아이디어를 제시한 천재이자 시장자유주의의 집단을 떨게 만든 이라 추앙했던 것이다. 토마스 프랭크, 함규진 · 임도영 역,『실패한 우파가 어떻게 승자가 되었나』, 갈라파고스, 2013, 54쪽 참고.

5 물론 이 문제를 오바마와 민주당의 개혁 실패 탓으로 돌릴 수만은 없다. 세계정치 역학으로 볼 때 대공황시기에는 소련이라는 현실 사회주의 국가가 존재하여

토마스 프랭크(Frank Thomas)는 금융위기 이후 미국의 이러한 상황을 민주당의 개혁 실패와 수구세력의 성공적 반발로 인해 신자유주의의 판도가 유지되고 있다고 비판한다.[6] 중국에서도 신자유주의의 대안을 창출할 것이라 기대했던 충칭모델이 2012년 3월에 발생한 보시라이(薄熙來) 사건으로 현실 무대에서 퇴각하였고, 그 후 충칭모델은 금기어가 되었다. 하지만 금융위기 이후 미국이 이전의 신자유주의체제로 돌아간 것이라고 볼 수는 없으며, 자본주의 진영 안팎에서 고삐 풀린 자본주의를 제어하기 위한 대안 가능성을 모색하고 있다.[7] 중국에서도 충칭모델이 사라지기는 했지만 시진핑시대에도 포용적 성장과 민생정책을 지속적으로 추진하고 있다. 그러나 세계는 여전히 불평등을 해소할 수 있는 제도를 구축하지 못하고 있고, 자본주의든 사회주의든 하위 계층의 고통과 분노의 목소리들이 끊임없이 들려 오고 있다.

미국과 경쟁관계에 있었으며, 당시 소련의 '계획경제'는 대공황에도 영향을 받지 않고 지속적으로 성장해 나감에 따라 자본주의 국가에서 위기 극복을 위해 '사회주의적' 정책을 수용할 수 있는 흐름이 형성되어 있었다. 그러나 2008년 금융위기 시대에는 1990년대 전후 현실 사회주의가 실패하여 위기 극복에 사회주의적 정책을 활용할 수 있는 이념적 기반이 사라진 상태였으며, 진보세력이 중국모델을 주목한 것도 대공황 시기 소련의 '계획경제'와 같은 대안을 기대한 것이라고 할 수 있다. 20세기 중국의 자유주의자나 사회민주주의자들이 전 세계적인 자본주의 폐해 속에 '계획경제'를 공정사회를 실현하는 방안으로 수용한 것은 이와 유사한 사례라고 할 것이다. 이 점에 대해서는 쉬지린, 『왜 다시 계몽이 필요한가』(송인재 옮김, 글항아리, 2013), 제7장 자유와 공정 사이에서: 중국의 사회민주주의 참고.

6 토마스 프랭크, 함규진 · 임도영 역, 『실패한 우파가 어떻게 승자가 되었나』, 갈라파고스, 2013.

7 이 점에 대해서는 김재훈, 『사민주의 복지국가와 사회적 경제』, 한울, 2013 및 정태인, 『협동의 경제학』, 레디앙, 2013 참고.

2. 〈천주정〉과 하위계층의 절망

중국 사회주의와 하위계층의 목소리를 이해하기 위해 우리가 보아야 할 영화가 자장커[8] 감독의 〈천주정(天注定)〉(2013)이다. 이 영화는 네 개의 에피소드로 구성되어 있는데 모두 2000년대 발생한 하위계층의 실화를 바탕으로 한 것이다. 첫 번째 에피소드는 산시 출신 광부가 부당이익을 취한 촌장, 관리, 부동산업자 등을 고발하지만 아무런 소용이 없자 분노하여 그들을 직접 엽총으로 살해한 사건을 바탕으로 한 것이다. 두 번째 에피소드는 18세에 고향을 떠나 도시에서 저임 노동을 해온 농민공이 생계를 해결하지 못해 살인청부업자가 되어 전국에서 살인행각을 벌인 사건을 바탕으로 한 것이다. 세 번째 에피소드는 호텔에서 접수원으로 일하던 여성이 성 접대를 요구하는 정부 직원 손님들에 분노하여 칼로 살해한 사건을 바탕으로 한 것이다. 네 번째 에피소드는 광저우 타이완계 기업인 폭스콘 공장에서 발생한 14명의 젊은 노동자들이 연속 자살한 사건을 바탕으로 한 것이다. 네 개의 사건은 독립적으로 일어난 것이지만 불평등한 현실에 직면한 하위계층이 폭력적인(자살은 자신의 생명에 대한 폭력) 방식으로 자신의 분노와 절망을 표출한 사건이라는 점에서는 공통적이다.

영화의 오프닝은 토마토를 가득 싣고 달리던 트럭이 전복되어 사람이 죽고 토마토가 널브러져 있는 장면이다, 이 장면 속으로 오토바이를 탄 두 사람이 등장하는데, 한 사람은 세 명의 어린 강도를 만나 이들

8 賈樟柯는 1970년 생으로 중국의 영화감독이다. 대표작으로 〈스틸 라이프〉, 〈24 시티〉, 〈세계〉 등이 있다.

을 총으로 살해한 후 트럭을 힐끔거리며 지나가고, 다른 한 사람은 트럭 앞에 멈춰 서서 토마토 하나를 공놀이 하듯 만지다가 입에 놓으려하는데, 갑자기 멀리서 거대한 폭발음이 들린다. 이 오프닝 장면에는 영화에 등장하는 인물들과 사건 그리고 영화가 전하려고 하는 메시지가 상징적으로 함축되어 있다.

첫 번째 에피소드는 토마토를 먹으려다가 폭발음에 놀란 다하이 이야기로, 산시성 탄광 광부인 그는 촌장이 마을 탄광을 사영기업에 하청을 주고 수익 배당금을 받는 계약을 하지 않고 임의로 사영기업에 매각하여 큰 손실을 본 일에 분노한다. 사영기업의 사장은 다하이의 동창생으로 촌장, 회계와 결탁하고 마을 사람들을 회유하여 탄광을 매수한 후 기업 경영에 성공하여 비행기를 살 정도로 부자가 된다. 다하이는 탄광 매각과정의 비리를 베이징 중앙기율위원회에 고발하려고 하지만 여의치 않고 오히려 사장 측근에게 폭행을 당하여 병원에 입원하는 신세가 된다. 마을 사람들은 다하이를 동정하기보다는 골프 치듯 맞았다고 하여 골프씨라고 놀리고 이에 다하이는 심한 모멸감을 받는다. 현실 속에서 문제를 해결할 방법이 없고 심한 인격적 모독까지 당한 다하이는 집에 있던 엽총을 들고 나와 촌장, 회계, 사장 등을 차례로 죽인다. 이 과정에서 촌장 부인이나 말을 심하게 채찍질하는 마부를 죽이는 등의 우발적인 살인도 이어져 극단적인 분노 표출의 양상을 띠며, 마지막으로 사장을 죽인 후 모호한 웃음을 짓는 것으로 에피소드의 결말을 맺는다.

사건의 발단이 된 마을 탄광 매각 비리는 2000년까지 거의 모든 향진기업의 소유제가 사영 또는 주식제 기업으로 전환되는 과정에서 흔히 벌어졌던 일이다. 향진기업은 농민의 도시이동이 허용되기 전에 농촌잉여노동력 전이를 위한 공간이 되어 1994년 전국 공업, 농업 총생산액 증가량의 40% 이상과 농민 1인당 순수입의 60%를 제공했다. 그러나 1994년 이후 발전이 급속도로 느려지고 적자가 끊임없이 증가함에 따라 향진기업의 소유제를 개조하기 시작했다. 이에 참가한 사람들은 사실상의 소유자인 향진정부, 향진기업 경영자, 노동자, 명의상의 소유자인 향진 주민, 채권자인 은행 등 다섯 부류였다. 그러나 실제 소유제 전환과정에서는 향진정부와 향진기업 경영자 쌍방이 결탁하여 80%의 향진기업이 현임 경영자에게 양도됨에 따라, 향장과 경영자 간의 이익분배과정이 되었다.[9]

다하이가 촌장과 사장을 고발하려 한 것도 이러한 소유제 전환과정에서의 비리이며, 하청과 수익분배의 방식이 아닌 기업경영자소유로의 전환이 핵심 사안이다. 이로 인해 탄광의 수익은 사장이 독점하여 비행기를 구매할 정도로 부자가 되지만 마을 사람들은 탄광 노동자 신분에서 벗어나지 못한다. 이런 상황인데도 불구하고 마을 사람들이 다하이를 동정하지 않고 사장을 두둔하는 것은, 성공한 부자에 대한 동경과 아울러 본인 및 가족들이 그의 기업에서 일을 하고 있거나 일자리를 얻어야 하기 때문인 것으로 보인다. 이미 소유제가 전환된 이상 마을 사람들은 수익에 대한 권리를 주장할 수 없으며 사장의 자선과 기부 등의 선의를 기대할 수밖에 없다. 하지만 이러한 방식으로는 마을의 공동부유와 생태환경[10]을 이루기 힘들며, 탄광을 마을의 공공재로 인식하여

9 김옥, 『중산사회』, 역락, 2015, 163~164쪽.

10 다하이가 사장을 살해한 이후 장면에서 말이 혼자 수레를 끌고 거리를 달리고,

시민배당이 가능한 공적 소유제로 정립하거나, 사장 개인의 자선과 기부를 넘어 기업 부유세 및 기업의 사회적 역할을 통해 마을 전체가 부유할 수 있는 재원을 마련해야 한다. 아울러 매일 수백 건의 분쟁과 소송이 지방 정부와 기업을 대상으로 벌어지고 있고 그 중재를 중앙정부에 호소하고 있는 만큼, 중앙정부는 반부패시스템을 한층 엄격하게 작동시키고 지방 정부와 기업의 관리 감독을 더욱 강화해야 한다. 다하이의 극단적인 폭력행사는 이러한 방안이 현실 속에서 실현될 수 없다는 절망에서 비롯된 것이다.

두 번째 에피소드는 오프닝 장면에서 어린 강도 세 명을 살해한 후 오토바이를 타고 무표정하게 트럭을 지나간 조우산의 이야기다. 조우산은 노모의 칠순 잔치에 참석하기 위해 고향으로 가는 길인데, 고향에는 두 형들이 있고 아내와 아들이 살고 있다. 아내는 고향을 떠나 정처 없이 돌아다니며 송금하는 돈의 정체가 불안하고, 그의 가방에 총알 탄창이 있는 걸보며 조우산이 뉴스에 나오는 살인사건과 연계되어 있다는 점을 알게 된다. 아내는 조우산이 고향에 숨어 함께 지내기를 바라고, 조우산도 아들에게 무등을 태워 주거나 폭죽 대신으로 하늘에 총알을 발사하는 등 멋있고 자상한 아빠이고 싶은 마음이 남아 있다. 그러나 그의 선택은 은행에서 나오는 부부를 상대로 한 강도 살인이며 범행 후 야간버스를 타고 가는 도중에 내려 흔적 없이 사라져 버린다.

사실 조우산의 이야기에는 사건의 인과관계가 잘 드러나지 않는

탄광 굴뚝에서 오염된 연기가 길게 배출되고 있는데, 이는 에너지 자원 개발 지역이 대체적으로 개발이익을 우선한 이기적인 경영으로 생태환경이 파괴된 공간이라는 점을 보여 준다.

다. 조우산이 낯선 도시에서 고생스런 농민공 생활을 한 것은 알 수 있으나, 살인청부를 하게 된 동기나 오프닝 장면에서 어린 강도 세 명을 굳이 살해한 이유, 은행에서 나온 부부를 살해한 것이 청부살인인지 강도살인인지 등이 모호하다. 무표정한 얼굴처럼 살인이 습관적인 행위가 된 것이라는 느낌이다. 조우산의 행동에는 다하이와 같은 정의나 분노 혹은 절망을 찾아보기 힘들며, 도축장에 실려 가는 트럭 위의 소들처럼 죽음을 향해 운명적으로 빠져 들고 있을 뿐이다. 살인이 부자들을 향하는 것도 아니어서, 묻지마 폭력처럼 불특정 다수의 생명을 위협하는 병리적 현상에 가까워 보인다. 하지만 조우산에게 가족에 대한 애정이 남아 있고 지속적으로 아내에게 송금을 한 것으로 보아 그 역시 가장으로서의 책임감을 지니고 있다. 부자의 꿈을 위해 집을 떠났다가 세파를 견디지 못하고, 결국 가족의 행복을 잃어버리고 인간의 존엄을 상실하고 생의 의미조차 망각해 버린 가장 불행한 농민공이 돼버린 것이다.

세 번째 에피소드는 유부남을 사랑한 샤오위 이야기로, 이 남자는 그녀가 집을 떠나 광저우에서 몇 년간 일할 때 만남 사람이다. 샤오위는 광저우에서 다시 어머니가 계신 곳으로 돌아와 호텔 사우나 접수원으로 일하는데. 유부남이 찾아와 광저우로 돌아가자고 하지만 부인과 헤어지지 않으면 가지 않겠다고 한다. 샤오위는 유부남을 기차역에서 배웅하다가 그의 가방 속에 있던 과도가 검색대에 걸리자 자신의 가방에 넣고 근무지로 돌아온다. 그런데 유부남의 부인이 샤오위를 찾아와 화냥년이라고 욕하며 폭행을 가한다. 이 일로 샤오위가 혼란스워하고 있는데 손님이 그녀에게 다가와 성접대를 요구하자 자신은 그런 사람이 아니라고 거부한다. 손님은 돈다발로 샤오위를 때리며 심한 모욕을 주고, 샤오위는 가방에 넣어둔 과도로 손님을 살해한 후 피 묻은 몸으로 거리를 헤매 다니다가 자수를 한다.

샤오위에게 성접대를 강요한 손님의 행태는 벌을 받아 마땅하지만, 과도로 손님을 찌르는 샤오위의 모습은 무협영화의 협녀가 정의를 위해 칼을 휘두르는 듯 다소 과장되어 보인다. 샤오위의 칼날에는 성접대를 강요한 손님의 무례함에 대한 강한 거부감과 아울러 유부남의 부인이 화냥년이라고 욕한 것에 대한 강한 자기 부정이 함축되어 있다. 즉 유부남 부인이 찾아와 모욕을 주지 않았다면, 유부남과의 자신의 관계가 불륜이라는 혼돈에 빠지지 않았다면, 손님의 요구에 좀 더 현명하게 대처하며 극단적인 사태에 이르지 않았을지도 모른다. 거리를 헤매는 샤오위에게서 윤리적인 두려움이 느껴지는 것도 악한 행위에 대한 순수한 방어를 넘어 자기 내부의 혼돈을 부정하려는 감정도 개입되어 있었기 때문이다. 샤오위가 자수한 것은, 다하이가 살인에 대해 죄의식을 느끼지 못한 채 미친 듯한 웃음을 짓거나, 조우산이 무표정한 얼굴로 유유히 사라지는 것과는 다른 선택이다. 영화 마지막 장면에서 출소한 샤오위가 회개한 얼굴로 다시 나타난 것도 이러한 내면 상태와 연관되어 있다고 할 것이다.

네 번째 에피소드는 어린 나이에 가족의 생계를 책임지고 고향을 떠나 광저우 공장에서 일하는 샤오후이의 이야기이다. 샤우후이는 공장에서 작업 중인 친구에게 얘기를 걸다가 친구가 손을 다치자 관리자가 샤오후이에게 배상을 하라고 결정한다. 이에 샤오후이는 공장을 도망쳐 나와 둥관의 유흥클럽에서 웨이터 생활을 하는데 그곳에서 동향인 접대부 아가씨를 만난다. 샤오후이의 QQ 닉네임은 '작은 새'이고 아가씨는 '물을 찾는 물고기'로, 두 사람은 함께 물고기를 방생하고 기도를 하는 과정에서 사랑의 감정이 싹튼다. 그러나 아가씨에게 부양해야 할 세 살짜리 딸이 있어 접대부 생활을 그만두지 못하여 사랑이 이뤄질 수 없게 되자, 샤오후이는 다시 광저우로 와 타이완계 폭스콘 공장에 취업을 한다. 샤오후이는 고향의 엄마에게 생활비 독촉을 받지만 통장에 잔액이 없는 상태고, 게다가 샤오후이가 배상금을 부담하기로 한 친구의 압박까지 받아 생계의 벼랑에 내몰리자, 숙소 난간에서 투신자살을 한다.

샤오후이는 공부도 제대로 하지 못한 채 부모의 생계를 위해 공장을 다니게 되는데, 농촌이나 낙후한 지역에 사는 부모는 최저생계를 유지할 수 있는 사회보장이 결여되어 자식들이 부양하지 않으면 생활이 곤란한 지경이다. 중국의 '효도법'은 부모의 부양을 자식의 책임을 규정하고 있지만, 부모 이전에 중국의 국민으로서 이들을 보호해야 할 책임이 국가에 있다. 자식에게 부모 부양을 전적으로 책임지게 하고 최저생계비제도를 포함한 사회보장제도가 구축되지 않는다면, 샤오후이와 같은 어린 가장의 문제는 해결될 수 없다. 샤오후이에게 압박을 준 친구 배상금 문제는 공장 관리자의 부당한 처사이며, 노동자의 권리를 보호해줄 노조 및 노동법이 제대로 기능하지 못하기 때문이다. 특히 샤오후이 같은 외지인 비정규직 노동자는 임금과 복지 면에서 불리한 대우를 받고 있는 만큼 이들을 차별하는 제도가 사라져야 한다. 샤오후이의 자살은 어린 가장을 보호하는 사회안전망이 결핍된 현실로 인해 기인한 일이다.

샤오후이의 자살로 네 가지 에피소드가 완결되고 마지막 장면에서 샤오위는 출소한 후 첫 번째 에피소드에서 다하이가 살해한 사장이 경영하던 그 기업으로 일자리를 찾으러 간다. 기업의 경영은 죽은 사장의 부인이 맡고 있고 면접에서 샤오위에게 까다로운 질문을 던져 취업 여부는 알 수 없다. 그러나 다하이가 부정하고자 했던 존재 속으로 샤오위가 생계를 위해 들어갈 수밖에 없다는 설정 자체는 아이러니하고 운명적인 느낌을 주고 있다. 면접을 마친 샤오위는 고성 앞에서 공연하고 있는 경극 '옥당춘(玉堂春)'을 보고 관객 속으로 들어간다. 무고하게 죄인으로 몰린 수산이 통곡하며 억울함을 판관에게 호소하는데, 판관은 오히려 "수산, 네 죄를 네가 알렸다"라고 호통치며 수산의 죄를 묻는다. 공연을 지켜보는 수많은 관객들이 카메라에 클로즈업 되어 판관을 호통치듯 노려보는 장면으로 영화는 끝을 맺는다. 경극의 장면을 하늘이 정한 운명이란 '천주정'의 뜻과 연계지어 보면, 수산은 하늘의 운명에 분노하며 저항한 것이고 판관은 이를 운명으로 받아들이지 못한 수산의 죄를 묻는 셈이다. 그리고 관객은 판관을 노려보며 수산의 분노가 정당한 일이었다는 점을 항변한다.

3. 분노의 윤리

중국 사회의 불평등과 국가의 책임 문제는 익히 알려진 사실이지만, 하위계층의 분노의 감정과 직접적인 저항을 보여 준 것은 이 영화에서 주목할 만한 점이다. 〈인재경도〉의 농민공 뉴껑 역시 물질만능주의에 저항하며 사장 리청꿍을 도덕적으로 감화시키지만, 그는 세상에 분노하기보다는 '인간 세상에는 본래 참된 정이 있다'고 믿는 윤리적 인물이다. 〈천주정〉의 인물과 비교하면 뉴껑은 그야말로 동화적 인물에 가깝다. 〈천주정〉의 분노의 의미를 살펴보기 위해 프랑스 스테판 에셀(Stephane Hessel)이 제기한 분노의 의미에 대해 생각해보자. 스테판 에셀은 『분노하라』(2010)에서 세상에 대한 무관심은 인간을 이루는 기본 요소인 "분노할 수 있는 힘, 그리고 그 결과인 참여의 기회를 영영 잃어버리는" 행위라고 비판하며, 분노는 시대를 새롭게 창조하고 건강하게 지켜가는 힘이라고 주장한다. 스테판 에셀은 "분노의 이유들은 어떤 감정에서라기보다는 참여의 의지로부터 생겨났다"고 말하며, 각자 분노할 대상을 찾고 그 분노를 밑거름 삼아 행동할 것을 주문한다. 그의 분노는 1944년 프랑스 레지스탕스 평의회에서 채택한 정부 개혁안에 프랑스 현대 민주주의의 토대가 될 가치 즉 사회보장제, 퇴직연금제도, 공공재의 국영화, 대재벌의 견제, 언론의 독립, 교육권이 들어 있었는데, 반세기가 지난 지금 성과가 토대부터 붕괴되고 있다는 사실에서 출발한다. 그는 젊은 세대들에게 선대 레지스탕스처럼 이런 불합리한 현실에 저항할 것을 요청하지만, 폭력으로는 어떠한 희망적인 결과도 가져올 수 없다고 하며, 비폭력이라는 길을 통해 인류가 다음 단계로 건너가야 한다고 주장한다. 그에게 비폭력은 수동적인 행위가 아니라 자기 자신을 정복하고 타인들의 폭력성마저 정복하는 적극적인 행위로서의 비폭력이다. 비폭력의 길로서 정치적 실천은 20세기 극단의 시대를 살아온 스테판 엑셀이 온몸으로 체득한 '분노의 참여'라

고 할 수 있다.[11]

〈천주정〉 속 인물의 분노가 극단적인 폭력으로 나아가는 것을 보면 하늘이 정한 운명과 같은 거대한 힘에 이끌린 것이라는 느낌을 준다. 마지막 장면에서 '옥당춘'의 판관을 노려보는 관객들의 눈초리도 수산의 행위는 어쩔 수 없는 운명에 이끌린 것이니 죄가 아니라고 항변하는 것이다. 그런데 인물의 분노가 폭력으로 전환하는 과정을 들여다 보면, 순전한 운명에 의한 것이라기보다는 분노를 극단으로 내모는 자기 모멸감이나 어떤 감정에 휩쓸리고 있다는 점을 볼 수 있다. 다하이는 사장 측근에게 폭행을 당한 후 골프씨라고 놀림 받는 모멸감에 의해 분노가 통제 불능의 상태가 되었다. 샤오위는 유부남의 아내에게 화냥년이란 욕을 먹고 폭행을 당한 후 성접대를 요구하는 손님에게 순수한 방어 이상의 응징을 하게 된다. 조우산은 가장 극단적인 감정상태로 병리적인 사회혐오감을 지니고 있으며, 샤오후이는 생계의 절망에 빠지자 미련 없이 투신자살을 할 정도로 여린 감정을 지니고 있다.

인간의 분노와 폭력은 대체로 사회적 불평등과 아울러 타인에 의한 모멸감이 결합되어 나타난다. 사회적 불평등은 정치참여를 통해 복지국가를 건설하는 과정에서 개선될 수 있지만, 모멸감은 제도와 문화가 개선되더라도 감정을 가진 인간 사이의 관계에서 늘 발생할 수 있는 문제이기 때문에, 구성원 누구나 모멸을 견디는 내성과 자존감을 별도로 키워야 한다. 〈천주정〉의 세계처럼 인간의 존엄을 지킬 수 있는 경제적 문화적 기본조건이 결핍되어 있는 상태에서는 구성원들이 더욱

11 스테판 에셀, 임희근 옮김, 『분노하라』, 돌베개, 2011.

쉽게 자기 모멸감에 빠져 들 수 있다. 낮은 자존감 및 행복감은 사회적 신뢰와 원만한 인간관계가 부족한데서 발생하며 이는 자신에 대한 불신과 절망의 감정으로 이어진다.

〈천주정〉의 세계에는 근본적으로 복지국가가 추구하는 중요 가치가 결여되어 있다. 복지국가는 경제적 차원에서 부의 재분배를 통해 불평등을 완화하는 것만을 목표하지 않는다. 복지국가는 인간 존엄, 사회연대, 사회정의를 대표가치로 중시하는데 이는 부의 재분배를 넘어 인간이 존중받는 살고 싶은 세상을 만들기 위한 것이다. 인간존엄은 자신의 능력과 소양을 개발하려는 의지와 실천을 통해 발현되는 인간의 고유한 품격이다. 존엄은 한 개인이 지식건강을 토대로 능력을 개발하고, 문화적 윤리적 소양을 증진시켜 나갈 때, 그리고 개인의 자유를 제약하는 구조와 제도를 개혁하려고 노력하는 적극적 자유를 실천할 때 얻어지는 것이다. 사회연대는 타인의 존엄을 존중하고 호혜적 공존을 추구하는 개인들이 구성한 사회에서 필수적으로 지니고 있는 공동체 의식이다. 인간은 태생적으로 상호 의존적일 수밖에 없기 때문에 공동체 원리를 통해 서로 간의 결점을 보완하고 궁극적으로 사회적 공공성을 증진시켜나간다. 사회정의는 구성원에 대한 보편적 인간애를 바탕으로 공정성이 보장되는 공동체를 이뤄 나가기 위한 가치다. 공정하고 투명한 원칙에 의해 국가를 운영하고, 다른 국가의 국민과 동등하고 호혜적인 관계를 추구할 때 진정한 의미의 사회정의가 실현될 수 있다.[12] 이러

12 이태수, 『왜 복지국가인가』, 이학사, 2011, 40~41쪽. 이 세 가지 대표가치에 인간과 자연이 공존하는 생태가치도 현대 복지국가가 추구해야 할 중요한 가치이다.

한 세 가지 중요 가치를 추구하지 않는 정부는 인간의 존엄을 중시하는 복지국가의 책임을 다하지 않는 것이라고 해야 한다.

다하이가 사는 마을은 촌장과 사영기업가가 결탁하여 부를 독점하고, 마을 사람들은 다하이를 구경거리로 만들어 모멸감을 주는 부조리의 세계다. 조우산은 정착할 수 있는 사회가 없으며 이 사회를 혐오하다 어딘지 알 수 없는 무의미의 세계 속으로 사라져 버린다. 샤오위가 일하는 호텔은 성매매가 만연한 타락의 세계이며, 샤오후이가 일하는 공장은 노동자의 권리와 최저 생계가 보장되지 않는 불평등의 세계다. 그러나 〈천주정〉의 결말은 아이러니하다. 출소한 샤오위가 생을 위해 찾아간 곳이 바로 다하이가 부정한 세계였기 때문이다. 〈천주정〉의 세계가 인간의 존엄과 공동체 의식 그리고 사회정의가 결핍된 세계이고 또 네 인물 모두 이 세계에 분노하고 폭력적 저항을 했음에도 불구하고, 결국 이 세계를 벗어나 살 수 있는 방법이 없다는 것이 〈천주정〉의 결말인 셈이다. 그렇다고 이를 아이러니한 운명이라고 보는 것은 단순한 해석이며, 극단적인 분노와 폭력으로는 이 세계의 출로를 찾을 수 없다고 보아야 한다. 어쩌면 스테판 에셀이 주장한 분노의 참여 혹은 비폭력으로 희망을 찾는 길이어야 함을 암시하는 것은 아닐까.

이렇게 되려면 무엇보다 분노와 폭력에 관계된 이해당사자들이 서로 변화하여 갈등의 문제를 해소함으로써 호혜적인 신뢰관계를 형성해야 한다. 샤오위가 회개한 얼굴로 새 삶을 찾으려고 하듯이 기업도 노동자의 권리를 보장하고 사회적 책임을 다하는 포용적인 공간으로 변화해야 한다. 쌍방간의 관계에서 권력을 가진 쪽은 당연히 기업이기 때문에, 기업은 사회적 책임을 다하는 주체로 변화할 수 있도록 노력하고 국가와 사회는 기업을 감시하고 관리하는 역할을 수행해야, 이해당사자 간의 신뢰관계가 형성될 수 있다. 이러한 실천과 변화가 없는 상태에서 〈천주정〉의 세계는 하위계층에게 정말로 하늘이 정한 나쁜 운명일 수밖에 없다.

국가가 복지국가 건설을 추진하고 기업이 포용적 성장을 하더라도, 하위계층은 존엄한 삶을 위해 모멸을 견딜 수 있는 내성의 근육을 키워야 한다.[13] 이러한 내성의 근육은 하위계층을 넘어 모든 인간이 가져야 할 것이지만 상대적으로 모멸을 주기보다는 받는 경우가 많기 때문에 그러하다. 하지만 낮은 존재감과 행복감을 가진 이들이 그 결핍감을 채우기 위해 타인에게 모멸을 주는 경우도 많다는 점을 생각하면, 모멸에 있어서 피해자 가해자가 정해져 있는 것이 아니라 어느 쪽이나 다 해당될 수 있다고 보아야 한다. 〈천주정〉에서 다하이의 마을 사람들이 그러한 경우이다. 이는 루쉰(魯迅)이 중국인의 구경꾼의식을 비판한 것처럼 타인의 불행을 구경거리로 삼아 즐기는 일은 중국의 오랜 심리적 관행이라고 할 수 있다.

다하이의 경우 기업 사장과 동창 사이로 친구의 성공과 자신의 처지가 사람들에게 자주 비교되어 스스로 위축된 상태에서, 친구에게 폭행을 당하고 마을 사람들에게 심한 놀림을 당한 것이어서 그 모멸감이 가중되었을 것으로 보인다. 다하이가 폭행을 당한 후 누나를 찾아갔을 때, 누나는 다하이가 힘들어하는 걸 보고 그래도 집이 있으니 결혼하

13 모멸감은 나의 존재 가치가 부정당하거나 격하될 때 갖는 괴로운 감정을 의미한다. 모멸감을 스스로 극복할 수 있는 길에 대해서는 김찬호, 『모멸감』, 문학과지성사, 2014. 5장 생존에서 존엄으로 참고.

여 행복하게 살 길을 찾아보라고 조언을 하지만 다하이의 귀에는 누나의 말이 들어오지 않는다. 또 다하이는 베이징 중앙기율위원회에 비리를 고발하겠다고 떠들고 돌아다니지만, 정작 자신은 베이징 중앙기율위원회의 주소나 고발방법 등에 대한 자세한 정보를 모르고 있다. 이러한 점들은 다하이가 오랜 세월 비리에 대해 심정적 분노만 할 뿐 그것을 풀어나갈 해법을 찾지 못하고, 또 폭행과 마을 사람들의 놀림이 가중되어 자신의 존재감이 심각하게 훼손되었다고 느낀 광분의 상태에서 폭력으로 이끌린 것임을 뜻한다.

샤오위의 경우 유부남과의 불륜관계에 있지만 본인은 그것을 사랑이라고 믿고 있으며, 남자의 부인이 자신을 어떻게 생각하고 있는지에 대해서는 고민하지 않는다. 남자도 선택을 하라는 샤오위의 요구를 자신이 있는 곳으로 오라는 모호한 답변만을 할 뿐이다. 이러한 때에 갑작스럽게 남자 부인에게 욕을 먹고 폭행을 당하여 자신이 부당한 모멸을 받은 것이라 여기고, 손님의 비인격적인 모독이 가해지자 자신의 존재 가치가 심각하게 격하되는 상황에 흥분하여 폭력적인 방어를 하게 된 것이다.

샤오후이의 경우 어린 나이에 생계를 책임지고 공장에서 일하느라 부당한 일을 당하기 쉽고, 또 사회적 경험이나 의지할 만한 친구가 상대적으로 적은 상태에서 생계의 벽에 부딪치자 자살을 한다. 샤오후이가 자살하는 장면을 보면 절망에 부딪치자 조금의 망설임도 없이 바로 투신을 하는데, 이는 샤오후이가 아직 어린 나이라 인생에서 실패나 역경을 겪은 뒤에 그것을 극복하고 다시 일어서는 힘(회복탄력성)을 키울 기회가 적었던 것으로 보인다. 돈이 없으면 엄마에게 사정을 설명하고 친구에게 융통을 부탁할 수도 있으나, 샤오후이는 자살 직전에 생계 문제로 엄마와 심각하게 갈등하고 친구는 배상금 협박을 하고 있어서 의지할 만한 인간관계가 단절된 상태다.[14] 이러한 때 삶을 전환하기 위해 필요한 능력이 바로 회복탄력성이다. 떨어져 본 사람만이 어디로 올라가야 하는지 그 방향을 알고, 추락해 본 사람만이 다시 튀어 올라가야 할 필요성을 절감하듯이, 바닥을 쳐본 사람만이 더욱 높게 날아오를 힘을 갖게 되는 것이다.[15] 샤오후이는 날개 꺾인 작은 새처럼 무기력하게 바닥으로 추락하고 말았다.

조우산의 경우는 이미 치유될 수 없는 사회혐오감으로 살인에 무감각해진 상태여서 회복탄력성이 의미가 없을 정도다. 〈천주정〉 속 인물들은 사회적 불평등에 심각하게 노출되어 있고 또 분노조절능력이나 회복탄력성을 강하게 지니지 못해, 불평등과 인격모독에 대한 분노와 자기 모멸감이 결합하여 폭력이나 자살로 이끌린다. 분노가 정치적 참여의 형태나 생의 희망의 길로 발산되어야 하는데 〈천주정〉 세계에는 출소 후 샤오위의 선택처럼 별다른 출로가 보이지 않는다. 루쉰이 말한 '쩡짜(掙扎)', 버티며 견디는 힘이 어디보다 중요하게 작용해야 하는 세계인 것이다.

---

14 원만한 인간관계는 행복의 근원이자 긍정적 감정의 원천이고 강한 회복탄력성의 기반이 되지만, 갈등의 인간관계는 불행 그 자체이며 부정적 감정의 원천이고 회복탄력성을 갉아먹어 한 인간을 파멸에 몰아넣기도 한다. 극단적인 경우 불행한 인간관계는 자살, 우울증, 범죄의 원인이 되기도 한다.

15 김주환, 『회복탄력성』, 위즈덤하우스, 2011, 17쪽.

4. 복지사회주의의 길

〈천주정〉은 허구적 이야기이지만 중국 사회에 대한 하위계층의 절박한 분노를 엿들을 수 있다. 이들에게 사회주의라는 이름으로 대동사회와 공동부유사회를 건설하겠다는 공산당의 약속은 어떻게 다가올까. 자본주의 국가보다 사회 불평등 지수가 높은 중국에서 사회주의라는 말은 이제 수사에 불과한 것일까. 보편적 복지사회보다 시장자유주의와 4차 산업혁명의 기세가 더 강한 중국에서 사회주의는 무슨 역할을 할 수 있는 것인가.

지그문트 바우만은 "유토피아가 표시되지 않은 지도는 쳐다볼 가치도 없다. 인간성이 늘 자리 잡고 있는 단 하나의 나라가 생략되어 있기 때문이다"라는 오스카 와일드(Oscar Wilde)의 말을 바탕으로, 유토피아는 어떤 구체적인 목표가 아니라 희망의 길을 찾아가는 방향이라고 주장한다. 즉 유토피아가 대답하고자 하는 질문은 '무엇을 알 수 있는가?'와 같은 철학적인 질문도 아니고, 정치가와 이론적 지도자들의 영역인 '무엇을 해야 하는가?'와 같은 질문도 아니며, '무엇을 희망해야 하는가?'라는 질문에 대답하는 것이다.[16] 바우만은 사회주의가 이러한 희망에 대해 대답할 수 있는 생동하는 유토피아라고 말하며, 인간을 모든 고통으로부터 어제보다 더 많이 해방시키는 영원한 노력이 바로 사회주의라고 주장한다. 이런 맥락에서 소련식 사회주의는 전체주의에 불과한 것이 되며, 유토피아로서 사회주의는 인류역사에서 실현된 적

16 지그문트 바우만, 윤태준 옮김, 『사회주의, 생동하는 유토피아』, 오월의봄, 2010, 20쪽.

이 없는 정신적 가치로 스스로를 해방시키는 힘으로 정의된다.

바우만의 사회주의는 루쉰이 말한 영원한 혁명을 밀고 나가는 정신적 동력으로 이해되어진다. 그러나 유토피아는 새로운 사회를 건설하는 데 있어 반드시 있어야 할 이상적 가치이지만, 그것을 구현할 현실적 방안과 결합되지 못할 때는 이데올로기적 수사에 그치는 것이 유토피아의 운명이다. 소련식 사회주의는 전체주의에 불과하다는 비판으로 사회주의가 생동하는 유토피아로 지속될 수 있다고 주장하는 것은 비약이다. 오히려 사회주의를 구현할 수 있는 현실적 방안을 찾아내기 위해 유토피아로서 사회주의가 의미를 가지는 것이다. 사회주의는 인간을 해방시키는 정신적 동력이지만, 현실 속에서 해방의 대안을 찾아낼 때 비로소 자신의 존재가치를 지닐 수 있다. 중국은 사회주의가 대동사회 혹은 공동부유사회의 형태로 실현될 것이라고 주장하지만, 현실이 이렇게 살고 싶은 세계로 나아가고 있다는 실감이 느껴질 때 사회주의라는 말이 신뢰를 받을 수 있는 것이다.

현재 중국은 각 지역의 실정에 맞는 성장모델에 따라 발전을 하고 있는데, 대체로 4차 산업혁명을 포함한 산업고도화를 이루는 일이 중요한 목표가 되고 있다. 산업고도화는 무엇보다 창의적 노동을 필요로 하기 때문에, 창의적 노동력의 풍부한 공급은 국민경제와 자본, 그리고 노동이 함께 발전할 수 있는 필수조건이 된다. 하지만 산업과 일자리의 끊임없는 구조조정과 함께 일자리와 소득의 불안정 문제를 낳는데, 이 문제는 자본주의적 시장 스스로 해결할 수 없는 것이다. 사회는 일자리를 잃은 노동자들이 그 휴지기 동안 기본적인 생계유지에 필요한 실직수당을 받을 수 있도록 하고(소극적 노동시장 정책), 나아가 그들이 보다고도화된 산업 부문에서 보다 숙련된 노동자로 근무할 수 있도록 직무훈련 및 교육을 제공함으로써(적극적 노동시장 정책), 시장경제의 역동성을 보장해야 한다. 산업고도화가 내포하고 있는 이러한 양면성 때문에 이것이 지속성장을 위한 전략으로 기능하기 위해서는 시장경쟁에서 이탈한 이들을 구제하고 재교육할 수 있는 사회안전망의 구축이 필수적이다. 그리고 내수를 새로운 성장 동력을 삼고 있는 시진핑 시대에 내수의 안정적 성장을 위해 반드시 정립되어야 할 과제이기도 하다.

불과 몇 년 전만 해도 충칭모델과 광둥모델이 신좌파와 자유주의의 이념을 제도적으로 실천하고 있는 모델인 것처럼 비교되는 경향이 있었다.[17] 그러나 그 내부를 들여다보면 시장조정자로서 정부의 역할, 국유기업과 민간기업의 혼합경제, 수출과 내수, 사회복지 등에 있어 상대적인 차이가 있을 뿐, 각 지역의 조건에 따른 사회주의시장경제 범주의 성장모델이라는 점에서는 동일해 보인다. 본래 광둥모델은 개혁개방 초기 개방적 지역조건과 세계화의 이 점, 즉 외자유치와 수출 그리고 저임노동력을 활용하여 급성장을 이룩했지만 빈부격차와 사회적 불평등이 심각하고 사회보장제도가 취약한 문제점을 낳고 있었다. 이것은 과학발전관에 입각한 성장 패러다임의 전환에 있어서 광둥모델이 내홍을 겪게 될 것을 예고하는 지점이었다. 광둥지역은 기존의 저임노동에 기반한 수출경제를 임금상승에 기반한 산업고도화와 내수 전략을

17 충칭 모델은 중국에서 지금 금기어가 되었지만, 본 장의 논의를 위해 용어를 그대로 사용한다. 금기어가 되었음에도 불구하고 충칭모델의 핵심 내용은 시진핑 시대에도 중단 없이 실천되고 있기 때문이다.

통해 개혁해 나가고, 아울러 정부 일방이 주도하는 관료체제에서 법치, 예산 공개, 인터넷을 통한 정책 개발 등을 통해 시민사회의 참여를 유도하는 엄정하고 유연한 정치사회체제를 형성하여, 시장경쟁과 협치를 핵심으로 하는 성장모델을 추진하고 있다.[18]

광둥모델이 시장화가 진행된 개혁개방 선도지역에서 발전 이후의 단계를 모색하는 방안이라면, 충칭모델은 개혁개방의 후발주자로서 상대적으로 풍부하게 보존되어 있는 국유자산(국유기업, 토지)을 활용하여 경제성장과 민생안정을 균형적으로 추구해 나가는 방안이라고 할 수 있다. 이러한 조건의 차이로 인해 시장화가 진행되어 국유자산이 상당 부분 민영화된(토지사용권의 매각을 포함하여) 지역에서는 충칭모델의 장점을 부분적으로 수용할 수밖에 없으며, 시장경제의 축적에 기반한 새로운 성장모델을 구상할 필요가 있다.

현재 광둥지역은 경제발전 단계로 볼 때 산업고도화를 선도적으로 추진해야 하는 지역이다. 그런데 산업고도화를 추진하기 위해 반드시 수반되어야 하는 사회안전망이 가장 취약한 곳이어서, 이런 조건 하에서는 산업고도화와 내수를 동시적으로 이루나가기가 쉽지 않을 수 있다. 이 점이 바로 시장원리에 충실한 현재의 방식을 넘어 새로운 성장모델을 모색해야 하는 이유이다. 광동지역과 같이 시장경제와 개인 중심적 사회문화가 형성된 곳에서는 생산적 복지사회 모델[19]을 참조할 필

---

18 광둥모델의 특성에 대해서는 Xiao Bin, 「The Guangdong model in transition」, 『CHINA 3.0』 참고.

19 독점자본과 복지국가 공존의 시각에서 스웨덴이 어떻게 효율성과 경제성장을 성취하여 분배와 조화를 이루어왔는지를 분석한 글로 김인춘, 『스웨덴 모델, 독점자본과 복지국가의 공존』, 삼성경제연구소, 2007 참고. 그리고 스웨덴이 개인주

요가 있다고 생각된다.

생산적 복지사회를 추진하기 위해서는 무엇보다 수평적 수직적 차원의 사회적 연대 원리가 공유되어야 한다. 소득이 많은 이는 누진적으로 더 많은 세금을 내고, 소득이 적은 이는 더 적게 내지만, 평균적으로는 모든 이들이 보편적 복지가 심화되는 것에 상응하여 각자의 시장소득의 일부를 자신을 포함한 모든 시민을 위해 세금 또는 사회보험금으로 내는 제도가 정착되어 한다. 그리고 빈부격차를 막론하고 모든 시민은 동등한 복지 수혜권을 가질 수 있으며, 누진적 세금과 사회보험금을 재원으로 하는 생산적 복지사회를 통해 각 개인은 자본과 시장으로부터 최대한 독립하여 생애 전체에 걸쳐 기본 필요를 충족하는 인간존엄성에 걸 맞는 삶이 가능해질 것이다.[20] 광둥지역이 시민의 협의 및 누진적 세금과 사회보험금을 바탕으로 한 생산적 복지사회를 건설하고 이것이 산업고도화와 내수를 진작시키는 새로운 성장모델로 전환할 수 있는 길을 열어 나간다면, 개혁개방 선도지역들이 새로운 개혁방향을 모색하는 데 있어 중요한 참조가 될 수 있을 것이라고 생각된다.

현재 중국은 지방의 개혁과 각 지방의 서로 다른 모델 사이에 전개된 경쟁이 지속적 발전을 위한 동력으로 작용하고 있다. 그러나 중국모델이 신자유주의 체제의 대안으로 공유되기 위해서는 지역 발전모델 사이의 경쟁을 넘어 중국 사회 전체가 공동으로 추구해 나갈 목표와 개

의가 강한 근대사회이면서도 사회에 대한 높은 신뢰성을 지니는 복지사회로 성장한 과정에 대해서는 레그란드 츠카구치 도시히코 엮음, 강내영 외 옮김, 『스웨덴 스타일』, 이매진, 2013 참고.

20 조원희·정승일, 『사회민주주의 선언』, 홍진북스, 2012, 72쪽.

혁방향에 관한 논의가 수반되어야 한다. 중앙정부 차원에서는 자본에 대한 효율적 관리와 분배 능력의 불균형 상태를 조정하여 성장의 위기를 극복할 수 있는 복지사회의 패러다임을 정립하고, 지역에서는 성장과 삶의 질을 동시적으로 추구할 수 있는 다양한 사회실험들이 진행되어야 한다. 가령 공유제와 민생정책을 통해 공동체사회를 추구해 나가는 충칭모델, 시장경제에 기반한 생산적 복지사회를 건설해 나가는 광둥모델, 그리고 각 지역에서 자신의 실정에 부합하는 사회복지 방식을 결합하여 새로운 성장모델을 정립한다면, 개혁개방 초기의 신자유주의적인 시장경제에서 복지사회주의로 전환하는 길을 열어갈 수 있을 것이다.

문제는 이러한 복지사회로서의 비전과 아울러 이를 추진하는 정치세력이 있어야 한다는 점이다. 인민의 정치참여가 제한된 중국과 같은 당-국가 체제에서는 장기적으로 민주공화국 건설을 위한 사회운동을 추진하면서, 단기적으로는 복지사회의 전망을 지닌 세력들이 국가에 개입하여 적극적인 정책 실천을 수행해야 한다. 복지사회는 이념대립이 아닌 생활정치 속에서 인민의 이익을 대변할 수 있는 현실적이고 개혁적인 정책을 추진하는 과정에서 건설될 수 있다. 진보적 지식인인 왕후이의 경우 정협위원이 되어 국가에 개입할 수 있는 기회가 주어진 만큼, 북유럽의 사회민주주의자들[21]처럼 생활정치를 통해 사회의 불평등구조를 개혁하고 인민의 신뢰를 얻을 수 있는 민주공화국 건설에 기여해야 할 것이다. 이는 중국 발전의 특수성을 강조하는 논리로는 불

21 특히 스웨덴 복지국가 건설의 주역인 비그포르스를 참고할 필요가 있다. 이에 대해서는 홍기빈, 『비그포르스, 복지국가와 잠정적 유토피아』, 책세상, 2011 참고.

가하며, 자본의 민주적 통제와 복지사회 구현을 위한 중장기적인 생활정치의 비전을 통해야 가능한 일이다. 진보적 지식인들이 이러한 정치운동을 수행할 때, 비로소 국가 주도의 발전전략을 넘어 진정한 의미의 공동부유사회로 나아갈 수 있으며, 이것이 영미식 신자유주의와 중국식 시장자유주의를 넘어 인류의 더 나은 삶을 상상하는 길[22]이 될 수 있을 것이다.

22 이 점에 관해서는 토니 주트, 김일년 역, 『더 나은 삶을 상상하라: 자유시장과 복지국가 사이에서』, 플래닛, 2011 참고.

주요 참고 문헌

김상준, 『맹자의 땀 성왕의 피: 중층근대와 동아시아 유교문명』, 아카넷, 2013.

셰리 버먼, 김유진 옮김, 『정치가 우선한다: 사회민주주의와 20세기 유럽의 형성』, 후마니투스, 2006.

이삼성, 『제국』, 소화, 2014.

윌리엄 T. 로, 기세찬 옮김, 『하버드 중국사 청, 중국 최후의 제국』, 너머북스, 2014.

미야지마 하로시, 『나의 한국사 공부』, 너머북스, 2013.

피터 볼, 김영민 옮김, 『역사 속의 성리학』, 예문서원, 2010.

미조구치 유조 외, 조영렬 옮김, 『중국 제국을 움직인 네 가지 힘』, 글항아리, 2012.

거자오광, 이등연 외 옮김, 『중국사상사』 1,2, 일빛, 2015.

서강, 이주노·김은희 옮김, 『양계초: 중화 유신의 빛』, 이끌리오, 2008.

에릭 홉스봄, 이용우 옮김, 『극단의 시대: 20세기 역사』, 까치, 1997.

자오팅양, 노승현 옮김, 『천하체계』, 도서출판 길, 2010.

유용태, 「근대 중국의 민족제국주의와 단일민족론」, 『동북아논총』 23호, 2009.

간양, 『文明·國家·大學』, 北京: 三聯書店, 2012.

왕후이, 이욱연외 옮김, 『새로운 아시아를 상상한다』, 창비, 2003.

마틴 자크, 안세민 옮김, 『중국이 세계를 지배하면』, 부키, 2010.

존 나이스비트, 안기순 옮김, 『메가트렌드 차이나』, 비즈니스북스, 2010.
김주환, 『회복탄력성』, 위즈덤하우스, 2011.
김옥, 『중산사회』, 역락, 2015.
허병도, 『저출산 고령화의 행복』, 생각나눔, 2012.
신동윤, 『중국의 민낯』, 어문학사, 2015.
테드 C 피시먼, 안세민 옮김, 『회색 쇼크』, 반비, 2011.
조지 매그너스, 홍지수 옮김, 『고령화시대의 경제학』, 부키, 2010.
팀 던럽, 엄성수 옮김, 『노동 없는 미래』, 비즈니스맵, 2016.
마화텅·장샤오펑 외, 강영희·김근정 옮김, 『인터넷 플러스 혁명』, 비즈니스북스, 2015.
강내영, 『중국 영화의 오늘』, 산지니, 2015.
홍호평·조반니 아리기 외, 하남석 외 옮김, 『중국, 자본주의를 바꾸다』, 미지북스, 2012.
이매뉴얼 월러스틴 외, 성백용 옮김, 『자본주의는 미래가 있는가』, 창비, 2014.
정태인·이수인, 『정태인의 협동의 경제학』, 레디앙, 2013.
존 메이드 케인스, 정명진 옮김, 『설득의 경제학』, 부글북스, 2009.
김상준, 『미지의 민주주의』, 아카넷, 2009.
추이즈위안, 김진공 옮김, 『프티부르조아 사회주의 선언』, 돌베개, 2014.
루쉐이, 김성희 옮김, 『21세기 중국 사회의 전망』, 주류성, 2001.
정공성, 김병철 외 옮김, 『중국 사회보장 30년』, 공동체, 2013.
전병서, 『중국 100년의 꿈 한국 10년의 부』, 참돌, 2016.
원톄쥔, 김진공 옮김, 『백년의 급진』, 돌베개, 2013.
티모시 브룩 외, 박소현 옮김, 『능지처참: 중국의 잔혹성과 서구의 시선』, 너머북스, 2010.
다카미자와 오사무·스즈키 겐, 이용빈 옮김, 『중국법의 역사와 현재: 통치의 도구에서 시민의 권리로』, 한울, 2013.
제러미 리프킨, 안진환 옮김, 『3차 산업혁명』, 민음사, 2012.
조영남, 『중국의 꿈: 시진핑 리더쉽과 중국의 미래』, 민음사, 2013.
마르테 셰르 갈퉁·스티그 스텐슬리, 오수원 옮김, 『중국의 미래』, 부키.
먼홍화 외, 성균중국연구소 옮김, 『중국의 매력국가 만들기: 소프트파워 전략』, 성균관대학출판부, 2014.

먼홍화 등 주편, 성균중국연구소 옮김, 『다시, 중국의 길을 묻다: 시진핑 시대의 국가전략』, 성균관대출판부, 2017
천지앤홍, 이수현 옮김, 『군자 없는 천하』, 아포리아, 2017.
전인갑, 『현대중국의 제국몽』, 학고방, 2016.
피터 반스, 위대선 옮김, 『우리의 당연한 권리, 시민배당』, 갈마바람, 2016.
조나단 와츠, 윤태경 옮김, 『중국 없는 세계』, 랜덤하우스, 2011.
김명호, 『중국인이야기』 1, 한길사, 2012.
장룽, 송하진 옮김, 『늑대토템』 1,2, 김영사, 2008.
유재현, 『시네마 온더로드』, 그린비, 2011.
김한규, 『티베트와 중국의 역사적 관계』, 혜안, 2003.
요코하마 히로아키, 이용빈 옮김, 『중화민족의 탄생』, 한울, 2012.
모리스 마이스너, 김수영 옮김, 『마오의 중국과 그 이후』1, 이산, 2004.
안핑 친, 김기협 옮김, 『공자평전』, 돌베개, 2010.
와다 하루키, 고세현 옮김, 『역사로서의 사회주의』, 창작과비평사, 1992.
권기영, 『마르크스와 공자의 화해』, 푸른숲, 2016.
이종민, 『글로벌차이나』, 산지니, 2007
이종민, 『흩어진 모래: 현대 중국인의 고뇌와 꿈』, 산지니, 2013.
이종민, 『중국사상과 대안근대성』, 현암사, 2017.
천핑위안, 이종민 옮김, 『중국소설의 근대적 전환』, 산지니, 2013.
량치차오, 이종민 옮김, 『신중국미래기』, 산지니, 2016.
량치차오, 이종민 옮김, 『구유심영록』, 산지니, 2016.
슈테판 크라머, 황진자 옮김, 『중국영화사』, 이산, 2000.
레이 초우, 정재서 옮김, 『원시적 열정』, 이산, 2004.
인홍, 이종희 옮김, 『중국 영상문화의 이해』, 학고방, 2002.
루홍스 · 슈샤오밍, 김정욱 옮김, 『차이나 시네마 – 중국영화 백년의 역사』, 동인(이성모), 2005.
한국 중국현대문학학회 엮음, 『영화로 읽는 중국』, 동녘,2006.
리어우판, 장동천 · 이현복 · 김종석 · 진혜정 옮김, 『상하이 모던–새로운 중국 도시 문화의 만개, 1930–1945』, 고려대학교출판부, 2007.
다이진화, 성옥례 · 이현복 옮김, 『무중풍경 – 중국영화문화 1978–1998』, 산지니, 2007.
임춘성 · 곽수경 · 김정욱 · 홍석준 · 유경철 · 노정은 · 임대근, 『상하이영화와 상하이인의 정체성 – 상하이.상하이인.상하이영화』, 산지니, 2010.
왕샤오밍, 임춘성 엮음, 중국 문화연구 공부모임 옮김, 『21세기 중국의 문화지도 – 포스트사회주의 중국의 문화연구』, 현실문화연구, 2009.
안인환, 『중국대중문화, 그 부침의 역사』, 문사철, 2012.
임춘성 엮음, 『상하이학파 문화연구 – 비판과 개입』, 문화과학사, 2014.
다이진화, 『거울 속에 있는 듯 – 다이진화가 말하는 중국 문화연구의 현주소.여성.영화.문학』, 김순진 · 주재희 · 박정원 · 임대근 옮김, 그린비, 2009.
따이진화, 차미경 · 오경희 · 신동순 옮김, 『숨겨진 서사 – 1990년대 중국대중문화 읽기』, 숙명여자대학교출판부, 2006.
서울시립대학교 도시인문학연구소 엮음, 『도시 속의 역사』, 라움, 2012.
이화인문과학원 엮음, 『지구지역 시대의 문화경계』, 이화여자대학교출판부, 2009.
이화인문과학원 엮음, 『탈경계 시대의 지구화와 지역화』, 이화여자대학교출판부, 2010.
앙리 르페브르, 양영란 옮김, 『공간의 생산』, 에코리브르, 2011.
이–푸 투안, 구동회 옮김, 『공간과 장소』, 대윤, 1999.
수잔 벅 모스, 김정아 옮김, 『발터 벤야민과 아케이드 프로젝트』, 문학동네, 2004.
발터 벤야민, 조형준 옮김, 『도시의 산책자』, 새물결, 2008.
발터 벤야민, 조형준 옮김, 『아케이드 프로젝트의 탄생』, 새물결, 2008.
마크 기로워드, 민유기 옮김, 『도시와 인간 – 중세부터 현대까지 서양도시문화사』,책과함께, 2009.
마이클 피터 스미스, 남영호 외 옮김,저『초국적 도시이론』, 서울: 한울 아카데미, 2010.
패트릭 스미스, 노시내 옮김, 『다른 누군가의 세기– 탈서구 시대, 이제 아시아가 답할 차례다』, 마티, 2011.
존 나이스비트, 도리스 나이스비트,안기순 옮김, 『존 나이스비트 메가트렌드 차이나 – 새로운 세계를 이끌어가는 중국의 8가지 힘』, 비즈니스북스, 2010.
데이빗 매리어트, 칼 라크루와, 김승완·황미영 옮김, 『왜 중국은 세계의 패권을 쥘 수 없는가 – 중국 낙관론을 정면으로 반박하는 31가지 근거』, 평사리, 2011.
존 리더,『도시, 인류 최후의 고향』, 김명남 옮김, 서울: 지호, 2006.
데이비드 하비, 임동근 · 박훈태 · 박준 옮김,『신자유주의 세계화의 공간들』, 문화과학사, 2010.
앤소니 킹, 이무용 옮김,『도시문화와 세계체제』, 시각과 언어, 1999.
이하라 히로시, 조관희 옮김,『중국 중세 도시 기행–송대의 도시와 도시 생활』, 학고방, 2012.
세오 다쓰히코, 최재영 옮김,『장안은 어떻게 세계의 수도가 되었나』, 황금가지, 2006.
리민치, 류현 옮김,『중국의 부상과 자본주의 세계경제의 종말』, 돌베개, 2010.
판웨이, 김갑수 옮김,『중국이라는 새로운 국가모델론』, 에버리치홀딩스, 2010.
천즈우, 박혜린 · 남영택 옮김,『중국식 모델은 없다 – 30년 만에 우뚝 선 경제대국 중국 경제부흥의 미스터리』, 메디치미디어, 2011.
얀샨핑, 백계문 옮김,『중국의 도시화와 농민공』, 한울, 2014.
홍기빈,『비그포르스, 복지국가와 잠정적 유토피아』, 책세상, 2011.
스테판 에셀, 임희근 옮김,『분노하라』, 돌베개, 2011.
지그문트 바우만, 윤태준 옮김,『사회주의, 생동하는 유토피아』, 오월의봄, 2010,
狹間直樹 編,『梁啓超 · 明治日本 · 西方』, 社會科學文獻出版社, 2012.
梁啓超,『先秦政治思想史』, 中華書局, 2015.
汪暉,『現代中國思想的興起』上卷 第1部, 北京: 三聯書店, 2004.
张卫 等 主编,『中国电影美学文选』, 北京广播学院出版社, 2000.
杨远婴 · 潘桦 · 张专 主编,『90年代的“第五代”』, 北京广播学院出版社, 2000.
胡克 主编,『当代电影理论文选』, 北京广播学院出版社, 2000.
胡克 · 李迅 · 李一鸣 主编,『当代欧美名片评析』, 北京广播学院出版社, 2000.
刘书亮 编,『电影艺术与技术』, 北京广播学院出版社, 2000.
蔡洪声 · 宋家玲 · 刘桂清 主编,『香港电影80年』, 北京广播学院出版社, 2000.

郦苏元・胡克・杨远婴 主编,『新中国电影50年』, 北京广播学院出版社, 2000.
戴锦华著,『隐形书写: 90年代中国文化研究』, 江苏人民出版社, 1999.
戴锦华 主编,『书写文化英雄: 世纪之交的文化研究』, 江苏人民出版社, 2000.
包亚明,『上海酒吧: 空间、消费与想象』, 江苏人民出版社, 2001.
王晓明主编,『在新的意识形态的笼罩下: 90年代的文化与文学分析』, 江苏人民出版社, 2000.
陈映芳,『在角色与非角色之间: 中国的青年文化』, 江苏人民出版社, 2002.
邵燕君,『倾斜的文学场: 当代文学生产机制的市场化转型』, 江苏人民出版社, 2003.
宋伟杰,『从娱乐行为到乌托邦冲动: 金庸小说再解读』, 江苏人民出版社, 1999.
胡大平,『崇高的暧昧: 作为现代生活方式的休闲』, 中国社会科学出版社, 2002.
南帆,『双重视域: 当代电子文化分析』, 江苏人民出版社, 2001.
陈昕,『救赎与消费: 当代中国日常生活中的消费主义』, 江苏人民出版社, 2003.
张英进,『民国时期的上海电影与城市文化』, 北京大学出版社, 2011.
游飞・蔡卫『导演艺术观念』, 北京大学出版社, 2011.
王一川,『第二重文本 : 中国电影文化修辞论稿』, 北京大学出版社, 2013.
蔡卫・游飞,『雕刻时光的诗人——当代亚洲电影导演艺术细读』, 北京大学出版社, 2012.
崔亚娟,『光影论丛・数字化时代公共电视的发展研究 : 日本NHK的危机与变革』, 北京大学出版社, 2013.
戴锦华 主编,『光影之隙: 电影工作坊 2010』, 北京大学出版社, 2011.
戴锦华 主编,『光影之忆: 电影工作坊 2011』北京大学出版社, 2012.
戴锦华 主编,『光影之痕: 电影工作坊 2012』, 北京大学出版社, 2013.
陈犀禾・聂伟 主编,『中国电影的华语观念与多元向度』, 广西师范大学出版社, 2012.
秋原,『大片时代 : 冯小刚与华谊兄弟』, 广西师范大学出版社, 2011.
叶月瑜,『华语电影工业 : 方法与历史的新探索』, 北京大学出版社, 2011.

张英进,『影像中国 : 当代中国电影的批评重构及跨国想象』, 上海三联书店, 2008.
张英进,『中国现代文学与电影中的城市 : 空间、时间与性别构形』, 江苏人民出版社, 2007. 张英进,『多元中国 : 电影与文化论集』, 南京大学出版社, 2012.
梁思成 · 陈占祥,『梁陈方案与北京』, 辽宁教育出版社, 2005.
梁思成 等著,『各家眼中的北京城』, 文化艺术出版社, 2007.
林洙,『建筑师梁思成』, 天津科学技术出版社, 1996.
林徽因,「平郊建筑杂录」,『林徽因讲建筑』, 九州出版社 2005.
林语堂,『辉煌的北京』, 陕西师范大学出版社, 2003.
林语堂,「说北平」,『林语堂散文经典全编』4卷, 九洲图书出版社, 1997.
林语堂,『京华烟云』, 吉林时代文艺出版社, 1987.
赵园,『城与人』, 北京: 北京大学出版社, 2002.
王博,『北京: 一座失去建筑哲学的城市』, 辽宁科学技术出版社, 2009.
王军,『采访本上的城市』, 北京: 生活 · 读书 · 新知 三联书店, 2008.
楊東平,『城市季風: 北京和上海的文化精神』, 東方出版社, 1994.
路春艳,『中国电影中的城市想像与文化表达』, 北京师范大学出版社, 2010.
吕新雨,『记录中国: 当代中国新记录运动』, 三联书店, 2003.
王廉等,『中国城市化教程』, 河源: 暨南大學出版社, 2011.
陈平原 · 王德威 编『北京 : 都市想象与文化记忆』, 北京大学出版社, 2005.
陈平原 · 王德威 · 关爱和 编,『开封: 都市想象与文化记忆』, 北京大学出版社, 2013.
陈平原 · 王德威 · 陈学超 编,『西安 : 都市想象与文化记忆』, 北京大学出版社, 2009.
屈春山 · 张鸿声,『老开封』, 河南人民出版社, 2005.
(美)白睿文(Michael Berry)著, 罗祖珍 · 刘俊希 · 赵曼如 译,『光影言语:当代华语片导演访谈录』, 广西师范大学出版社, 2008.
姜进、李德英 主编,『近代中国城市与大众文化』, 新星出版社, 2008.
李道新,『中国电影文化史: 1905-2004』, 北京大学出版社, 2005.
李道新,『中国电影史研究专题』, 北京大学出版社, 2006.
李道新,『中国电影批评史』, 北京大学出版社, 2007.
李道新,『中国电影的史学建构』, 中国广播电视出版社, 2004.

李道新,『中国电影史研究专题2』, 北京大学出版社, 2010.
Joseph, Levenson, Confucian China and Its Modern Fate, Uni. of California Press, 1968.
Arthur H. smith, Chinese Characteristics, 上海三聯書店, 2007.
Jing Tsu, Failure, Nationalism and Literature: The Making of Modern Chinese Identity, 1895-1937, Stanford University, 2005.
Arif Dirlik, The Origins of Chinese Communism, Oxford University, 1989.
Tang Xiabing, Global Space and Nationalist Discourse of Modernity: The Historical Thinking of Liang Qichao, Stanford University, 1996.
Tomas Huxly, Evolution and Ethics And Other Essays, Macmillan And Co, 1894.
James Pusey, Lu Xun and Evolution, New York University, 1998.
Laikwan Pang, Building a New China in Cinema: The Chinese Left-wing Cinema Movement 1932-1937, Oxford: Rowman & Littlefield, 2002.
Vivian Shen, The Origins of Leftwing Cinema in China: 1932-37, London: Routledge, 2005.
Chris Berry, Postsocialist Cinema in Post-Mao China: The Cultural Revolution after the Cultural Revolution London: Routledge, 2004.
Farquhar, Mary, and Yingjin Zhang, Chinese Film Stars. New York and London: Routledge, 2010.
Michael Berry, Speaking in Images : Interviews with Contemporary Chinese Filmmakers, Columbia University Press, 2005.
Michael Berry, A History of Pain : Trauma in Modem Chinese Fiction and Film, Columbia University Press, 2008.
Michael Berry, Jia Zhangke's 'Hometown Trilogy': Xiao Wu, Platform, Unknown Pleasures, British Film Institute, 2009.
Zhen Zhang: An Amorous History of the Silver Screen: Shanghai Cinema 1896-1937,Chicago: University of Chicago Press, 2005.
Bell Yung, "Chinese Music: Graduate Training, Resources, and Publication", Hai Hui Zhang etc ed. A Scholarly Review of Chinese Studies in North America, The Association for Asian Studies, 2013.

Cary Y. Liu, "Art History: Comparative Methodology, Pragmatism, and the seeds of doubt", Hai Hui Zhang etc ed. A Scholarly Review of Chinese Studies in North America, The Association for Asian Studies, 2013.

Kevin Latham, Pop Culture China!: Media, Arts, and Lifestyle, ABC-Clio, 2007.

Zha, Jianying & Zha, Tranying, China Pop : How Soap Operas, Tabloids and Bestsellers Are Transforming a Culture, New Press, 1996.

찾아보기

ㄹ

ㅁ

ㅂ

ㅅ

ㅇ

ㅈ

ㅊ

ㅋ

ㅌ

ㅍ